USOS
Y
COSTUMBRES
DE LOS
JUDÍOS
EN LOS TIEMPOS DE CRISTO

USOS
Y
COSTUMBRES
DE LOS
JUDÍOS
EN LOS TIEMPOS DE CRISTO

editorial clie

ALFRED EDERSHEIM

EDITORIAL CLIE
C/ Ferrocarril, 8
08232 VILADECAVALLS (Barcelona) ESPAÑA
E-mail: libros@clie.es
Internet: http:// www.clie.es

USOS Y COSTUMBRES DE LOS JUDÍOS

ISBN: 978-84-7645-386-5

Clasifíquese:
290 HISTORIA:
Tiempos de Jesús
CTC: 01-03-0290-04
Referencia: 22.34.84

ÍNDICE

PREFACIO

El propósito de este volumen es el mismo que el de mi anterior libro acerca de *El Templo, su ministerio y servicios en los tiempos de Cristo.* En ambos ha sido mi intento transportar al lector a la tierra de Palestina en la época de nuestro Señor y sus apóstoles, y mostrarle, por así decirlo, hasta allí donde era posible dentro del alcance de cada libro, la escena y las personas en medio de las que habían tenido lugar los acontecimientos registrados en la historia del Nuevo Testamento. Porque creo yo que en aquella medida en que nos familiaricemos con su entorno —por así decirlo ver y oír por nosotros mismos lo que sucedía en aquel entonces, entrar en sus ideas, familiarizarnos con sus hábitos, maneras de pensar, sus enseñanzas y culto— no sólo llegaremos a comprender muchas de las expresiones y alusiones en el Nuevo Testamento, sino que obtendremos también nuevas evidencias de la veracidad de su relato, tanto por su fidelidad a la imagen de la sociedad, como conocemos que era, y por el contraste de sus enseñanzas y objetivos con los de los contemporáneos del Señor.

Porque el cuidadoso estudio de este período deja esta convicción en la mente: que —dicho sea con reverencia— Jesucristo pertenecía estrictamente a su tiempo, y que el Nuevo Testamento es, en sus narraciones, lenguaje y alusiones, estrictamente fiel al período y circunstancias en que los acontecimientos tienen lugar. Pero en un aspecto, de mucha mayor importancia, no hay similaridad entre Cristo y su época. «Jamás hombre alguno» —ni de aquella época ni posterior— «ha hablado como este hombre»; jamás hombre alguno vivió ni murió como Él. Ciertamente, si Él era el Hijo de David, también es el Hijo de Dios, el Salvador del mundo.

En mi libro sobre *El Templo, su ministerio y servicios*, he tratado de llevar conmigo al lector al Santuario, y hacerle ver todo lo relacionado con sus instituciones, su sacerdocio y sus solemnidades. En este libro he tratado de presentarle la sociedad civil ordinaria, y hacer que se mezcle con los hombres y mujeres de aquel período, que los vea en sus hogares y familias, que aprenda de sus hábitos y maneras, y que los siga en su vida ordinaria, todo ello como ilustración de la historia del Nuevo Testamento, y tratando al mismo tiempo de presentar de manera llana las escenas observadas.

Otra sección, y quizá la más importante en cuanto a su trascendencia para el cristianismo, queda por hacer: seguir el progreso del pensamiento religioso, en lo que respecta al canon de la Escritura, al Mesías, a la ley, al pecado y a la salvación; describir el carácter de la literatura teológica, y mostrar el estado de las creencias doctrinales en los tiempos de nuestro Señor. Es aquí especialmente que deberíamos ver tanto la relación en forma como el contraste casi absoluto en sustancia entre lo que era el judaísmo en los tiempos de Cristo, y las enseñanzas y el reino de nuestro bendito Señor. Pero esto estaba fuera del objeto de este volumen, y pertenece a una obra de mayor envergadura, de la que este libro y el anterior pueden ser considerados, en cierto sentido, como estudios preliminares. Por ello, allí donde la sociedad civil tocaba, como sucede en tantas cuestiones, en lo teológico y lo doctrinal, sólo fue posible «bosquejarlo», dejando estos bosquejos para ser rellenados más tarde. La total exposición de los tiempos de nuestro Señor, en *todas* sus facetas —mostrando no sólo quiénes eran aquellos entre los que Jesucristo se movía, sino también lo que conocían, pensaban y creían—, y ello como el marco, por así decirlo, en el que situar como una imagen la vida de nuestro mismo bendito Señor, ésta debe ser ahora la obra a la que, con toda reverencia en oración y con el más intenso estudio, me dedicaré de ahora en adelante.

Parecía necesario exponer esto, a fin de explicar tanto el plan de este libro como la forma de su desarrollo. Sólo añadiré que aquí se incorporan los resultados de muchos años de estudio, en los que he aprovechado todas las ayudas a mi alcance. Podría parecer afectación dar una lista de los nombres de todas las autoridades consultadas o libros leídos en el curso de estos estudios. Los mencionados en las notas de pie de página constituyen sólo una pequeña proporción de los mismos.

En todo ello, mi constante objeto ha sido ilustrar la historia y las enseñanzas del Nuevo Testamento. Incluso el «Índice de Escrituras» al final mostrará en cuántos casos se ha intentado. Así, espero anhelante que estas páginas arrojen alguna luz adicional sobre el Nuevo Testamento, y que ofrezcan renovadas evidencias —para mí de lo más poderosas—, y en una nueva dirección, de la verdad «de las cosas que entre nosotros han sido certísimas». Y ahora sólo queda, al final de estas investigaciones, expresar una vez más mi plena y gozosa creencia en aquella gran verdad a la que todo conduce: que «CRISTO ES EL FIN DE LA LEY, PARA JUSTICIA A TODO AQUEL QUE CREE.»

ALFRED EDERSHEIM

THE VICARAGE, LODERS, BRIDPORT.
Noviembre, 1876

ANÁLISIS DEL CONTENIDO

I. *Palestina hace dieciocho siglos*

Palestina—Su condición actual—Su condición en tiempos de Cristo—Sentimientos de los rabinos Jonatán y Meir acerca de ella—Clima—Productos vegetales y animales—Paisaje—Entusiasmo religioso acerca de Palestina—Amor de los rabinos hacia la tierra—Trato de las escuelas de Babilonia por parte de los rabinos—Supersticiones acerca de Palestina—Presente estado de los sentimientos acerca de ella—Escasez de reliquias—Extensión de Palestina en tiempos de Cristo—Habitantes—Opiniones acerca de las diez tribus—Gobierno—Testamento de Herodes el Grande—Disputas entre Arquelao y Herodes Antipas—Ingresos de Arquelao, de Herodes el Grande y de Agripa II—Monedas de Palestina—División de Palestina—Opiniones de los judíos acerca de Samaria.

II. *Judíos y gentiles en «la tierra»*

Límites de Palestina—Opiniones de los rabinos acerca de la santidad de la tierra y de la impureza del suelo pagano—Las tres tierras designadas como Palestina—Ofrendas, de dónde eran lícitas—Países incluidos en Siria—Su asimilación a/y distinción de Palestina—Opiniones judías acerca de los países paganos—Clasificación de los países por Maimónides—Lugares que según los rabinos podían aportar Biccu-

III. *En Galilea en la época de nuestro Señor*

IV. *Viajando por Palestina: Carreteras, mesones, la hospitalidad, los funcionarios de aduanas, los impuestos, los publicanos*

VII. *La crianza de los niños judíos*

VIII. *Temas de estudio. La educación hogareña en Israel. La educación femenina. Escuelas elementales. Maestros y disposiciones de las escuelas*

Influencia de la Biblia en la elevación de la moralidad pública—Superioridad de la vida familiar judía—Conocimiento de la Ley de Dios—Estudio de

IX. *Madres, hijas y esposas en Israel*

XII. *El comercio*

XVII. *El culto de la sinagoga*

XVIII. *Breve bosquejo de la antigua literatura teológica judía*

I

PALESTINA HACE DIECIOCHO SIGLOS

Hace dieciocho siglos y medio, la tierra que ahora yace desolada,* con sus desnudas y grises colinas mirando a valles mal o nada cultivados, con sus bosques destruidos, sus terrazas de olivos y vides desvanecidas en polvo, con sus aldeas sumidas en la pobreza y en la suciedad, sus caminos inseguros y desiertos, su población nativa casi desaparecida, y con ellos su industria, riqueza y poder, presentaba una escena de belleza, riqueza y actividad casi sin par en el mundo entonces conocido. Los rabinos nunca se cansan de cantar sus alabanzas, tanto si su tema es la preeminencia física como la moral de Palestina. Sucedió una vez, según se encuentra en uno de los más antiguos comentarios hebreos,[1] que el rabí Jonatán estaba sentado bajo una higuera, rodeado por sus estudiantes. Repentinamente se dio cuenta de cómo el maduro

---

* Téngase en cuenta la fecha en que fueron escritas estas palabras, hace ciento doce años (en 1876). Desde entonces ha habido la repoblación de Palestina por los judíos, primero bajo el dominio turco, y a partir de 1917 bajo el Mandato Británico; la independencia del Estado de Israel (1947), y la repoblación forestal y la reconversión agrícola de extensas zonas por parte de los judíos. Israel es hoy una nación que exhibe el fruto de los intensos trabajos de reacondicionamiento y del ingenio de los esforzados colonos que durante décadas han hecho de Israel una potencia agrícola, industrial y comercial. [*N. del T.*]

1. Véase Hamburguer, *Real-Enc. d. Judenth.* I. pág. 816, nota 37.

fruto encima, abriéndose debido a su riqueza, dejaba caer su delicioso jugo al suelo, mientras que a poca distancia la distendida ubre de una cabra se mostraba incapaz de retener la leche. «He aquí», exclamó el rabí, al mezclarse ambas corrientes, «el cumplimiento literal de la promesa: "una tierra que fluye leche y miel."» «La tierra de Israel no carece de ningún tipo de producto», argüía el rabí Meir: «como está escrito (Dt. 8:9): "ni te faltará nada en ella"».[2] Y tales declaraciones no carecían de justificación; porque Palestina combinaba todas las variedades climáticas, desde las nieves del Hermón y el frescor del Líbano hasta el calor moderado del lago de Galilea y el tórrido calor tropical del valle del Jordán. Por esto no sólo se encontraban árboles frutales, cereales y hortalizas conocidos en nuestra latitudes más templadas, junto con los de zonas más soleadas, sino también las raras especias y perfumes de las zonas más tórridas. De manera similar, se dice, había en sus aguas todo tipo de peces, mientras que el aire estaba lleno del canto de aves de los más vistosos plumajes.[3] Dentro de un área tan pequeña, el país debe haber sido singular por su encanto y variedad. En la ribera oriental del Jordán se extendían anchas planicies, valles elevados, agradables bosques y territorios cerealeros y de pastos casi ilimitados; en la ribera occidental se encontraban colinas llenas de terrazas, cubiertas de olivos y vides, deleitosas cañadas, por las que pasaban murmurantes arroyos, con una belleza como de un país de hadas y con plenitud de vida, como alrededor del lago de Galilea. En lontananza se extendía el gran mar, punteado por extendidas velas; aquí se encontraban lujosas riquezas, como en las antiguas posesiones de Isacar, Manasés y Efraín; y allí, más allá de estas llanuras y

---

2. Dilucidando la legitimidad de un grano de pimienta en el día de la expiación, *Yoma* 91 *b*, hacia el final.
3. Aquí, naturalmente, son imposibles las referencias detalladas; pero compárense las obras de un naturalista tan cuidadoso y capaz como el canónigo Tristram.

valles, las tierras altas de Judá, descendiendo a través de las tierras de pastos del Negev, o país del Sur, hacia el gran y terrible desierto. Y sobre todo, en tanto que durara la bendición de Dios, había paz y abundancia. Hasta allí donde podía alcanzar la vista pastaba «el ganado sobre las mil colinas»; los pastos estaban «vestidos con rebaños, los valles cubiertos también todos de grano»; y la tierra, «grandemente enriquecida con el río de Dios», parecía «gritar de gozo», y «también cantar». Esta posesión, don del cielo al principio, y guardada por el cielo todo el tiempo, bien podía encender los más vivos entusiasmos.

«Encontramos», escribe uno de los más eruditos comentaristas rabínicos, apoyando cada aserto en una referencia de las Escrituras,[4] «que hay trece cosas en posesión exclusiva del Santo, ¡bendito sea su Nombre!, y que éstas son: «la plata, el oro, el sacerdocio, Israel, el primogénito, el altar, las primicias, el aceite de la unción, el tabernáculo de reunión, la monarquía de la casa de David, los sacrificios, la tierra de Israel, y el oficio de los ancianos». En verdad, por bella que fuera la tierra, su conjunción con bendiciones espirituales más elevadas le daba su valor real y más elevado. «Es sólo en Palestina que se manifiesta la *Shekiná*», enseñaban los rabinos. Fuera de sus sagradas fronteras no era posible tal revelación.[5] Fue ahí que profetas arrebatados vieron sus visiones, y que los salmistas oyeron melodías de himnos celestiales. Palestina era la tierra cuya capital era Jerusalén, y en su más alta colina había como santuario aquel templo de níveo mármol y resplandeciente oro, alrededor del que se agolpaban tantas preciosas memorias, sagrados pensamientos y gloriosas esperanzas de gran alcance. No hay religión tan estrictamente local como la de Israel. El paganismo era ciertamente

---

4. *R. Bechai.* Las referencias escriturísticas son: Hag. 2:8; Éx. 24; 25:2, 8; 29:1; 30:31; Nm. 3:13; 28:2; Lv. 25:23, 55; 1 S. 16:1. Cf. Relandi, *Palaest.* (ed. 1716), pág. 14.
5. Véase, p.e., su discusión en *Mechilta* sobre Éx. 12:1.

la adoración de deidades nacionales, y el judaísmo la de Jehová, el Dios de los cielos y de la tierra. Pero las deidades nacionales de los paganos podían ser transportadas, y sus ritos adaptados a los modos extranjeros. Por otra parte, en tanto que el cristianismo fue desde su mismo principio *universal* en su carácter y designio, las instituciones religiosas y el culto en el Pentateuco, e incluso las perspectivas abiertas por los profetas, eran, *por lo que a Israel concernía*, estrictamente *de* Palestina y *para* Palestina. Son totalmente incompatibles con la pérdida permamente de la tierra. Un judaísmo extrapalestinense, sin sacerdocio, sin altar, sin templo, sin sacrificios, sin diezmos, sin primicias, sin años sabáticos y del jubileo, tiene que poner el Pentateuco a un lado, a no ser que, como en el cristianismo, todo esto sea considerado como flores designadas para madurar a fruto, como tipos señalando a, y cumplidos en, realidades más elevadas.[6] Fuera de la tierra ni siquiera el pueblo es ya más Israel: a la vista de los gentiles, son judíos; desde su propia perspectiva, «los de la dispersión».

Los rabinos no podían dejar de ser conscientes de esto. Por ello, cuando, inmediatamente después de la destrucción de Jerusalén por Tito, emprendieron la tarea de reconstruir su

---

6. No es éste el lugar para explicar qué proponía el rabinismo en lugar de los sacrificios, etc. Soy bien consciente de que el judaísmo moderno intenta demostrar, con el empleo de pasajes como 1 S. 15:22; Sal. 51:16, 17; Is. 1:11-13; Os. 6:6, que, a la vista de los profetas, los sacrificios, y con ellos todas las instituciones rituales del Pentateuco, no eran de importancia permanente. Al lector sin prejuicios le parecerá difícil comprender cómo incluso el espíritu partidario podría llegar a unas conclusiones tan enormes en base a tales premisas, o cómo podría siquiera imaginarse que los profetas hubieran tenido la intención, mediante sus enseñanzas, no de explicar o aplicar, sino de poner a un lado la ley tan solemnemente promulgada en el Sinaí. Sin embargo, este artificio no es nuevo. Una voz solitaria aventuró ya en el siglo segundo la sugerencia de que ¡el culto sacrificial había sido dado sólo a guisa de acomodo, para preservar a Israel de caer en ritos paganos!

quebrantada comunidad, fue desde luego sobre una nueva base, pero aún desde dentro de Palestina. Palestina fue el monte Sinaí del rabinismo. Aquí surgió el manantial de la *Halachah*, o ley tradicional, desde donde fluyó en corrientes cada vez más caudalosas; aquí, durante los primeros siglos, se centró la erudición, influencia y gobierno del judaísmo; y allí hubieran querido perpetuarlo. Los primeros intentos de rivalidad por parte de las escuelas de erudición judía en Babilonia fueron agudamente resentidos y suprimidos.[7] Sólo la fuerza de las circunstancias llevó finalmente a los rabinos a buscar voluntariamente la seguridad y libertad en los antiguos lares de su cautiverio, donde, sin trabas políticas, pudieron dar los toques finales a su sistema. Fue su deseo de preservar la nación y su erudición en Palestina lo que inspiró sentimientos como los que citamos a continuación: «El mismo aire de Palestina hace sabio al que lo respira», dijeron los rabinos. El relato bíblico de las fronteras del Paraíso, regado por el río Havilá, del que se dice que «el oro de aquella tierra es bueno», fue aplicado a su Edén terrenal, y parafraseado para que significara: «no hay sabiduría como la de Palestina». Era un dicho que «vivir en Palestina era igual a la observancia de todos los mandamientos». «El que tiene su morada permanente en Palestina», enseñaba el Talmud, «tiene la certidumbre de la vida venidera». «Tres cosas», leemos en otra autoridad, «son de Israel por medio del sufrimiento: Palestina, la sabiduría tradicional, y el mundo venidero». Y no se desvaneció este sentimiento con la desolación de su país. En los siglos tercero y cuarto de nuestra era seguían enseñando: «El que more en Palestina está exento de pecado.»

Los siglos de peregrinación y de cambios no han hecho desaparecer el apasionado amor hacia esta tierra del corazón del pueblo. Incluso la superstición se vuelve aquí patética. Si

---

7. Véase mi obra *History of the Jewish Nation*, págs. 247, 248.

el Talmud[8] había ya enunciado el principio de que «Todo el que sea sepultado en la tierra de Israel, es como si estuviera sepultado bajo el altar», uno de los más antiguos comentarios hebreos[9] va mucho más lejos. En base a la instrucción de Jacob y José, y del deseo de los padres de ser sepultados dentro del sagrado país, se argumenta que aquellos que yacen allí serían los primeros «en andar delante del Señor en la tierra de los vivientes» (Sal. 116:9), los primeros en resucitar de los muertos y en gozar de los días del Mesías. Para no privar de su recompensa a los piadosos que no tuvieran el privilegio de residir en Palestina, se añadía que Dios haría vías y pasajes subterráneos hacia la Tierra Santa, y que, cuando el polvo de ellos llegara a ella, el Espíritu del Señor los levantaría a nueva vida, como está escrito (Ez. 37:12-14): «He aquí que yo voy a abrir vuestros sepulcros, pueblo mío, y os haré subir de vuestras sepulturas, y os traeré a la tierra de Israel... Y pondré mi Espíritu en vosotros, y viviréis, y os instalaré en vuestra tierra.» Casi cada oración e himno exhala el mismo amor de Palestina. Desde luego, sería imposible, por medio de ningún extracto, comunicar la profundidad de alguna de estas elegías en las que la sinagoga sigue lamentando la pérdida de Sión, o expresar el reprimido anhelo por su restauración.[10] Desolados, se aferran a sus ruinas, y creen, esperan y oran —¡con cuánto ardor! en casi cada oración— por el tiempo que vendrá, cuando la tierra, como la Sara de tiempos pasados, tendrá restaurada, al mandato del Señor, su juventud, belleza y feracidad, y en el Mesías Rey «será levantado cuerno de salvación»[11] para la casa de David.

---

8. *Cheth.* III. *a.* La referencia es aquí, curiosamente, a Éx. 20:24: «Altar de tierra harás para mí.» Desde luego, toda esta página del Talmud es muy característica e interesante.

9. *Ber. Rabba.*

10. Ver especialmente la más sublime de estas elegías, la de Juda ha-Levi.

11. Éstas son palabras de una oración sacada de uno de los más antiguos fragmentos de la liturgia judía, y repetida, probablemente durante dos mil años, cada día por cada judío.

Pero es de lo más cierto, como lo observa un reciente escritor, que ningún lugar ha podido quedar más barrido de recuerdos que Palestina. Allí donde han tenido lugar las más solemnes transacciones; donde, si sólo pudiéramos conocerlo, cada lugar pudiera estar consagrado, y rocas, y cuevas, y cumbres estar dedicadas a las más sagradas memorias, nos encontramos en una ignorancia casi absoluta de las localidades exactas. En la misma Jerusalén incluso las características topográficas, los valles, las depresiones y las colinas, han cambiado, o al menos yacen sepultadas bajo las ruinas acumuladas de los siglos. Casi parece como si el Señor hubiera querido hacer con la tierra lo que hizo Ezequías con aquella reliquia de Moisés —la serpiente de bronce— cuando la rompió en pedazos, para que su memoria sagrada no la convirtiera en oportunidad para la idolatría. La disposición de la tierra y de las aguas, de montes y valles, es la misma. Hebrón, Belén, el monte de los Olivos, Nazaret, el lago de Genesaret, la tierra de Galilea, siguen ahí, pero todo ha cambiado de forma y apariencia, y sin ningún lugar definido al que uno pueda asignarle con certidumbre absoluta los más sagrados acontecimientos. Así, son acontecimientos, no lugares; realidades espirituales, no sus alrededores externos, lo que ha recibido la humanidad en la tierra de Palestina.

«Mientras Israel habitaba en Palestina», dice el Talmud de Babilonia, «el país era ancho; pero ahora se ha estrechado». Hay mucha verdad histórica subyaciendo en esta curiosamente redactada declaración. Cada sucesivo cambio dejó más estrechos los límites de Tierra Santa. Nunca ha llegado a alcanzar de una manera real la extensión indicada en la promesa original a Abraham (Gn. 15:18), y después confirmada a los hijos de Israel (Éx. 23:31). A lo que más se acercó fue durante el reinado del rey David, cuando el poder de Judá se extendió hasta el río Éufrates (2 S. 8:3-14). En la actualidad, el país que recibe el nombre de Palestina es más pequeño que en cualquier período precedente. Como en la antigüedad, sigue extendiéndose de norte a sur, «de Dan a Beerseba»; de este a oeste desde Salcah (la moderna Sulkhad) hasta «el gran mar», el Mediterráneo. Su área superficial es de alrededor de 31.100 kilómetros cuadrados, con una longitud de entre 225 y 290 kilómetros, y una anchura al sur de alrededor de 120 kilómetros, y de entre 160 y 190 kilómetros al norte. Para decirlo de una manera más gráfica, la moderna Palestina es alrededor de dos veces la superficie de Gales; es más pequeña que Holanda, y alrededor del mismo tamaño que Bélgica. Además, desde las cimas más elevadas se puede contemplar casi todo el país. ¡Así de pequeña era la tierra que el Señor escogió como escenario de los más maravillosos acontecimientos que jamás tuvieran lugar en la tierra, y de donde Él dispuso que la luz y la vida se derramaran por todo el mundo!

Cuando nuestro bendito Salvador pisó el suelo de Palestina, el país había sufrido ya muchos cambios. La antigua división tribal había ya desaparecido; los dos reinos de Judá y de Israel habían dejado de existir; y las diversas dominaciones extranjeras, así como el breve período de absoluta independencia nacional, habían terminado. Pero, con la característica tenacidad del Oriente por el pasado, los nombres de las antiguas tribus seguían identificando algunos de los distritos anteriormente ocupados por ellas (cf. Mt. 4:13, 15). Una cantidad relativamente pequeña de exiliados habían vuelto a Palestina con Esdras y Nehemías, y los habitantes judíos del país consistían bien de aquellos que habían sido originalmente dejados en la tierra, bien de las tribus de Judá y Benjamín. La controversia acerca de las diez tribus, que llama tanto la atención en nuestros días, ya estaba candente en tiempos de nuestro Señor.[12] «¿Acaso va a ir a los dispersos

12. No es éste el lugar para discutir esta cuestión. No puede haber duda razonable de que hubo una gran dispersión de algunas de estas tribus en muchas direcciones. Así, se pueden seguir descendientes de las mismas en Crimea, donde las fechas en sus sepulcros se cuentan desde «la *era del exilio*, el 696 a.C.; esto es, el exilio de las diez tribus; no el 586 a.C., cuando

entre los griegos?», preguntaron los judíos, empleando una misteriosa imprecisión de lenguaje con la que generalmente cubrimos aquellas cosas que pretendemos saber sin saberlas realmente, cuando no pudieron comprender el sentido de la predicción hecha por Cristo acerca de su partida. «Las diez tribus se encuentran hasta ahora más allá del Éufrates, y son una inmensa multitud, que no puede ser estimada mediante números», escribe Josefo, con su usual y autocomplaciente grandilocuencia. Pero acerca de dónde se encuentran, nos informa tan poco como sus otros contemporáneos. Leemos en la antigua autoridad judía, la Misná (Sanh. X. 3): «Las diez tribus jamás volverán, como está escrito (Dt. 29:28): "Y Jehová... los ha arrojado a otro país, donde hoy están". Como este "hoy" pasa y no vuelve otra vez, así ellos se van y no vuelven. Ésta es la opinión del rabí Akiba. El rabí Elieser dice: "Como el día se oscurece y vuelve a tener luz, así con las diez tribus, a las que ha sobrevenido oscuridad; pero la luz volverá a serles restaurada."»

En los tiempos del nacimiento de Cristo Palestina estaba dominada por Herodes el Grande; esto es, era nominalmente un reino independiente, pero como protectorado de Roma. A la muerte de Herodes —esto es, poco después de comenzar la historia evangélica— tuvo lugar una nueva, aunque temporal, división de sus dominios. Los acontecimientos relacionados con ello ilustran de una manera plena la parábola de

---

Jerusalén fue tomada por Nabucodonosor» (doctor S. Davidson, en *Cyclopaedia of Biblical Literature* de Kitto, III pág. 1173). Para noticias acerca de las peregrinaciones de las diez tribus, véase mi *History of the Jewish Nation*, págs. 61-63; también las investigaciones del doctor Wolff en sus viajes. Lo propensos que son a la credulidad incluso los eruditos judíos talmúdicos en cuanto a la cuestión de las diez tribus puede colegirse del apéndice a la obra *Holy Land* del rabí Schwartz (de Jerusalén) (págs. 407-422 de la edición alemana). Las más antiguas inscripciones hebreas en Crimea datan de los años 6, 30 y 89 de nuestra era (Chwolson, *Memoires de l'Ac. de St. Petersburg*, IX. 1866, n° 7).

nuestro Señor, registrada en Lc. 19:12-15, 27. Si no constituyen su base histórica, sí que estaban al menos tan frescos en la memoria de los oyentes de Cristo que sus mentes deben haberse vuelto involuntariamente a ellos. Herodes murió como había vivido, cruel y pérfido. Pocos días antes de su fin volvió a cambiar otra vez su testamento, y designó a Arquelao como su sucesor en el reino; Herodes Antipas (el Herodes de los evangelios), tetrarca de Galilea y de Perea; y Felipe, tetrarca de Gaulonitis, Traconite, Batanea y Panias —distritos a los que puede que debamos hacer referencia posteriormente—. Tan pronto las circunstancias lo permitieron tras la muerte de Herodes, y después de haber aplastado una rebelión en Jerusalén, Arquelao se apresuró a acudir a Roma para obtener la confirmación del testamento de su padre. Fue de inmediato seguido por su hermano Herodes Antipas, que en un anterior testamento de Herodes había recibido lo que ahora Arquelao reclamaba. Y los dos no se encontraron solos en Roma. Descubrieron allí que ya habían llegado varios de la familia de Herodes, cada uno de ellos reclamando algo, pero todos concordaban en que preferían no tener a nadie de su familia como rey, y que el país quedara bajo el dominio de Roma; en todo caso, preferían a Herodes Antipas antes que a Arquelao. Cada uno de los hermanos tenía, naturalmente, su propio partido, intrigando, maniobrando y tratando de influenciar al emperador. Augusto se inclinó desde el principio en favor de Arquelao. Pero la decisión formal fue pospuesta por un tiempo debido a una nueva insurrección en Judea, que fue aplastada con dificultad. Mientras tanto, apareció en Roma una diputación judía, suplicando que ninguno de los herodianos fuera designado rey, a causa de sus acciones infames, que denunciaron, pidiendo que se les permitiera a ellos (a los judíos) vivir conforme a sus propias leyes bajo la protección de Roma. Augusto decidió finalmente cumplir el testamento de Herodes, pero dando a Arquelao el título de etnarca en lugar de rey, prometiéndole el mayor título si se mostraba merecedor de él (Mt. 2:22). Al regresar a Judea,

Arquelao (según la historia en la parábola) tomó sangrienta venganza sobre «sus conciudadanos [que] le aborrecían, y enviaron tras él una embajada, diciendo: No queremos que éste reine sobre nosotros». El reinado de Arquelao no duró mucho tiempo. Llegaron de Judea quejas nuevas y más intensas. Arquelao fue depuesto, y Judea fue anexionada a la provincia romana de Siria, pero con procurador propio. Los ingresos de Arquelao, en tanto que reinó, ascendían a considerablemente más de 7 millones de denarios anuales; los de sus hermanos, respectivamente, a una tercera y una sexta parte de esta suma. Pero esto no era nada en comparación con los ingresos de Herodes el Grande, que ascendían a la enorme cantidad de alrededor de 20 millones de denarios, y posteriormente de Agripa II, que se calcula como de hasta 15 millones. Al pensar en estas cifras, es necesario tener presente la general baratura de la vida en Palestina en aquellos tiempos, que puede deducirse de la pequeña de las monedas en circulación y a lo barato del mercado laboral. Un denario equivalía a ciento veintiocho perutahs, la moneda judía más pequeña. Los lectores del Nuevo Testamento recordarán que el obrero recibía un denario por su trabajo de un día en el campo o la viña (Mt. 22:2), en tanto que el buen samaritano pagó sólo dos denarios por la atención al herido que dejó en la posada (Lc. 10:35).

Pero nos estamos anticipando. Nuestro principal objeto era explicar la división de Palestina en los tiempos del Señor. Políticamente, consistía de Judea y Samaria, bajo procuradores romanos; de Galilea y Perea (al otro lado del Jordán), sujetas a Herodes Antipas, el asesino de Juan el Bautista —«aquella zorra» llena de astucia y crueldad, a quien el Señor, cuando fue enviado a él por parte de Pilato, no quido dar respuesta alguna—; y Batanea, Traconite y Auranites, bajo el dominio del tetrarca Felipe. Se precisaría de demasiados detalles para describir adecuadamente estas últimas provincias. Será suficiente decir que se encontraban al noreste, y que una de sus principales ciudades era Cesarea de Filipos (llamada así por el emperador de Roma y por el mismo Felipe), donde Pedro hizo su noble confesión, que constituyó la roca sobre la que la iglesia iba a ser levantada (Mt. 16:16; Mr. 8:29). Fue la mujer de este Felipe, el mejor de todos los hijos de Herodes, la que fue inducida por su cuñado, Herodes Antipas, a abandonar a su marido, y por cuya causa fue decapitado Juan (Mt. 14:3, etc.; Mr. 6:17; Lc. 3:19). Es cosa bien sabida que esta adúltera e incestuosa unión causó a Herodes problemas y sufrimientos inmediatos, y que finalmente le costó el reino y su destierro de por vida.

Ésta era la división política de Palestina. Comúnmente se constituía de Galilea, Samaria, Judea y Perea. Apenas si será necesario decir que los judíos no consideraban a Samaria como perteneciente a la Tierra Santa, sino como una franja de territorio extranjero —tal como la designa el Talmud (*Chag.* 25 *a*), «una franja cutita», «lengua» que se interponía entre Galilea y Judea—. Por los evangelios sabemos que los samaritanos no eran sólo considerados como gentiles y extraños (Mt. 10:5; Jn. 4:9, 20), sino que el mismo término samaritano era un insulto (Jn. 8:48). «Hay dos tipos de naciones», dice el hijo de Sirach (Ecclo. 50:25, 26), «que mi corazón aborrece, y la tercera no es nación; los que se sientan sobre el monte de Samaria y los que moran entre los filisteos, y aquella gente insensata que mora en Siquem». Y Josefo tiene una historia para explicar la exclusión de los samaritanos del Templo, en el sentido de que en la noche de la Pascua, cuando era costumbre abrir las puertas del Templo a medianoche, un samaritano había entrado y echado huesos en los portales y por todo el Templo para contaminar la Santa Casa. Por improbable que esto parezca, sí que revela los sentimientos del pueblo. Por otra parte, se tiene que admitir que los samaritanos correspondían con creces con un amargo aborrecimiento y menosprecio. Porque en cada período de acerba prueba nacional, los judíos no tenían enemigos más decididos e implacables que los que pretendían ser los únicos y verdaderos representantes del culto y de las esperanzas de Israel.

II

JUDÍOS Y GENTILES EN «LA TIERRA»

Llegando de Siria, habría sido difícil fijar el lugar exacto donde comenzaba, a decir de los rabinos, «la tierra». Los límites, aunque mencionados en cuatro diferentes documentos, no están marcados en nada que se aproxime a un orden geográfico, sino según fueron surgiendo para su discusión teológica cuestiones rituales relacionadas con ellos.[1] Porque para los rabinos los límites precisos de Palestina eran principalmente interesantes hasta donde afectaban a las obligaciones o a los privilegios de un distrito. Y a este respecto el hecho de que una ciudad estuviera en manos de paganos tenía una influencia decisiva. Así, los alrededores de Ascalón, la muralla de Cesarea y la de Acco eran contados dentro de los límites de Palestina, aunque las ciudades mismas no lo estuvieran. En realidad, considerando la cuestión desde esta perspectiva, para los rabinos Palestina era simplemente «la tierra»,[2] quedando todos los otros países reunidos bajo la designación de «fuera de la tierra». En el Talmud ni siquiera aparece una sola vez la expresión «Tierra Santa», tan común entre los

---

1. Rappoport, *Er. Mill.* pág. 208, en Neubauer, *Geogr. du Talmud*, pág. 10.
2. Así mayormente; también aparece la expresión «la tierra de Israel».

posteriores judíos y los cristianos.[3] No precisaba de esta adición, que hubiera podido sugerir una comparación con otros países; porque para el rabinista Palestina no era sólo santa, sino la única tierra santa, con la absoluta exclusión de todos los otros países, aunque señalaban dentro de sus límites una escala ascendente de diez grados de santidad, subiendo desde el suelo desnudo de Palestina hasta el más santo lugar del Templo (*Chel.* I. 6-9). Pero «fuera de la tierra» todo era tinieblas y muerte. El mismo polvo de un país pagano era impuro, y contaminaba con su contacto.[4] Era considerado como un sepulcro, o como la putrefacción de la muerte. Si un poco de polvo pagano había tocado una ofrenda, tenía que ser quemada en el acto. Más aún, si por cualquier razón algo de polvo pagano había entrado en Palestina, no se mezclaba ni podía hacerlo con el de «la tierra», sino que permanecía hasta el fin lo que había sido —impuro, contaminado, y contaminando todo aquello a lo que se adhería—. Esto arroja luz al sentido comunicado por las instrucciones simbólicas de nuestro Señor a sus discípulos (Mt. 10:14) cuando los envió para que marcaran los límites del verdadero Israel—«el reino de los cielos», que se había acercado—: «Y si alguno no os recibe, ni oye vuestras palabras, al salir de aquella casa o ciudad, sacudid el polvo de vuestros pies.» En otras palabras, no sólo debían abandonar una tal ciudad o casa, sino que debía ser considerada y tratada como pagana, justo como en el caso similar mencionado en Mt. 18:17. Todo contacto con los tales debía ser evitado, y toda traza sacudida, y que, con todo, como algunas de las ciudades de Palestina que eran consideradas paganas, estaban rodeadas por todas partes por lo que se consideraba como perteneciente a Israel.

---

3. El único pasaje de la Escritura en el que se emplea el término es Zac. 2:12; o más bien 2:16 del original hebreo.
4. Las referencias son aquí demasiado numerosas para una mención especial.

La *Misná*[5] indica, con referencia a ciertas ordenanzas, «tres tierras», que pudieran ser igualmente designadas como Palestina, pero a las que se aplicaban diferentes normas rituales. La primera comprendía «todo aquello de que tomaron posesión los que volvieron de Babilonia en la tierra de Israel y hasta Chezib» (a unas tres horas al norte de Acre); la segunda, «todo aquello de que tomaron posesión los que subieron de Egipto desde Chezib y hasta el río (Éufrates) hacia el este, y hasta Amaná» (que se supone que es un monte cerca de Antioquía de Siria); mientras que la tercera, indicando aparentemente una cierta delimitación ideal, tenía probablemente la intención de marcar lo que «la tierra» hubiera sido, conforme a la promesa original de Dios, aunque nunca fue poseída en aquella extensión por Israel.[6] Para nuestro presente propósito, naturalmente, sólo la primera de estas definiciones debe ser aplicada a «la tierra». Leemos en *Menachoth* VII. 1: «Cada ofrenda,[7] sea de la congregación o de un individuo (pública o privada), puede provenir de "la tierra", o desde "fuera de la tierra, sea del nuevo producto (del año) o del antiguo producto, excepto el *omer* (la gavilla mecida en la Pascua) y los dos panes (en Pentecostés), que puede ser sólo traído del nuevo producto (el del año corriente), y de aquel (que crece) dentro de "la tierra".»

5. *Shev.* VI. 1; *Chall.* IV. 8.
6. Las expresiones en el original son tan oscuras que hacen difícil emitir un juicio muy definido. En el texto hemos seguido los puntos de vista expresados por M. Neubauer.
7. Ninguna de las palabras castellanas «sacrificio», «ofrenda» o «don» se corresponden plenamente con el término hebreo *Korban*, que se deriva de un verbo que en un modo significa estar cerca, y en otro, traer cerca. En el primer caso, se referiría a las ofrendas mismas, en el segundo a los oferentes, como traídos cerca, trayéndoles las ofrendas cerca de Dios. Esto último me parece a mí la explicación correcta, tanto etimológica como teológicamente. Abarbanel combina ambos sentidos en su definición de *Korban*.

A estas dos ofrendas, la *Misná* añade en otro pasaje (*Chel.* I. 6) también los *Biccurim*, o primicias en su estado fresco, aunque de manera inexacta, porque estas últimas eran también traídas de lo que los rabinos llamaban Siria,[8] que parece haber sido considerada, en cierto sentido, como intermedia entre «la tierra» y «fuera de la tierra». El término *Soria* o Siria no incluye sólo aquel país, sino todas las tierras que, según los rabinos, había sometido David, como Mesopotamia, Siria, Soba, Achlab, etc. Sería demasiado prolijo explicar detalladamente las varias ordenanzas a las que se asimilaba *Soria*, y aquellas en las que era distinguida de la Palestina propia. La preponderancia de los deberes y de los privilegios estaban ciertamente en favor de Siria, hasta el punto de que si uno hubiera podido pasar de su suelo directamente al de Palestina, o haber unido campos de los dos países, sin la interposición de ninguna franja gentil, la tierra y el polvo de Siria habrían sido considerados limpios, como los de la misma Palestina (*Ohol.* XVIII. 7). Así, había alrededor de «la tierra» una especie de franja interior, consistiendo en aquellos países que se suponía habían sido anexionados por el rey David, y que recibía el nombre de *Soria*. Pero había además lo que pudiera llamarse una franja exterior, hacia el mundo gentil, que consistía de Egipto, Babilonia, Amón y Moab, los países en los que Israel tenía un interés especial, y que se distinguían del resto, «fuera de la tierra», en que eran susceptibles de aportar diezmos y las *Therumoth*, o primicias en un estado preparado. Naturalmente, ninguna de estas contribuciones era realmente llevada a Palestina, sino o bien empleadas por ellos para sus propósitos sagrados, o bien redimidas.

Maimónides clasifica todos los países en tres clases, «en lo que respecta a los preceptos relacionados con la tierra»:

---

8. Siria enviaba *Biccurim* a Jerusalén, pero no estaba sujeta a segundos diezmos ni al producto del cuarto año de las plantas (Lv. 19:24).

«la tierra, Soria, y fuera de la tierra»; y divide la tierra de Israel en territorio poseído antes y después del exilio, en tanto que distingue entre Egipto, Babilonia, Moab y Amón, y otras tierras.[9] En la estimación popular se hacían también otras distinciones. Así, el rabí José de Galilea mantenía[10] que las *Biccurim*[11] no debían ser traídas del otro lado del Jordán, «porque no era una tierra que fluyera leche y miel». Pero como la ley rabínica a este respecto difería de la postura expresada por el rabí José, debe haberse tratado de una reflexión retrospectiva, probablemente tratando de dar cuenta del hecho de que del otro lado del Jordán no acudían primicias para el Templo. Otra distinción reivindicada para el país al oeste del Jordán nos recuerda curiosamente de los temores expresados por las dos tribus y media al volver a sus hogares, después de la primera conquista de Palestina bajo Josué (Jos. 22:24, 25), por cuanto declaraba que la tierra al este del Jordán era menos sagrada, debido a la ausencia del Templo, del que no había sido digna. Finalmente, la Judea propia pretendía la preeminencia sobre Galilea, como centro del rabinismo. Quizá será bueno decir aquí que a pesar de la estricta uniformidad en todos los puntos principales, Galilea y Judea tenían sus respectivas costumbres y derechos legales que diferían entre sí en muchos particulares.

Lo que ha sido hasta ahora explicado en base a los escritos rabínicos gana un mayor interés cuando lo aplicamos al estudio del Nuevo Testamento. Porque ahora podemos comprender cómo aquellos zelotes de Jerusalén, que hubieran querido imponer sobre el cuello de la Iglesia el yugo de la ley de Moisés, hicieron preferentemente de las florecientes

9. *Hilch. Ther.* I. 6.
10. *Bicc.* I. 10.
11. Para una plena explicación de la distinción entre *Biccurim* y *Therumoth,* véase mi obra sobre *El Templo: su ministerio y servicios como eran en tiempos de Jesucristo.*

comunidades de Siria la base para sus operaciones (Hch. 15:1). Hay un especial significado en ello, por cuanto Siria constituía una especie de Palestina exterior, teniendo una posición intermedia entre ella y las tierras paganas. Otra vez, de nuestras indagaciones resulta que lo que los rabinos consideraban como propiamente la tierra de Israel comenzaba inmediatamente al sur de Antioquía. Así, la ciudad donde se formó la primera iglesia gentil (Hch. 11:20, 21); donde los discípulos fueron llamados primeramente cristianos (Hch. 11:26); donde Pablo ejerció durante tanto tiempo su ministerio, y de donde comenzó sus viajes misioneros, estaba, cosa significativa, justo afuera de la tierra de Israel. Inmediatamente al sur se encontraba el país sobre el que los rabinos reclamaban todo el poder. Viajando hacia el sur, el primer distrito al que se llegaba era el conocido en los evangelios como «las partes de Tiro y de Sidón» (Mt. 15:21). San Marcos describe el distrito más particularmente (Mr. 7:24), RV) como «los términos de Tiro y de Sidón». Éstos se extendían, según Josefo (*Guerras de los Judíos*, III. 3, 1), en la época de nuestro Señor, desde el Mediterráneo hacia el Jordán. Fue a estos términos extremos de «la tierra» a los que se retiró Jesús de los fariseos, cuando ellos se ofendieron ante su oposición al «ciego» tradicionalismo de ellos; y aquí Él sanó, con la palabra de su poder, a la hija de «la mujer cananea», cuya grandeza de fe sacó de sus labios unas palabras de precioso encomio (Mt. 15:28; Mr. 7:29). Era un distrito mayormente pagano donde el Salvador pronunció la palabra sanadora, y donde la mujer no estaba dispuesta a dejar que el Mesías de Israel se fuera sin recibir respuesta de Él. Ella misma era gentil. En verdad, no sólo aquel distrito, sino todo alrededor del mismo, y más adelante, el territorio de Felipe, era casi totalmente pagano. Más que esto, y por extraño que pueda parecer, alrededor de los distritos en que vivían los judíos el país estaba rodeado, por así decirlo, por nacionalidades extranjeras y por cultos, ritos y usos paganos.

Para comprender apropiadamente la historia del tiempo y

las circunstancias indicadas en el Nuevo Testamento, se precisa a este respecto de una correcta concepción del estado de las partes. Y aquí tenemos que prevenirnos frente a un error no poco natural. Si uno esperara encontrar dentro de los términos de «la tierra» misma una nacionalidad, una lengua, los mismos intereses, o incluso la profesión pública de una sola religión, se quedaría amargamente desengañado. No se trataba meramente de la presencia de los romanos y de sus partidarios, y de una cantidad más o menos influyente de colonos extranjeros, sino que la misma Tierra Santa era un país de razas mezcladas y mutuamente hostiles, de intereses divididos, donde se levantaban templos paganos al lado del farisaísmo más extremo y puntilloso, y donde prevalecían abiertamente ritos y usos paganos. De una manera general esto es fácilmente comprensible. Porque los que volvieron de Babilonia eran relativamente pocos, y es cosa abiertamente conocida que no ocuparon la tierra en su anterior extensión. Durante el turbulento período que siguió a este regreso, hubo una constante entrada de paganos, y se hicieron incesantes intentos de introducción y perpetuación de elementos extraños. Incluso el lenguaje de Israel había sufrido un cambio. Con el paso del tiempo, el antiguo hebreo había cedido todo el territorio al dialecto arameo, excepto en el culto público y en las eruditas academias de doctores teológicos. Palabras y nombres que aparecen en los evangelios como Raka, Abba, Golgotha, Gabata, Akel-Dama, Bartholomaios, Barabbas, Bar-Jesús, y las varias citas verbales, son todas arameas. Es probablemente en esta lengua que se dirigió Pablo a la enfurecida muchedumbre, de pie en la escalera que llevaba del Templo a la torre Antonia (Hch. 21:40; 22). Pero junto con el arameo hebraico —porque así designaríamos el lenguaje— la lengua griega había ido abriéndose paso entre el pueblo. La misma *Misná* contiene una muy grande cantidad de palabras griegas y latinas con sufijos hebreos, mostrando cuán profundamente habían afectado la vida y las costumbres gentiles incluso de aquellos que tanto las aborrecían, y, por deducción, cuán profundamente deben haber impregnado la sociedad judía en general. Pero, además, había sido durante mucho tiempo la política de sus gobernantes impulsar sistemáticamente todo lo que fuera griego en ideología y sentimiento. Se precisó de la obstinada decisión del farisaísmo, si no de su fanatismo, para impedir su éxito, y esto puede quizá explicar en parte lo extremoso de su antagonismo contra todo lo que fuera gentil. Un breve examen del estado religioso de los distritos más exteriores del país puede poner esto bajo una luz más clara.

En el extremo nororiental de la tierra, ocupando en parte la antigua posesión de Manasés, se encontraban las provincias pertenecientes al tetrarca Felipe (Lc. 3:1). Hay muchos puntos allí que son entrañables para la memoria cristiana. Después del exilio estos distritos habían sido ocupados por nómadas salvajes dedicados a la rapiña, como los beduinos de nuestros tiempos. Éstos vivían principalmente en enormes cuevas, donde guardaban sus provisiones, y en caso de ataque se defendían a sí mismos y a sus rebaños. Herodes el Grande y sus sucesores los habían sometido, y establecido entre ellos a una gran cantidad de colonos judíos e idumeos —los primeros traídos de Babilonia, bajo el caudillaje de un tal Zamaris, y atraídos, como los modernos colonos alemanes en zonas de Rusia, por la exención de impuestos—. Pero la inmensa mayoría del pueblo seguían siendo sirios y griegos, rudos, bárbaros y paganos. En realidad, allí el culto a los antiguos dioses sirios apenas si había dejado paso a los más refinados ritos de Grecia. Fue en estos lugares donde Pedro hizo aquella noble confesión de fe sobre la que, como sobre una peña, sería edificada la Iglesia. Pero Cesarea de Filipos era originalmente Banias o Panias, una ciudad dedicada al dios Pan; y su cambio de nombre no indicaba una dirección más hacia el judaísmo por parte de sus habitantes. En realidad allí había construido Herodes el Grande un templo dedicado a Augusto. Pero apenas si son necesarios más particulares, por cuanto recientes investigaciones han sacado a la luz por todas partes restos del culto a la diosa fenicia Astarté, al antiguo dios sirio del sol, e incluso del egipcio Amón, junto con el de las bien conocidas deidades griegas. Lo mismo puede decirse de la refinada Damasco, cuyo territorio constituía aquí el término extremo de Palestina. Pasando del término oriental al occidental de Palestina encontramos que en Tiro y Tolemaida los ritos frigios, egipcios, fenicios y griegos se hacían la competencia en pos de la preeminencia. En el centro de Palestina, a pesar de la pretensión de los samaritanos de ser los únicos verdaderos representantes de la religión de Moisés, el mismo nombre de la capital de ellos, Sebasté, por Samaria, mostraba cuán totalmente helenizada estaba aquella provincia. Herodes también había construido en Samaria un magnífico templo a Augusto; y no puede haber duda alguna de que prevalecían, al igual que la lengua griega, también los ritos griegos y la idolatría. Otro distrito extremo, *Decápolis* (Mt. 4:25; Mr. 5:20; 7:31), era casi totalmente griego en su constitución, lengua y culto. Era, de hecho, una federación de diez ciudades paganas dentro del territorio de Israel, poseyendo un gobierno propio. En realidad, las mismas ciudades no son siempre igualmente enumeradas por diferentes escritores. Señalaremos las más importantes para los lectores del Nuevo Testamento. *Escitópolis*, la antigua *Bet-seán* (Jos. 17:11, 16; Jue. 1:27; 1 S. 31:10, 12, etc.), era la única de estas ciudades que se encontraba al *oeste* del Jordán. Se encontraba a unas cuatro horas al sur de Tiberias. *Gadara*, la capital de Perea, nos es conocida por Mt. 8:28; Mr. 5:1; Lc. 8:26. Por último lugar, mencionamos como especialmente interesante la ciudad de *Pella*, el lugar al cual huyeron los cristianos de Jerusalén en obediencia a la advertencia de nuestro Señor (Mt. 24:15-20), para escapar a la suerte de la ciudad cuando fue finalmente sitiada por los romanos. La situación de Pella no ha sido determinada satisfactoriamente, pero probablemente no se encontraba a mucha distancia de la antigua Jabes de Galaad.[12]

12. Comparar la plena discusión en Caspari, *Chronol. Geogr. Einl. in. d. Leben J. C.*, págs. 87-90.

Pero volvamos a nuestro tema. Por lo que se ha dicho, se verá que quedaban sólo la Galilea y Judea propia, en la que deben buscarse posturas y maneras estrictamente judías. Cada una de estas regiones será descrita detalladamente. Por ahora será suficiente señalar que la Galilea nororiental o Alta estaba en gran parte habitada por gentiles: fenicios, sirios, árabes y griegos,[13] de donde le viene el nombre de «Galilea de los gentiles» (Mt. 4:15). Es extraño cómo prevalecía el elemento pagano en muchas de estas ciudades con las que estamos familiarizados gracias al Nuevo Testamento. *Tiberias*, que dio su nombre al lago, era de origen reciente en tiempos de Cristo, habiendo sido construida por el tetrarca Herodes Antipas (el Herodes de la historia evangélica), y recibió su nombre en honor del emperador Tiberio. Aunque recibió de su fundador muchos privilegios, como casas y tierras para sus habitantes y exención de impuestos, manteniéndose esto en vigor bajo Vespasiano después de la guerra judía, Herodes tuvo que colonizarla a la fuerza, por lo que respectaba a sus pocos moradores judíos. Porque la localidad donde la ciudad se levantaba había sido antiguamente un cementerio, y por ello todo el terreno era levíticamente impuro (Josefo, *Antigüedades*, 2, 3). Así, por muy célebre que haya llegado a ser después como la gran y última sede del Sanedrín judío, fue en su origen principalmente ajena al judaísmo. *Gaza* tenía su deidad local; en *Ascalón* se adoraba a Astarté; *Jope* era la localidad en la que, para la época en que Pedro tuvo allí su visión, seguían mostrando sobre las rocas de la costa las marcas de las cadenas con que se decía que Andrómeda había sido encadenada cuando Perseo acudió a liberarla. *Cesarea* era una ciudad esencialmente pagana, aunque allí vivieran muchos judíos, y uno de sus adornos más conspicuos era otro templo dedicado a Augusto, levantado sobre un monte enfrente de la boca del puerto, para que fuera

---

13. Josefo, *Guerras de los Judíos*, III. 9, 3.

visible desde mar adentro. Pero, ¿qué podía esperarse cuando en la misma Jerusalén Herodes había edificado un magnífico teatro y un anfiteatro, a donde se llevaban gladiadores de todas partes del mundo, y donde se celebraban juegos, con un carácter totalmente antijudío, paganos en su espíritu y tendencia? (Josefo, *Antigüedades*, XV, 8, 1). Los favoritos y consejeros con los que el monarca se rodeaba eran paganos; allí donde pudieron él o sus sucesores, levantaron templos paganos, y en toda ocasión promovían la expansión de las ideas griegas. Pero siempre profesaban ser judíos; no estaban dispuestos a enfrentarse a los prejuicios judíos; en realidad, como lo muestran la construcción del Templo, la frecuente apelación a Roma en favor de la causa de los judíos cuando eran oprimidos, y muchos otros hechos, los herodianos hubieran deseado mantenerse en buenas relaciones con el partido nacionalista, o más bien emplearlo en beneficio propio. Y así fue expandiéndose el helenismo. El griego ya era hablado y comprendido por todas las clases educadas del país; era necesario para la relación con las autoridades romanas, con los muchos funcionarios civiles y militares, y con los extranjeros; la «inscripción» en las monedas estaba en griego, aunque, para aplacar a los judíos, ninguno de los primeros Herodes puso en ellas su imagen.[14] Cosa significativa, fue Herodes Agripa I, el asesino de Santiago y fallido asesino de san Pedro, quien introdujo la práctica antijudía de imágenes en las monedas. Así iba avanzando por todos los frentes el elemento foráneo. Era inevitable o bien un cambio o bien un enfrentamiento en un futuro no lejano.

¿Y qué del mismo judaísmo en aquel período? Estaba miserablemente dividido, aunque no hubiera tenido lugar ninguna separación exterior. Los fariseos y los saduceos sostenían

---

14. La moneda mencionada en Mt. 22:20, que presentaba una «imagen», así como una «inscripción», tiene por ello que haber sido, bien acuñada en Roma, o bien del tetrarca Felipe, que fue el primero en introducir la imagen de César en monedas estrictamente judías.

principios opuestos y se aborrecían mutuamente; los esenios menospreciaban a ambos. Dentro del fariseísmo las escuelas del Hillel y de Shammai se contradecían entre sí en casi cada punto. Pero ambas se unían en su ilimitado menosprecio de lo que ellos designaban como «el común de la gente» —los que no tenían una formación tradicional, y que por ello o bien eran incapaces o bien no estaban dispuestos a tomar parte en las discusiones, o a llevar la carga de las ordenanzas legales, que constituían la principal materia del tradicionalismo—. Había sólo un sentimiento común a todos —altos y bajos, ricos y pobres, instruidos y sin instrucción—: el de un intenso odio a los extranjeros. Los rudos galileos eran tan «nacionales» como los más puntillosos fariseos; en realidad, en la guerra contra Roma dieron el mayor número de soldados, y los más valientes. En todas partes estaban los extranjeros a la vista; para ellos eran los impuestos que se exigían, los soldados, los tribunales de más alta instancia, el gobierno. En Jerusalén se encontraban por encima del Templo como guardia en la torre Antonia, e incluso tenían la custodia de las vestiduras del sumo sacerdote,[15] por lo que, antes de oficiar en el Templo, ¡tenía que solicitarlos siempre al procurador o a su representante! Eran sólo más tolerables, al ser paganos abiertos, que los herodianos, que mezclaban el judaísmo con el paganismo, y que, habiendo venido de esclavos extranjeros, se habían arrogado para sí el reino de los Macabeos.

Los lectores del Nuevo Testamento saben qué separación habían establecido los judíos fariseos entre ellos mismos y los paganos. Se entenderá fácilmente que todo contacto con el paganismo y toda ayuda a sus ritos debiera haber sido prohibido, y que en la relación social se evitaba toda contaminación levítica surgiendo del uso de lo que era «común o inmundo». Pero el fariseísmo iba mucho más lejos que esto. Tres días antes de un festival pagano se prohibían todas las

15. La práctica comenzó de una manera bien inocente. El sumo sacerdote Hircano, que edificó la torre de Baris, depositó allí su ropaje, y sus hijos continuaron esta práctica.

transacciones con los gentiles, a fin de no darles ninguna ayuda directa o indirecta para sus ritos; y esta prohibición se extendía incluso a las fiestas privadas, como un cumpleaños, el día de regreso de un viaje, etc. En las ocasiones festivas paganas el judío piadoso debía evitar, si fuera posible, pasar a través de una ciudad pagana, y desde luego evitar todo tipo de tratos con tiendas que estuvieran adornadas festivamente. Era ilegítimo para los obreros judíos ayudar en cualquier cosa que pudiera tener que ver con el culto pagano o con el gobierno gentil, incluyéndose en esto último la edificación de juzgados y edificios similares. No es necesario explicar en qué amplitud ni hasta qué detalles llevaba acabo la prolijidad farisaica todas estas ordenanzas. Sabemos, por el Nuevo Testamento, que entrar en casa de un pagano contaminaba hasta el atardecer (Jn. 18:28), y que estaba prohibida toda relación amistosa con los gentiles (Hch. 10:28). ¡Tan terrible era la intolerancia que las mujeres judías tenían hasta prohibido ayudar a su vecina pagana cuando estuviera para dar a luz! (*Avod. S.* II. 1). No era cosa nueva para san Pablo cuando los corintios preguntaron acerca de la legitimidad de la carne vendida en las carnicerías o servida en un banquete (1 Co. 10:25, 27, 28). Evidentemente, tenía en mente la ley rabínica acerca de ello, mientras que por una parte evitaba la servidumbre farisaica de la letra, y, por la otra, advertía en contra de violentar la propia conciencia u ofender la de un observador. Porque, según el rabí Akiba, «la carne que está para ser llevada al culto pagano es legítima, pero la que viene de él está prohibida, porque es como los sacrificios de los muertos» (*Avod. S.* II. 3). Pero la separación iba mucho más allá de lo que las mentes ordinarias pudieran estar dispuestas a aceptar. La leche ordeñada de una vaca por manos gentiles, y el pan y el aceite preparado por ellos, podían ser vendidos a los extranjeros, pero no usados por los israelitas. Desde luego, ningún judío piadoso se hubiera sentado a la mesa de un gentil (Hch. 11:3; Gá. 2:12). Si un pagano era invitado a una casa judía, no podía ser dejado solo en la estancia, pues en caso contrario se consideraba que todos los artículos alimenticios o bebidas en la mesa eran impuros. Si se les compraban útiles de cocina, tenían que ser purificados con fuego o agua; los cuchillos debían ser vueltos a afilar, los espetones calentados al rojo vivo antes de emplearlos, etc. No era legítimo arrendar la casa ni el campo, ni vender ganado, a un pagno; cualquier artículo que estuviera relacionado con el paganismo, aunque fuera de manera muy indirecta, tenía que ser destruido. Así, si una lanzadera de telar había sido hecha de la madera de un bosque dedicado a ídolos, cada artículo de vestido hecho con ella debía ser destruido; y si aquellas piezas habían sido mezcladas con otras cuya fabricación no pudiera tener ninguna objeción, todas ellas quedaban contaminadas y debían ser destruidas.[16]

Éstas son sólo unas declaraciones generales para mostrar los sentimientos dominantes. Sería fácil demostrar cómo impregnaban todas las relaciones de la vida. Los paganos, aunque eran frecuentemente tolerantes, naturalmente tomaban represalias. La circuncisión, el reposo sabático, el culto a un Dios invisible, y la abstinencia judía de comer cerdo, constituían un tema inacabable de las burlas de los paganos.[17] Los conquistadores no suelen cuidarse de ocultar su menosprecio por los vencidos, especialmente cuando éstos presumen de monospreciarlos y odiarlos. A la vista de esto, qué increíble puede haber parecido la verdad que el Señor Jesucristo proclamó entre Israel como el objeto de su venida y reino no el hacer judíos de los gentiles, sino de ambos hijos de un Padre Celestial; no imponer a los paganos el yugo de la ley, sino librar de él a judíos y a gentiles, o más bien, ¡a

16. Estos particulares están recogidos del tratado *Avodah Sarah* (sobre cultos idolátricos) de la *Misná*, aunque aquí se ha dado a propósito solo un bosquejo general.

17. Para detalles, compárese la bien conocida y valiosa colección de Meier (*Judaica seu vet. scr. prof. de reb. Jud. frag.*).

cumplir sus demandas en favor de ambos! La revelación más inesperada y revelación más inopinada, desde el punto de vista judío, fue la de la demolición de la pared intermedia de separación entre judíos y gentiles, quitando la enemistad de la ley, clavándola en su cruz. No había nada análogo a esto; ni se podía encontrar una sola insinuación ni en la enseñanza ni en el espíritu de aquellos tiempos. Bien al revés. Desde luego, lo más contrapuesto a Cristo fueron sus tiempos; y la mayor de todas las maravillas —«el misterio que había estado oculto desde los siglos y generaciones pasadas»— la fundación de una Iglesia universal.

III

EN GALILEA EN LA ÉPOCA DE NUESTRO SEÑOR

«Si alguien quiere enriquecerse, que vaya al norte; si desea adquirir sabiduría, que venga al sur.» Éste era el dicho con el que el orgullo rabínico distinguía entre la riqueza material de Galilea y la supremacía en erudición tradicional que pretendían las academias de la Judea propia. Pero, ¡ay!, no pasó mucho tiempo antes que Judea perdiera esta dudosa distinción, y que sus escuelas peregrinaran hacia el norte, acabando estableciéndose junto al lago de Genesaret, ¡y en aquella misma ciudad de Tiberias que antaño había sido considerada como inmunda! Ciertamente, la historia de las naciones registra el juicio de las mismas;[1] y es extrañamente significativo que la colección autoritativa de la ley tradicional judía, conocida como la Misná, y el llamado Talmud de Jerusalén, que forma su comentario palestinense,[2] salieran finalmente de lo que fue originalmente una ciudad pagana, construida sobre

---

1. «La historia de las nacionaes es la Némesis de las naciones» («Die Weltgeschichte ist das Weltgericht»), escribe Schiller.
2. Hay dos Talmuds del texto de la Misná: el de Jerusalén y el de Babilonia. El Talmud de Babilonia es considerablemente más reciente que el de Jerusalén, y sus tradiciones están más profundamente teñidas de superstición y errores de todo tipo. También para propósitos históricos el Talmud de Jerusalén es mucho más valioso y de mucha mayor autoridad que el de las Escuelas Orientales.

el emplazamiento de unos viejos y olvidados sepulcros. Pero en tanto que Jerusalén y Judea fueron el centro de la erudición judía, no había términos de menosprecio suficientemente duros para expresar el arrogante desdén con el que un rabinista normal consideraba a sus correligionarios del norte. Las despreciativas palabras de Natanael (Jn. 1:46): «¿De Nazaret puede salir algo bueno?», suenan a un dicho común de este período; y la reprensión de los fariseos a Nicodemo (Jn. 7:52): «Escudriña y ve que de Galilea nunca ha surgido ningún profeta», fue salpicada con la burlona pregunta: «¿Acaso eres tú también galileo?» No se trataba meramente de una superioridad consciente, como la que los «de la ciudad», como solían ser llamados los habitantes de Jerusalén, se decía que exhibían comúnmente ante sus «primos del campo» y todos los demás, sino un desprecio ofensivo, expresado a veces con una zafiedad casi increíble, con una ausencia total de delicadeza y de caridad, pero siempre con mucha y piadosa autoafirmación. La frase «Dios, te doy gracias porque no soy como los demás hombres» (Lc. 18:11) parece el aliento natural del rabinismo en compañía de los iletrados, y de todos los que eran considerados inferiores intelectuales o religiosos; y la historia parabólica del fariseo y del publicano en el evangelio no es contada por la especial condena de aquella oración, sino como característica de todo el espíritu del fariseísmo, incluso al acercarse a Dios. «Esta gente que no conoce la ley (esto es, la ley tradicional), son unos malditos.» Esta frase era el brusco sumario de la estimación que tenían los rabinos de la opinión popular. Llegaba a tal grado que los fariseos hubieran deseado excluirlos no sólo de las relaciones normales, sino de la capacidad de dar testimonio, y que incluso aplicaran al matrimonio con ellos un pasaje como Dt. 27:21.[3]

---

3. Todos los que sientan curiosidad por ver hasta cuán lejos podía llegar la soberbia farisaica en su menosprecio de la población rural deberían leer *Pes.* 49, *a* y *b*.

Pero si esto se considera como un extremo, dos ejemplos, escogidos casi al azar, uno de la vida religiosa, y otro de la vida ordinaria, servirán para ilustrar su realidad. Apenas si se podría imaginar un mejor paralelo de la oración del fariseo que lo que sigue. Leemos en el Talmud (*Jer. Ber.* IV. 2) que un célebre rabino, al salir cada día de la academia, oraba en estos términos: «Te doy las gracias, oh Señor mi Dios y Dios de mis padres, que tú hayas puesto mi parte entre los que frecuentan las escuelas y las sinagogas, y no entre los que van al teatro y al circo. Porque tanto yo como ellos trabajamos y estamos expectantes —yo para heredar vida eterna, y ellos para su destrución—.» La otra ilustración, tomada también de una obra rabínica, es, si fuera posible, todavía más ofensiva. Resulta que el rabí Jannai, mientras viajaba, conoció a un hombre al que consideraba su igual. Llegó el momento en que su nuevo amigo lo invitó a comer, y puso delante de él abundancia de comida y bebida. Pero se habían suscitado sospechas en el rabí. Comenzó a probar a su anfitrión sucesivamente con preguntas sobre el texto de las Escrituras, sobre la Misná, interpretaciones alegóricas, y finalmente sobre sabiduría talmúdica. ¡Ay! En ninguno de estos puntos pudo satisfacer al rabí. Terminó la comida, y el rabí Jannai, que para aquel entonces indudablemente había expresado todo el desdén y menosprecio de un rabinista normal hacia los iletrados, pidió a su anfitrión, como era usual, que tomara la copa de bendición y que diera las gracias. Pero este último estaba ya lo suficientemente humillado, y respondió, con una mezcla de deferencia oriental y de modestia judía: «Que Jannai mismo dé las gracias en su propia casa.» «En todo caso», observó el rabí, «puedes unirte a mí»; y cuando el anfitrión hubo expresado su acuerdo, Jannai dijo: «¡Un perro ha comido del pan de Jannai!»

La historia imparcial, empero, debe registrar un juicio diferente sobre los hombres de Galilea que el dictado por los rabinos, y ello incluso en aquello por lo que eran menospreciados por los líderes de Israel. Algunas de sus peculiaridades, desde luego, se debían a circunstancias territoriales. La provincia de Galilea —cuyo nombre podría traducirse como «circuito», derivándose de un verbo que significa «discurrir en un círculo»— comprendía las antiguas posesiones de cuatro tribus: Isacar, Zabulón, Neftalí y Aser. Este nombre aparece ya en el Antiguo Testamento (cf. Jos. 20:7; 1 R. 9:11; 2 R. 15:29; 1 Cr. 6:76; y especialmente Is. 9:1). En tiempos de Cristo se extendía hacia el norte a las posesiones de Tiro por un lado, y a Siria por el otro; al sur limitaba con Samaria, el monte Carmelo al oeste, y el distrito de Escitópolis (en Decápolis) al este, mientras que el Jordán y el lago de Genesaret constituían el límite oriental general. Así considerado, incluiría nombres a los que se unen reminiscencias como «los montes de Gilboa», donde «Israel y Saúl cayeron en mortandad»; el pequeño Hermón, el Tabor, el Carmelo, y aquel gran campo de batalla de Palestina, la llanura de Jezreel. Tanto el Talmud como Josefo la dividen entre la Alta y la Baja Galilea, entre las cuales los rabinos interponen el distrito de Tiberias como la Media Galilea.[4] Nos viene a la memoria la historia de Zaqueo (Lc. 19:4) por la señal que dan los rabinos para distinguir entre la Alta y la Baja Galilea. La primera comienza allí «donde los sicómoros dejan de crecer». El sicómoro, que es una especie de higuera, no debe ser, naturalmente, confundido con el nuestro, y era un árbol de hoja perenne, fácilmente destruido por el frío (Sal. 78:47), creciendo sólo en el valle del Jordán, o en la Baja Galilea hasta la costa. La mención de este árbol puede también servirnos para determinar la localidad donde el Señor pronunció sus palabras en Lc. 17:6. Los rabinos mencionan Kefar Hananyah, probablemente la moderna Kefr Anan, al noroeste de Safed, como el primer lugar en la Alta Galilea. Safed era en verdad «una ciudad asentada sobre un monte»; y puede que estuviera a la vista del Señor cuando pronunció el Sermón del Monte (Mt.

4. *Shev.* IX. 2.

5:14). En el Talmud es mencionada con el nombre de Zefath, y mencionada como una de las estaciones de señales desde donde se transmitía la proclamación de la nueva luna, hecha por el Sanedrín en Jerusalén,[5] y con ella el principio de cada mes, mediante fogatas de colina en colina por toda la tierra, y al este del Jordán, cubriendo la gran distancia hacia los de la dispersión.

La zona montañosa en el norte de la Alta Galilea exhibía un maravilloso paisaje, con un aire fortificante. Es aquí que se da una parte del argumento del Cantar de los Cantares (Cnt. 7:5). Pero sus cuevas y fortalezas, así como el territorio pantanoso, cubierto de cañas, a lo largo del lago Merom, daban refugio a los bandidos, a los proscritos y a los caudillos rebeldes. Algunos de los personajes más peligrosos procedían de las tierras altas de Galilea. Algo más al sur cambiaba el paisaje. Al sur del lago Merom, donde el llamado puente de Jacob salva el Jordán, llegamos a la gran ruta de caravanas, que unía Damasco al este con el gran mercado de Tolemaida, en la costa del Mediterráneo. ¡Qué agitación presentaba continuamente esta vía en los tiempos de nuestro Señor, y cuántos oficios y ocupaciones suscitaba! Pasaban durante todo el día hileras de camellos, de mulas, de asnos, cargados de riquezas de Oriente destinadas al lejano Occidente, o llevando los lujos de Occidente al lejano Oriente. Aquí se veía a viajeros de todo tipo: judíos, griegos, romanos, moradores del Oriente. La constante relación con los extranjeros, y el establecimiento de tantos extranjeros a lo largo de una de las grandes rutas del mundo, tiene que haber hecho que el mezquino fanatismo de Judea fuera casi imposible en Galilea.

Estamos ahora en la Galilea propia, y apenas si se podría

5. Véase mi libro sobre *El Templo: su ministerio y servicios en la época de Jesucristo*, capítulo X, apartado «La nueva luna», y capítulo XV, apartado «La determinación de la nueva luna.»

concebir una región más fértil o hermosa.[6] Era verdaderamente la tierra donde Aser mojaba en aceite su pie (Dt. 33:24). ¡Los rabinos se refieren al aceite como fluyendo como un río, y dicen que era más fácil criar una plantación de olivos en Galilea que un niño en Judea! El vino, aunque no tan abundante como el aceite, era generoso y rico. El trigo crecía en abundancia, especialmente en las cercanías de Capernaum; también se cultivaba el lino. El costo de la vida era mucho más barato que en Judea, donde se decía que una medida costaba tanto como cinco en Galilea. Los frutos crecían también a la perfección; y eran probablemente debido a los celos por parte de los habitantes de Jerusalén que no permitieran que fuera vendido en la ciudad durante las festividades, para que los visitantes no llegaran a decir: «Hemos venido sólo a probar los frutos de Galilea.»[7] Josefo se refiere al país en términos totalmente arrebatados. Cuenta no menos de 240 ciudades y pueblos, y dice que el más pequeño tenía ¡no menos de 15.000 habitantes! Esto, naturalmente, debe ser una gran exageración, ya que haría que el país tuviera una población dos veces más densa que los más densos distritos de Inglaterra o Bélgica. Alguien ha comparado a Galilea con los distritos manufactureros de Gran Bretaña. Esta comparación, naturalmente, es de aplicación sólo al hecho de su vida activa, aunque también se llevaban a cabo varias actividades industriales —grandes talleres de cerámica de diferentes tipos, y tintorerías—. Desde las alturas de Galilea el ojo reposaba sobre puertos, llenos de naves mercantes, y sobre el mar, punteado con blancas velas. Allí, junto a la costa, y también tierra adentro, echaban su humo los hornos donde se hacía vidrio; a lo largo de la gran ruta se movían las caravanas; en

---

6. Véase también, generalmente, un interesante artículo sobre «La fertilidad de la antigua Palestina» en la revista *Quarterly Statement of the Palestine Exploration Fund* de julio de 1876, págs. 120-132.
7. *Pes. 8 b.*

el campo y las viñas y plantaciones frutales todo era actividad. La gran carretera atravesaba Galilea, entrando en ella por donde se salva el Jordán mediante el llamado puente de Jacob, tocaba luego Capernaum, descendía a Nazaret y proseguía hasta la costa. Ésta era una ventaja que tenía Nazaret: que estaba en la carretera del tráfico y relación del mundo. Otra peculiaridad es extrañamente desconocida por los escritores cristianos. Se sabe por los antiguos escritos rabínicos[8] que Nazaret era una de las estaciones de los sacerdotes. Todos los sacerdotes estaban repartidos entre veinticuatro órdenes, uno de los cuales estaba siempre de servicio en el Templo. Ahora bien, los sacerdotes del orden que iba a estar de guardia siempre se reunían en ciertas ciudades, desde las que se dirigían juntos al Templo; los que no podían ir pasaban la semana en ayuno y oración por sus hermanos. Nazaret era uno de estos centros sacerdotales; así que por allí, cosa simbólicamente significativa, pasaban tanto los que efectuaban el tráfico del mundo como los que servían en el Templo.

Hemos hablado de Nazaret; y puede ser interesante echar una ojeada a otros lugares en Galilea que se mencionan en el Nuevo Testamento. Junto al lago se encontraba, al norte, Capernaum, que era una ciudad grande; cerca de ella estaba Corazín, tan célebre por su trigo que, si hubiera estado más cerca de Jerusalén, habría sido empleado para el Templo;[9] también Betsaida,[10] cuyo nombre, «casa de peces», indica su principal actividad. Capernaum era la estación en la que Mateo se sentaba en el banco de los tributos (Mt. 9:9). Al sur de Capernaum se encontraba Magdalá, la ciudad de los

8. Véase la referencia en Neubauer, pág. 190.
9. *Men.* 85 *a.*
10. Había dos lugares con este nombre, uno al este del Jordán, Betsaida Julias, a la que se hace referencia en Lc. 9:10; Mr. 8:22; la otra en la costa occidental del lago de Galilea, la ciudad natal de Andrés y de Felipe (Jn. 1:44). Ver también Mr. 6:45; Mt. 11:21; Lc. 10:13; Jn. 12:21.

tintoreros, el hogar de María Magdalena (Mr. 15:40; 16:1; Lc. 8:2; Jn. 20:1). El Talmud menciona sus tiendas y sus tejedurías de lana, habla de su gran riqueza, pero se refiere también a la gran corrupción de sus habitantes. Tiberias, que había sido construida poco antes del tiempo de Cristo, es sólo incidentalmente mencionada en el Nuevo Testamento (Jn. 6:1, 23; 21:1). En aquel tiempo era una espléndida ciudad, aunque principalmente de carácter pagano, cuyos magníficos edificios contrastaban con las casas más humildes comunes en la región. En el extremo meridional del lago se encontraba Tariquea, la gran pesquería, desde donde se exportaba pescado conservado en toneles (Estrabón, XVI. 2). Fue allí que, durante la gran guerra romana, se libró una especie de batalla naval, que acabó en una terrible degollina, en la que los romanos no dieron cuartel, con lo que el lago quedó teñido de rojo con la sangre de las víctimas, y la ribera quedó pestilente a causa de sus cadáveres. Caná de Galilea era la ciudad natal de Natanael (Jn. 21:2), donde Cristo llevó a cabo su primer milagro (Jn. 2:1-11); también fue significativa en relación con el segundo milagro que se vio allí, en el que el vino nuevo del reino fue por vez primera probado por labios gentiles (Jn. 4:46, 47). Caná estaba a unas tres horas al nornoreste de Nazaret. Finalmente, Naín era una de las poblaciones más meridionales de Galilea, no lejos de la antigua Endor.

No debería sorprendernos, así, por interesante que pueda resultar, que las reminiscencias judías que hayan sido preservadas por los rabinos acerca de los primitivos cristianos estén principalmente localizadas alrededor de Galilea. Así, tenemos, en plena edad apostólica, una mención de curaciones milagrosas efectuadas, en nombre de Jesús, por un cierto Jacob de Chefar Sechanja (en Galilea), oponiéndose en una ocasión uno de los rabinos a un intento de esta clase, muriendo el paciente durante la disputa; registros repetidos de discusiones con eruditos cristianos, y otras indicaciones de contactos con creyentes hebreos. Algunos han ido más allá,[11] y han encontrado trazas de la general extensión de tales posturas en el hecho de que sea introducido un maestro galileo en Babilonia como proponiendo la ciencia del *Merkabah*, o las doctrinas místicas relacionadas con la visión de Ezequiel del carro divino, que ciertamente contenía elementos estrechamente aproximados a las doctrinas cristianas del Logos, de la Trinidad, etc. También se han sospechado posiciones trinitarias en la significación dada al número «tres» por un maestro galileo del siglo tercero, de esta manera: «Bendito sea Dios, que ha dado las tres leyes (el Pentateuco, los Profetas y los Hagiógrafos) a un pueblo constituido por tres clases (sacerdotes, levitas y laicos), por medio de aquel que era el más joven de tres (Miriam, Aarón y Moisés), en el día tercero (de su separación —Éx. 19:16), y en el mes tercero.» Hay además otro dicho de un rabino galileo, referido a la resurrección, que, aunque dista mucho de estar claro, puede que tenga una aplicación cristiana. Finalmente, el Midrás aplica la expresión «el pecador quedará en ella preso» (Ec. 7:26) al anteriormente mencionado rabí Jacob, cristiano, o a los cristianos en general, o incluso a Capernaum, con evidente referencia a la extensión del cristianismo allí. No podemos proseguir aquí este asunto tan interesante más allá de decir que encontramos indicaciones de que los judíos cristianos habían intentado introducir sus posturas mientras dirigían las devociones públicas en la sinagoga, e incluso de contactos con la secta inmoral y herética de los nicolaítas (Ap. 2:15).

En verdad, lo que sabemos de los galileos nos prepararía para esperar que el evangelio fuera al menos escuchado con atención entre muchos de ellos. No se trata sólo de que Galilea fuera la gran escena de la obra y enseñanza de nuestro

11. Véase generalmente el erudito volumen de M. Neubauer *La Géographie du Talmud*, pág. 186, etc. Comparar, asimismo, Derenbourg, *L'Histoire et la Géographie de la Palestine*, págs. 347-365.

Señor, y el hogar de sus primeros discípulos y apóstoles, ni tampoco que la frecuente relación con los extraños debe haber tendido a eliminar los estrechos prejuicios, mientras que el menosprecio de los rabinistas contribuiría a la pérdida de ligazón con el más estricto fariseísmo, sino que, tal como nos es descrito su carácter por Josefo, e incluso por los rabinos, parecen haber sido una raza generosa, impulsiva y de gran corazón —intensamente nacionalista en el mejor sentido—, activos, no dados a ociosas especulaciones ni a distinciones lógico-teológicas sutiles, sino llenos de conciencia y seriedad. Los rabinos detallan ciertas diferencias teológicas entre Galilea y Judea. Sin mencionarlas aquí, no abrigamos duda alguna al decir que muestran una piedad práctica más seria, y una vida más estricta, y menos adhesión a aquellas distinciones farisaicas que tan frecuentemente vaciaban la ley de su sentido. Por otra parte, el Talmud acusa a los galileos de descuidar el tradicionalismo; de aprender de un maestro, y después de otro (quizá porque sólo tenían rabinos ambulantes, y no academias permanentes); y de ser incapaces de llegar a las alturas de las distinciones y explicaciones rabínicas. Que su sangre ardiente los hacía más bien pendencieros, y que vivían en un estado crónico de rebelión contra Roma, son cosas que sabemos no sólo gracias a Josefo, sino también por el Nuevo Testamento (Lc. 13:2; Hch. 5:37). Su hebreo mal pronunciado, o más bien la incapacidad que tenían para pronunciar de manera apropiada las guturales, eran un constante tema de ingenio y burla, y era tan común que hasta los siervos en el palacio del sumo sacerdote pudieron dirigirse a Pedro y decirle: «De seguro que tú también eres uno de ellos, porque hasta tu manera de hablar te descubre» (Mt. 26:73), comentario que, de pasada, ilustra el hecho de que el lenguaje comúnmente empleado en tiempos de Cristo en Palestina era el arameo, no el griego. Josefo describe a los galileos como trabajadores, varoniles y valientes; e incluso el Talmud admite (*Jer. Cheth.* IV. 14) que se preocupaban más por el honor que por el dinero.

Pero el distrito de Galilea al que la mente siempre vuelve es el de alrededor de la ribera de su lago.[12] Su belleza, su maravillosa vegetación, sus productos casi tropicales, su riqueza o abundancia de población, han sido frecuentemente descritas. Los rabinos derivan el nombre de Genesaret[13] bien de un arpa —debido a que los frutos de sus costas eran tan dulces como el son del arpa— o bien lo explican como significando «los jardines de los príncipes», por las hermosas villas y jardines a su alrededor. Pero pensamos principalmente no en aquellos fértiles campos y arboledas, ni en el intenso azul del lago, encerrado entre colinas, ni en las activas ciudades, ni en las blancas velas extendidas sobre sus aguas, sino en Aquel cuyos pies caminaron por sus costas; Aquel que enseñó, y trabajó, y allí oró por nosotros pecadores; que anduvo sobre sus aguas y apaciguó sus tempestades, y que incluso tras su resurrección tuvo allí una entrañable conversación con sus discípulos; sí, en Aquel cuyas últimas palabras sobre la tierra, dichas allí, nos llegan con una peculiar significación y aplicación, al observar en nuestros días los perturbadores elementos en el mundo que nos rodea: «¿Qué te va a ti? Tú, sígueme» (Jn. 21:22).

---

12. El Nuevo Testamento habla tan frecuentemente de la ocupación de los pescadores en el lago de Galilea que es interesante saber que *la pesca en el lago era libre para todos*. El Talmud menciona ésta como una de las diez ordenanzas establecidas por Josué en la antigüedad (*Baba Kama*, 80 b).

13. El nombre bíblico *Chinnereth* o *Chinneroth* (Quinéret, Nm. 34:11, y en otros lugares) es derivado por los rabinos de «harpa» (*chinnor*); y su forma postbíblica, *genessar*, es presentada como extraída de *gener sarim*, jardines de los príncipes. El nombre bíblico es realmente «una cuenca», «un cuenco», por lo que difícilmente puede derivarse de la ciudad de *Genussar*, como sugiere M. Neubauer (ver ref. 11, pág. 25, y en otros lugares).

IV

VIAJANDO POR PALESTINA: CARRETERAS, MESONES, LA HOSPITALIDAD, LOS FUNCIONARIOS DE ADUANAS, LOS IMPUESTOS, LOS PUBLICANOS

Era la carretera más transitada de Palestina junto a la que el publicano Leví Mateo estaba sentado en el banco de los tributos públicos cuando nuestro Señor lo llamó a la comunión del Evangelio, y luego él hizo aquel gran banquete al que invitó a sus compañeros publicanos, para que también ellos pudieran ver y oír a Aquel en quien él había encontrado la vida y la paz (Lc. 5:29). Porque aquélla era la única verdadera carretera internacional que atravesaba Palestina; y era además una de las grandes rutas del comercio mundial. En el tiempo acerca del que escribimos se puede decir, de manera general, que había seis arterias principales de comercio y comunicación que atravesaban el país, siendo sus principales puntos Cesarea, que era la capital militar, y Jerusalén, la religiosa. Había, *en primer lugar*, la carretera del sur, que llevaba de Jerusalén, a través de Belén, a Hebrón, y de allí hacia el oeste a Gaza, y hacia el este a Arabia, desde donde también una carretera se dirigía al norte a Damasco. Es por esta carretera que imaginamos que san Pablo debió viajar cuando se retiró a las soledades de Arabia después de su conversión (Gá. 1:17, 18). La carretera a Hebrón debe haber sido muy frecuentada por sacerdotes y otros peregrinos que se dirigían a la ciudad, y por ella pasarían el padre del Bautista y los de Jesús. *En segundo lugar*, había la antigua carretera a lo largo de la costa marítima desde Egipto hasta Tiro, desde donde una carretera directa, pero no tan frecuentada, iba, por Cesarea de Filipos, a Damasco. Pero la carretera costera misma, que tocaba sucesivamente las carreteras de Gaza, Ascalón, Jamnia, Lida, Diospolis y, finalmente, Cesarea y Tolemaida, era probablemente la carretera militar más importante de la tierra, conectando la capital con la sede del procurador romano en Cesarea, y manteniendo la plataforma marítima y sus puertos libres para la comunicación. Esta carretera se bifurcaba en Lida, dirigiéndose a Jerusalén por dos rutas distintas, una de ellas por Bet-horón, y la otra por Emaús, que era la más larga. Fue probablemente por esta carretera que la escolta romana condujo a toda velocidad a san Pablo (Hch. 23:31), dejándole los soldados montados en Antípatris, a unas veinte millas romanas de Lida y a unas cincuenta y dos millas romanas de Jerusalén (una milla romana tenía 1479,5 metros). Así, la distancia a Cesarea que le quedaba por cubrir a la caballería al día siguiente era de alrededor de veintiséis millas romanas, y todo el camino desde Jerusalén de setenta y ocho millas romanas. Esta velocidad de viaje, aunque rápida, no puede ser considerada como excesiva, porque una jornada normal es contada por el Talmud (*Pes.* 93 *b*) como de cuarenta millas romanas. Una *tercera* carretera llevaba desde Jerusalén, por Bet-horón y Lida, a Jope, desde donde proseguía junto a la costa hasta Cesarea. Ésta fue la carretera que Pedro y sus compañeros tomarían cuando fue llamado a ir a predicar el evangelio a Cornelio (Hch. 10:23, 24). Fue en Lida, a treinta y dos millas romanas de Jerusalén, que Eneas fue sanado milagrosamente, y «cerca» de allí, a pocas millas, estaba Jope, donde tuvo lugar la resurrección de Tabitá, Dorcás, «la gacela» (Hch. 9:32-43). Es innecesario decir mucho acerca de la *cuarta* gran carretera, que llevaba de Galilea a Jerusalén, directamente a través de Samaria, bifurcándose en Siquem hacia el este en dirección a Damasco, y al oeste hacia Cesarea, porque, además de ser mucho más corta, era evitaba en lo posible por los viajeros judíos; aunque el Señor Jesús pasó por esta carretera tanto dirigiéndose (Lc. 9:53; 17:11) como volviendo de Jerusalén (Jn. 4:4, 43). La carretera que salía de Jerusalén directamente al norte se dividía también en *Gofna*, desde donde se dirigía a Diospolis, y luego a Cesarea.[1] Pero ordinariamente los viajeros judíos, antes que pasar por Samaria, preferían afrontar el peligro de los bandidos que los acechaban (Lc. 10:30) a lo largo de la gran *quinta* carretera (cf. Lc. 9:1, 28; Mt. 20:17, 29), que iba de Jerusalén a Jericó, por Betania. En Jericó se vadeaba el Jordán, y la carretera se dirigía a Galaad, y de allí, bien hacia el sur, o bien hacia el norte de Perea, desde donde el viajero podía dirigirse a Galilea. Se observará que todas estas carreteras, comerciales o militares, eran, por así decirlo, judías, y salían de o se dirigían a Jerusalén. Pero la *sexta* y gran carretera, que pasaba por Galilea, no era en absoluto principalmente judía, sino que conectaba el Oriente con el Occidente: Damasco con Roma. De Damasco se dirigía a través del Jordán a Capernaum, Tiberias y Naín (donde se encontraba con una carretera que venía directamente de Samaria), a Nazaret, y de allí a Tolemaida. Así, desde su emplazamiento, Nazaret estaba en la gran carretera del mundo. Lo que se dijera allí podía igualmente encontrar eco en toda Palestina y ser llevado a las tierras más remotas de Oriente o de Occidente.

Apenas si es necesario decir que las carreteras que hemos mencionado son sólo las que constituían las principales vías de comunicación. Había además una gran cantidad de carreteras secundarias que atravesaban el país en todas direcciones. Lo cierto es que desde los tiempos más tempranos parece

1. En la obra de Conybeare y Howson *Life and Epistles of St. Paul* (II, pág. 331) se indica esta carretera como la tomada por los soldados romanos cuando llevaron a san Pablo a Cesarea.

haberse prestado mucha atención a la facilidad de comunicación a través de la tierra. Incluso en tiempos de Moisés leemos acerca de «el camino real» (Nm. 20:17, 19; 21:22). En hebreo tenemos, además de dos términos generales (*derech* y *orach*), tres expresiones que indican, respectivamente, una senda pisada o batida (*nathiv*, de *nathav*, hollar), una carretera hecha o trazada (*messillah*, de *salal*, trazar, ajustar), y el «camino real», siendo este último evidentemente para fines nacionales, y mantenido a cargo de los fondos públicos. En tiempos de los reyes (por ejemplo, 1 R. 12:18), e incluso antes, había carreteras dispuestas para carruajes, aunque sea difícil creer la afirmación de Josefo (*Antigüedades*, VIII. 7, 4) de que Salomón hubiera hecho pavimentar las carreteras principales con piedra negra, probablemente basalto. Aparentemente se cobraba peaje en los tiempos de Esdras (Esd. 4:12, 20), pero el clero estaba exento de esto como de todos los demás impuestos (7:24). Los caminos a las ciudades de refugio debían ser siempre mantenidos en buen estado (Dt. 19:3). Según el Talmud tenían que tener una anchura de cuarenta y ocho pies (casi quince metros), y provistas de puentes, y con señalizaciones allí donde las carreteras se bifurcaran.

Pasando a tiempos posteriores, los romanos, como sería de esperar, prestaron gran atención a los modos de comunicación a través del país. Las carreteras militares fueron pavimentadas y provistas de piedras miliares. Pero los caminos rurales eran principalmente sendas de pezuña. El Talmud distingue entre los caminos públicos y los privados. Los primeros debían tener una anchura de veinticuatro pies (algo más de siete metros), y los segundos de seis pies (un metro ochenta centímetros). Se añade que para el camino real y para los caminos tomados por funerales no hay medida establecida (*Baba B*. VI. 7). Las carreteras eran reparadas anualmente en la primavera, como preparación del inicio de las grandes festividades. Para impedir riesgos, no se permitían las estructuras subterráneas, por protegidas que fueran, bajo las vías públicas. Las ramas colgantes de los árboles tenían que ser cortadas, de manera que pudiera pasar un hombre montado en un camello. Una norma similar se aplicaba a los balcones y voladizos; tampoco se permitía que oscurecieran una calle. Todos los que permitieran que se acumularan cosas en la carretera, o que cayeran de un carro, tenían que compensar el daño que pudieran sufrir los viajeros por ello. Y en las ciudades y en sus alrededores las normas policiales eran aún más estrictas; y aparecen ordenanzas como la obligación de la eliminación, en el plazo de treinta días, de árboles podridos o de muros peligrosos; no se podía derramar agua sobre la carretera; no se podía echar nada sobre la calle, ni dejar alrededor materiales de construcción, ni vidrios rotos, ni espinos, junto con otras reglamentaciones para la seguridad y salud públicas.[2]

Era por estas carreteras que pasaban los viajeros; pocos al principio, y mayormente peregrinos, pero creciendo gradualmente en número, al ir aumentando el comercio y las relaciones sociales o políticas. Los viajes se hacían a pie, en asnos o en carruajes (Hch. 8:28), de los que se mencionan tres clases —el carruaje redondo, quizá como nuestro calesín; el elongado, con una forma como de cama con baldaquín; y el carro, principalmente para el transporte de mercancías—. Se entenderá que en aquellos días los viajes no eran ni cómodos ni fáciles. Generalmente la gente viajaba en compañía, de lo que es un bien conocido ejemplo los grupos festivos que se dirigían a Jerusalén. En caso contrario, uno se preparaba para un viaje casi como si fuera un cambio de residencia, proveyéndose de una tienda, de víveres y de todo lo necesario para el camino. Era diferente en el caso del buhonero ambulante, que era bien recibido como amigo en todos los distritos

---

2. Principalmente recopiladas de los tratados jurídicos *Baba Kama* y *Baba Bathra*.

por los que pasaba, llevando las noticias del día, intercambiando los productos de un distrito por los de otro, y suministrando las últimnas novedades del comercio o de artículos de lujo. Las cartas eran sólo enviadas por medio de mensajeros especiales o por medio de viajeros.

En tales circunstancias, el mandamiento «No os olvidéis de la hospitalidad» tenía un especial significado. Israel se distinguió siempre por su hospitalidad; y no sólo la Biblia, sino los rabinos también, la prescriben en los términos más enérgicos. En Jerusalén nadie debía considerar su casa como sólo suya propia; y se decía que durante las festividades de los peregrinos, nadie carecía de una cordial bienvenida. El tratado *Aboth* (I. 5) menciona éstos como dos de los tres dichos de José, el hijo de Joachanan, de Jerusalén: «Que tu casa esté bien abierta, y que los pobres sean hijos de tu casa.» Los lectores del Nuevo Testamento estarán especialmente interesados en saber que, según el Talmud (*Pes.* 53), Betfagé y Betania, lugares que a este respecto evocan tan amantes reminiscencias, eran especialmente célebres por la hospitalidad que daban a los peregrinos que acudían a los festejos. En Jerusalén parece que existía la costumbre de colgar una cortina ante la puerta para indicar que había aún lugar para huéspedes. Algunos iban tan lejos como para sugerir que debiera haber cuatro puertas en cada casa, para dar la bienvenida a los viajeros que vinieran de cualquier dirección. El anfitrión iba a recibir a un huésped que fuera esperado, y luego lo acompañaba parte del camino (Hch. 21:5). Los rabís declaraban que la hospitalidad era un mérito tanto y más grande que la asistencia temprano por la mañana a una academia de enseñanza. Difícilmente podrían haber ido más lejos en su encomio, considerando el valor que daban al estudio. Naturalmente, también aquí el orden rabínico tenía la preferencia; y agasajar hospitalariamente a un sabio, y despedirlo con regalos, era declarado tan meritorio como haber ofrecido los sacrificios diarios (*Ber.* 10, *b*).

Pero que no haya equívocos. Por lo que respecta al deber

de la hospitalidad, o al amante cuidado de los pobres y enfermos, sería imposible adoptar un tono más elevado que el del rabinismo. Así, se declaraba que «la acogida a los viajeros era un asunto tan importante como la recepción de la *Shekiná*». Esto da un renovado sentido a la amonestación de la epístola dirigida especialmente a los hebreos (13:2): «No os olvidéis de la hospitalidad, porque por ella algunos, sin saberlo, hospedaron ángeles.» Tratando de este tema, uno de los más antiguos comentarios rabínicos tiene una glosa muy hermosa sobre el Sal. 109:31: «Porque él se pondrá a la diestra del pobre.» Leemos así: «Siempre que un pobre acude a tu puerta, el Santo, bendito sea su Nombre, está a su diestra. Si tú le das limosna, sabe que tú recibirás recompensa de parte de Aquel que está a su diestra.» En otro comentario se dice que el mismo Dios y sus ángeles visitan a los enfermos. El mismo Talmud cuenta la hospitalidad entre las cosas cuya recompensa se recibe tanto en esta vida como en la venidera (*Shab.* 127 *a*), mientras que en otro pasaje (*Sot.* 14 *a*) somos invitados a imitar a Dios en estos cuatro respectos: Él vistió al desnudo (Gn. 3:21); Él visitó a los enfermos (Gn. 18:1); Él consoló a los enlutados (Gn. 25:11); y Él enterró a los muertos (Dt. 34:6).

Al tratar acerca de la hospitalidad, los rabinos exhiben, como en tantas relaciones de la vida, la mayor ternura y delicadeza, mezclada con una deliciosa cantidad de astuto conocimiento del mundo y un fino sentido del humor. Como regla, también tratan de esto con riqueza de detalles. Así, se prescribe la misma manera en que un anfitrión debe comportarse para con sus invitados. Debe mostrarse complacido mientras agasaja a sus invitados, debe servirlos él mismo, debe prometer poco y dar mucho, etc. Al mismo tiempo se añadía cáusticamente: «Considera a todos los hombres como si fueran unos bandidos, pero ¡trátalos como si cada uno de ellos fuera el mismo rabí Gamaliel!» Por otra parte, se establecen también reglas de cortesía y gratitud para los huéspedes. «No eches una piedra», se decía, «a la fuente de la que has bebido»

(*Baba K*. 92); o ésta: «Un huésped justo lo reconoce todo, y dice: "¡Cuánto quehacer ha tenido mi anfitrión, y todo por mi causa!" —en tanto que un visitante malvado señala: "¡Bah, qué poca solicitud se ha tomado!"—. Luego, tras enumerar lo poco que ha recibido en la casa, concluye así: "Y después de todo, no fue hecho para mí, sino sólo por su mujer e hijos"» (*Ber*. 58 *a*).[3] La verdad es que muchos de los dichos en relación con este tema guardan un paralelismo notable con las instrucciones dadas por nuestro Señor a sus discípulos al enviarlos a su misión (Lc. 10:5-11 y paralelos). Así, primero se debía desear el bien sobre la familia; no se debía ir de casa en casa; se debía comer lo que se pusiera a la mesa; y, finalmente, se debía partir con una bendición.

Todo esto, naturalmente, se aplicaba a la hospitalidad en el seno de las familias particulares. En carreteras solitarias, donde había mucha distancia entre las poblaciones, o incluso a las afueras de las ciudades (Lc. 2:7), había *kanes* o lugares para la acogida de extraños. Lo mismo que los *kanes* actuales, estos lugares estaban abiertos, y generalmente edificados en forma de cuadro, con un gran patio central para los animales de carga y tiro, o para los carruajes, mientras que las estancias daban a galerías construidas alrededor. Naturalmente, estas estancias no estaban amuebladas, ni se esperaba pago alguno de parte del viajero. Al mismo tiempo, había generalmente alguno al cuidado del *kan*, generalmente un extranjero, que, pagándole, proveía lo que fuera necesario, de lo que tenemos un ejemplo en la parábola del Buen Samaritano (Lc. 10:35). Estos hospedajes son mencionados ya en época tan temprana como la de Moisés (Gn. 42:27; 43:21). Jeremías los llama «caravanera» (41:17, V.M.), erróneamente traducido como *Gerut-quimam* en la Reina-Valera (se debería traducir

---

3. Abreviado del Talmud de Jerusalén y del de Babilonia. Véase también *Ber*. 63 *b*; 64 *a*, donde se dan ejemplos escriturales de la bendición que la hospitalidad conlleva.

«caravanera de Quimam»). En el Talmud sus designaciones son o bien griegas o latinas, en forma aramea, siendo una de ellas la misma que se emplea en Lc. 10:34, demostrando que tales lugares eran generalmente provistos por y para extranjeros.[4] En tiempos posteriores leemos también acerca de los *oshpisa* —evidentemente proveniente de *hospitium*, y evidenciando su origen romano— como hostelería pública, donde se vendían langostas del desierto, encurtidas en vinagre o fritas en harina o preservadas en miel, y cerveza de Media o de Babilonia, bebidas egipcias, y sidra o vino caseros; y entre los compañeros festivos circulaban proverbios como «comer sin beber es como devorar la propia sangre» (*Shab.* 41 *a*), y donde se dedicaban a la juerga y los juegos de azar los que gastaban sus bienes viviendo perdidamente. En estos lugares se dedicaba la policía secreta a sonsacar las opiniones del populacho aprovechando que estaban bebidos.[5] Esta policía debe haber sido abundantemente empleada. Según Josefo (*Ant.* XV. 10, 4) los espías acosaban a la gente, tanto en la ciudad como en el campo, vigilando sus conversaciones en la libre confianza de la relación de amistad. Se dice que el mismo Herodes actuaba de esta guisa, y que se emboscaba en las calles por la noche cubierto de un disfraz para poder oír o atrapar a los confiados ciudadanos. La verdad es que hubo un tiempo en que la ciudad parece haber estado bajo la ley marcial, habiendo quedado prohibido a los ciudadanos «reunirse, o caminar o comer juntos», es de suponer que haciendo referencia a celebrar reuniones públicas, manifestaciones o banquetes. La historia registra abundantemente qué terribles venganzas seguían a la menor sospecha. El relato del Nuevo Testamento del asesinato de todos los

---

4. En los antiguos Itinerarios Latinos de Palestina, los viajes son contados por *mansiones* (hospederías para pasar la noche) y *mutationes* (estaciones de relevos de caballo), contándose entre cinco y ocho relevos por jornada.
5. Véase una escena muy gráfica expuesta en Delitzsch, *Handwerker-Leben zur Z. Jesu.*

pequeños de Belén (Mt. 2:16), con la esperanza de destruir entre ellos al real vástago de David, está en perfecta armonía con lo que se conoce de Herodes y de su reinado. Hay una confirmación al menos indirecta de esta narración en los escritos del Talmud, como hay evidencia de que todos los registros genealógicos del Templo fueron destruidos por orden de Herodes.[6] Es éste un hecho sumamente notable. Los judíos reaccionaron con un aborrecimiento tan intenso que fue hasta el extremo de establecer el día de la muerte de Herodes (2 de Shebet) en una fiesta anual en la que se prohibía todo duelo.[7]

Pero tanto si se pasaba por la ciudad o por el campo, por plácidos caminos vecinales o por la gran carretera, aparecía constantemente un espectáculo y una escena que tienen que haber estado persistiendo ante la atención del viajero, y que, si era de linaje judío, suscitarían siempre su indignación y resentimiento. Allí donde fuera, se encontraba, tanto en la ciudad como en el campo, al bien conocido recaudador extranjero de impuestos, y se encontraba con su insolencia, su vejatoria intrusión y sus exacciones. El hecho de que fuera el símbolo del dominio extranjero, por amargo que ello fuera, probablemente no tenía tanto que hacer con el acerbo odio de los rabinistas contra la clase de concesionarios (*Moches*) y la de recaudadores de impuestos (*Gabbai*), ambas totalmente fuera de la sociedad judía, como por el hecho de que fueran tan totalmente desvergonzados y carentes de escrúpulos en sus tratos. Porque desde su retorno de Babilonia los judíos deben haber estado acostumbrados a los impuestos extranjeros. En tiempos de Esdras (Esd. 4:13, 20; 7:24) pagaban al monarca persa «tributo, impuesto y rentas» —*middah, belo*

---

6. Hamburguer, *Real Enc. P.* II, pág. 293; Jost, *Gesch. d. Jud.* I, pág. 324.
7. Véase el *Meg. Taan.* o rollo de los ayunos, XI, 1. Cf., acerca de esta fecha, Derenbourg, *Hist. de Pal.*, págs. 164, 165; y Grätz, *Gesch. d. J.* III, págs. 426, 427.

y *halach*— o más bien «impuesto de tierra» (¿impuesto sobre la renta y el patrimonio?), «aduana» (impuesto sobre todo lo que eran artículos de consumo, o de importación), y «peaje», o impuesto de carretera. Bajo el reinado de los Ptolomeos la concesión de los impuestos parece haber sido otorgada al mejor postor, variando el precio entre ocho y dieciséis talentos, una suma realmente pequeña, lo que permitía a los concesionarios de los impuestos de Palestina enriquecerse enormemente, y ello a pesar de que tenían que comprar de continuo protección armada y el favor de la corte.[8] Durante el dominio sirio, los impuestos parecen haber consistido en tributos, derechos sobre la sal, una tercera parte del producto de todo lo que se sembraba, y la mitad del fruto recogido de los frutales, además de la capitación, de los derechos de aduana y de un tipo incierto de impuesto, llamado «dinero de la corona» (el *aurum coronarium* de los romanos), que era originalmente un don anual de una corona de oro, pero que después fue sustituido por dinero.[9] Bajo los herodianos los ingresos de la corona parecen haberse derivado de las tierras pertenecientes a la corona, de un impuesto sobre la renta y sobre el patrimonio, de los derechos de aduana por importación y exportación de bienes, y por una tasa sobre todo lo que se compraba y vendía públicamente, a lo que se debe añadir una contribución sobre las casas de Jerusalén.

Por pesadas que tengan que haber sido estas exacciones sobre una población relativamente pobre y principalmente rural, se refieren sólo a los impuestos civiles, *no a las contribuciones religiosas.*[10] Pero, aun así, no hemos agotado la lista de contribuciones exigidas a un judío. Porque cada ciudad y

---

8. Josefo, *Antigüedades*, XII. 4:1, 3, 4, 5.
9. *Ibid.* XII. 3:3.
10. Cf. mi obra *El Templo: su ministerio y servicios en tiempos de Jesucristo*, capítulo XIX, apartado «Ofrenda de las primicias».

comunidad establecía sus propios impuestos para el mantenimiento de la sinagoga, de las escuelas elementales, de los baños públicos, para el sostén de los pobres, para el cuidado de las carreteras públicas, las murallas de la ciudad y sus puertas, y otras necesidades generales.[11] Sin embargo, se debe admitir que las autoridades judías repartían esta carga de imposición cívica cómoda y gentilmente, y que aplicaban al bien público los ingresos derivados de la misma de un modo escasamente conseguido todavía en los países más civilizados. Las disposiciones rabínicas para la educación pública, la sanidad y la caridad estaban, en todos los respectos, mucho más adelantadas que la legislación moderna, aunque también aquí se cuidaban ellos de no tomar las gravosas cargas que ponían sobre otros, al dejar expresamente exentos de impuestos cívicos a todos los que se dedicaban al estudio de la ley.

Pero la imposición romana, que gravitaba sobre Israel con un peso tan grande, era de una calidad propia: sistemática, cruel, implacable y absolutamente indiferente. En general, las provincias del Imperio Romano, y lo que de Palestina les pertenecía, estaban sometidas a dos grandes impuestos: la capitación (o más bien el impuesto sobre la renta) y el impuesto sobre la tierra. Toda la propiedad y todos los ingresos que no cayeran bajo el impuesto de la tierra quedaban sometidos a la capitación, lo que ascendía, para Siria y Cilicia, al uno por ciento. La «capitación» era en realidad doble, consistiendo de impuesto sobre los ingresos y una capitación propia, siendo esto último, naturalmente, la misma en todos los casos y aplicada a todas las personas (siervos o libres) hasta la edad de sesenta y cinco, estando las mujeres sujetas a ellas desde los doce, y los hombres desde los catorce. La propiedad de fincas estaba sujeta a un impuesto de un diezmo de todo el grano, y un quinto del vino y fruto cosechado, pagado en

11. Para una breve exposición de estos impuestos, véase Hamburguer, ref. 6, pág. 431.

parte en producto, y en parte en dinero.[12] Además, había tasas y derechos sobre todas las importaciones y exportaciones, que se aplicaban en las grandes carreteras públicas y en los puertos de mar. Había también pontazgos y peaje, y tasas sobre todo lo que se compraba y vendía en las ciudades.[13] Éstas, que podemos llamar los tributos regulares, eran independientes de cualquier contribución forzosa, y del sustento que debiera proveerse al procurador romano y a su familia y corte en Cesarea. Para evitar toda posible pérdida para la tesorería, Quirino (Cirenio) había llevado a cabo un censo regular para constatar el número de la población y sus medios de vida. Esto fue un terrible crimen a los ojos de los rabinos, que recordaron que si el censo del pueblo había sido un pecado tan enorme en el pasado, el pecado debía ser centuplicado si era hecho por los paganos y para sus propios propósitos. Otro agravio se encontraba en el hecho de que el tributo, hasta ahora dado sólo a Jehová, debía ser ahora pagado a un emperador pagano. «¿Es lícito pagar tributo a César?» era una dolida pregunta que muchos israelitas se hacían a sí mismos al poner lado por lado la capitación del emperador junto al medio siclo del santuario, y el diezmo de su campo, viña y plantación frutal, demandada por el recaudador de impuestos, junto con el que hasta entonces sólo había entregado al Señor. Incluso el propósito con el que esta pregunta le fue hecha a Cristo —atraparlo en una denuncia política— muestra cuánta agitación provocaba entre los judíos patriotas; y costó ríos de sangre antes que fuera no contestada, sino silenciada.

Los romanos tenían una manera peculiar de recoger estos impuestos, indirecta, no directa, lo que mantenía segura la tesorería, fuera cual fuera el daño que le hiciera al contribuyente, mientras que al mismo tiempo le imponía a él todo el

12. Sólo África del Norte (aparte de Egipto) suministraba a Roma, por vía de impuestos, el suficiente grano para ocho meses, y la ciudad de Alejandría para los cuatro restantes (Josefo, *Guerras*, II. 16:4).
13. Cf., entre otros, Hausrath, *Neutest. Zeitg.* I. pág. 167, etc.

costo de la recaudación. A los senadores y magistrados les estaba prohibido dedicarse a negocios o comercio; pero el orden más alto, los *equestrian*, estaba compuesto principalmente por grandes capitalistas. Estos caballeros romanos constituían compañías de capital común, que compraban en pública subasta las aportaciones de una provincia a un precio fijo, generalmente por cinco años. La junta tenía su presidente, o *magister*, y sus oficinas en Roma. Éstos eran los verdaderos Publicani, o publicanos, que frecuentemente subarrendaban ciertas de las exacciones. Los Publicani, o sus arrendatarios, empleaban bien esclavos o bien a algunos de las clases inferiores en el país como recaudadores de impuestos —los publicanos del Nuevo Testamento—. Y el resto de los impuestos se daban en concesión y se recaudaban de manera similar; algunos de ellos eran muy onerosos y ascendían a una tasa *ad valorem* de dos veces y media y de cinco por ciento, y en artículos de lujo incluso del doce y medio por ciento. Los derechos de puerto eran más altos que los de carretera, y el contrabando o las falsas declaraciones se castigaban con la confiscación de la mercancía. Así, los publicanos recaudaban también derechos de importación y exportación, pontazgos, peaje, impuestos urbanos, etc.; y si el pacífico residente, el labrador, el comerciante o el fabricante se veía constantemente expuesto a sus exacciones, el viajero, el caravanero o el buhonero se encontraba con su vejatoria presencia en cada puente, por la carretera y a la entrada de las ciudades. Se tenía que descargar cada bulto, y todo su contenido abierto y registrado; hasta las cartas eran abiertas; y debe haberse precisado de algo más que de la paciencia oriental para soportar la insolencia de los recaudadores y para someterse a sus «falsas acusaciones» al fijar arbitrariamente la cuota por la tierra o los ingresos, o el valor de las mercancías, etc. Porque de nada servía apelar en contra de ellos, por cuanto los mismos jueces eran beneficiarios directos de los ingresos; porque aquellos ante los que hubiera debido presentarse la acusación acerca de esta cuestión pertenecían a la orden de caballeros, las mismísimas personas implicadas en las concesiones de los impuestos. Naturalmente, la compañía asociada de los Publicani en Roma esperaba recibir sus suculentos beneficios; y lo mismo sucedía con los recaudadores de impuestos en las provincias, y aquellos a los que en ocasiones estos últimos subarrendaban los impuestos. Todos querían ganar dinero con el pobre pueblo; y el costo de la recaudación, naturalmente, tenía que añadirse a la imposición. Podemos bien comprender cómo Zaqueo, uno de los supervisores de estos recaudadores de impuestos en el distrito de Jericó, que, con su cultivo y exportación de bálsamo, tiene que haber dado grandes ingresos al fisco, dijera en el acto, al recordar su vida pasada: «Si en algo he defraudado a alguno.» Porque nada era más común que el publicano asignara un valor ficticio a la propiedad o a los ingresos. Otro truco favorito de ellos era adelantar el impuesto a los que no podían pagar, y luego aplicar un interés usurero sobre lo que había venido así a transformarse en una deuda privada. La manera sumaria y dura en que estas deudas eran ejecutadas se ve en el mismo Nuevo Testamento. En Mt. 18:28 leemos de un acreedor que por la pequeña deuda de cien denarios toma al deudor por el cuello en plena calle y lo arrastra a la cárcel, en vano postrándose a sus pies el pobre hombre, temiendo las consecuencias, rogándole que tenga paciencia y que no le exija de inmediato el pleno pago. Cuáles eran estas consecuencias las leemos en la misma parábola, donde el rey amenaza no sólo con vender todas las propiedades de su deudor, sino también al deudor mismo, y a su mujer e hijos, a esclavitud (v. 25). Y la poca misericordia que el hombre podía esperar de «el juez» se ve en lo sumario del proceso, terminando en encarcelamiento hasta que se pagara «el último céntimo», lo que se describe en Lc. 12:58.

Así, por mucho que en la lejana Roma Cicerón pudiera describir a los Publicani como «la flor de los gentilhombres, el adorno del estado y la fuerza de la república», o como «los más rectos y respetados de los hombres», los rabinos en la distante Palestina pueden ser excusados por su intenso odio contra «los publicanos», aunque llegara al exceso de declararlos incapacitados para dar testimonio ante un tribunal judío, o de prohibir recibir sus dones caritativos, o incluso cambiar dinero procedente de la tesorería de ellos (*Baba K.* X. 1), de ponerlos a una par no sólo con las prostitutas y los gentiles, sino con los bandidos y los asesinos (*Ned.* III. 4), e incluso de declararlos excomulgados. Incluso se consideraba legítimo hacer falsas declaraciones, mentir, e incluso emplear cualquier tipo de medios para evitar pagar impuestos (*Ned.* 27 *b*.; 28 *a*), y alrededor de los tiempos de Cristo la carga de tales exacciones debe haberse sentido tanto más pesada debido a una gran crisis financiera en el Imperio Romano (en el año 33 de nuestra era), que envolvió a muchos en bancarrota, y que no pudo dejar de tener una influencia indirecta incluso en la lejana Palestina.

¡Fue de tales hombres —menospreciados galileos, pescadores sin letras, publicanos excomulgados— que escogió el bendito Señor, en su Humillación, a sus más cercanos seguidores, sus especiales apóstoles! ¡Qué contraste con los conceptos farisaicos del Mesías y de su reino! ¡Qué lección para mostrar que «no era con fuerza ni con poder» sino por su Espíritu, y que Dios había escogido lo bajo y lo menospreciado de este mundo para confundir lo poderoso! En verdad que esto ofrece un nuevo problema, y de más difícil solución que muchos otros, para los que quieren explicarlo todo mediante causas naturales. Sea lo que sea de la superioridad de la enseñanza de Cristo para dar cuenta de su éxito, ninguna religión pudiera haber estado jamás tan lastrada como ésta; ninguna causa popular pudiera haberse presentado bajo circunstancias más desventajosas que el Evangelio de Cristo a los judíos de Palestina. Incluso desde este punto de vista, para el estudioso de la historia familiarizado con la vida exterior e interior de este período no hay otra explicación posible del establecimiento del reino de Cristo que el poder del Espíritu Santo.

Un funcionario de los tributos públicos así era Mateo Leví cuando la voz del Señor, tocándole en lo más profundo del corazón, lo llamó a una obra bien distinta. Era una maravilla que el Santo se dirigiera a uno como él; y, ¡oh!, en qué diferente tono de los que habían hasta entonces caído en sus oídos. Pero no se trataba meramente de condescendencia, de amabilidad o de simpatía, ni siquiera de una relación de familiaridad con uno generalmente considerado como un paria social; era la más entrañable relación; era la recepción al círculo interior; era un llamamiento a la más elevada y santa obra lo que el Señor le ofreció a Leví. Y la activa carretera en la que él se sentaba para recoger los derechos y tributos ya no volvería a conocer más la familiar cara de Leví, excepto como mensajero de paz, trayendo buenas nuevas de gran gozo.

V

EN JUDEA

Si Galilea podía jactarse de la belleza de sus paisajes y de la feracidad de su tierra, y de ser un centro de vida activa y la vía de comunicación con el gran mundo fuera de Palestina, Judea ni codiciaba ni envidiaba tales ventajas. Tenía otra y peculiar reivindicación. Galilea podía ser el atrio exterior, pero Judea era como el santuario interior de Israel. Cierto, su paisaje era relativamente inhóspito, sus colinas desnudas y rocosas, y tenía un solitario páramo. Pero por aquellos montes de gris limolita se cernía la sagrada historia —casi se podría decir que el romance y la religión de Israel—. Al dar la espalda a las lujuriantes riquezas de Galilea, el peregrino, incluso en el sentido más literal, ascendía constantemente hacia Jerusalén. Más y más subía los montes eternos, hasta que arriba del todo contemplaba el santuario de su Dios, destacándose de todo alrededor, majestuoso en la nívea pureza de su mármol y resplandeciente oro. Al ir desvaneciéndose gradualmente el rumor de la agitada vida, y avanzar hacia la solemne quietud y solitud, los bien conocidos lugares por los que iba sucesivamente pasando deben haberle parecido que resonaban con los ecos de la historia de su pueblo. Primero se acercaba a *Silo*, el primer santuario de Israel, donde, según la tradición, el arca de la alianza había reposado durante 370 años menos uno. A continuación venía *Betel*, con su sagrado memorial de la historia patriarcal. Allí, a decir de los rabinos, incluso el ángel de la muerte quedaba privado de su poder.

Luego se levantaba la planicie de *Ramá*, con las alturas vecinas de Gabaón y Gabaa, alrededor de donde se habían concentrado tantos acontecimientos en la historia judía. Fue en Ramá que murió Raquel, y fue sepultada.[1] Sabemos que Jacob puso un pilar sobre su sepulcro. Tal es la reverencia de los orientales por los lugares de reposo de los personajes históricos célebres, que bien podemos creer que es el mismo pilar que, según un testigo ocular, seguía marcando el emplazamiento en tiempos de nuestro Señor.[2] Enfrente de éste se encontraban los sepulcros de Bilha y de Dina.[3] Hallándose a sólo ocho kilómetros de Jerusalén, este pilar era indudablemente bien conocido. Este pilar memorial del dolor y de la vergüenza de Jacob había sido el triste punto de encuentro de los cautivos cuando eran llevados presos a Babilonia (Jer. 40:1). Hubo una amarga lamentación por parte de los que fueron dejados atrás, al ver cómo se daba muerte inmisericorde a amigos, parientes y compatriotas, a los viejos y a los enfermos, a los débiles, a las mujeres y a los niños, para que no fueran un estorbo para el regreso del vencedor a la patria. Pero este pilar de Raquel, dos veces ya memorial del dolor y vergüenza de Israel, iba a evocar por tercera vez su lamento por un cautiverio y degollina aún más amargos, cuando el idumeo Herodes masacró a sus niños inocentes, con la esperanza de destruir entre ellos al Rey de Israel y el Reino de Israel. Así quedó llena la copa de la anterior esclavitud y matanza, y se cumplieron las palabras del profeta Jeremías,

---

1. Ésta me parece a mí, al menos, la inevitable inferencia de 1 S. 10:2, 3, y Jer. 31:15. La mayor parte de escritores han concluido, en base a Gn. 35:16, 19, que Raquel fue sepultada cerca de Belén, pero este pasaje *no* implica esto necesariamente. El más antiguo Comentario Judío (*Sifre*, ed. Vienna, pág. 146) sustenta la postura dada arriba en el texto. M. Neubauer sugiere que Raquel había muerto en la posesión de Efraín, y que había sido sepultada en Belén. Su hipótesis es ingeniosa, pero fantasiosa.
2. *Libro de los Jubileos*, CXXXII. *Apud Hausrath, Neutest. Zeitg.* pág. 26.
3. *Ibid.* C. pág. 34.

en las que expresaba el lamento de Raquel por sus hijos (Mt. 2:17, 18).

Pero al oeste de estas escenas, donde los montes bajaban en terrazas, o más precipitadamente hacia la *Sefela*, las onduladas campiñas junto al mar, se llegaba a escenarios de antiguos triunfos. Aquí Josué había perseguido a los reyes del sur; allá Sansón había descendido contra los filisteos, y aquí por largos años se habían entablado combates contra el gran enemigo de Israel: Filistea. Pasando de allá al sur, más allá de la capital se encontraba la ciudad real de Belén, y aún más al sur la ciudad sacerdotal de Hebrón, con sus cuevas, en las que había el más precioso polvo de Israel. Aquella meseta era el desierto de Judea, que recibía varios nombres por las poblaciones que muy distanciadas lo salpicaban;[4] un páramo desolado, por el que pasaba sólo el solitario pastor, o el gran terrateniente, como Nabal, cuyas ovejas pastaban por sus cumbres y en sus cañadas. Este lugar había sido durante largo tiempo refugio de los proscritos, o de aquellos que, disgustados con el mundo, se habían retirado de su compañía. Estas cuevas de limolita habían servido de escondrijo a David y sus fieles; y muchas bandas habían encontrado refugio en esta desolación. También aquí se preparó el Bautista para su obra, y en este desierto, en la época que nos ocupa, se encontraba el retiro de los esenios, que habían sido traídos a estas soledades con una vana esperanza de encontrar la pureza en la separación del mundo y de su contacto. Más allá, hundiéndose en un misterioso hueco, se extendía la lisa superficie del mar Muerto, un memorial perpetuo de Dios y del juicio. Sobre su orilla occidental se levantaba el castillo al que Herodes había dado su propio nombre, y más al sur la fortificación casi inaccesible de Masada, la escena de la última tragedia en la gran guerra judía. Pero desde la agreste desolación del mar Muerto había pocas horas de camino a lo que parecía casi

---

4. Como Tekoa, Engadí, Zif, Maón y Beerseba, que daban sus nombres a distritos en el desierto de Judea.

el paraíso terrenal. Flanqueada y defendida por cuatro fuertes, uno a cada lado, se encontraba la importante ciudad de Jericó. Herodes había construido sus murallas, su teatro y su anfiteatro; Arquelao su nuevo palacio, rodeado de espléndidos jardines. A través de Jericó pasaba el camino de los peregrinos desde Galilea, por el que pasó nuestro mismo Señor (Lc. 19:1); y por allí pasaba también la gran ruta de caravanas que comunicaba Arabia con Damasco. La fertilidad de su tierra era casi proverbial, y célebres sus productos tropicales. Sus palmerales y jardines de rosas, pero especialmente sus balsameras, cuya mayor plantación se encontraba detrás del palacio real, eran la tierra de hadas del mundo antiguo. Pero esto era también sólo una fuente de beneficios para los odiados extranjeros. Roma había puesto allí una oficina central de recaudación de impuestos y derechos aduaneros, conocida en el Evangelio como el lugar en el que el principal de los publicanos, Zaqueo, se había enriquecido. Jericó, con su comercio general y su tráfico de bálsamo, que no era sólo considerado el más dulce perfume sino también una medicina importante en la antigüedad, era una posesión codiciada por todos. Extraños eran los alrededores para tal perla. Había la profunda depresión del *Arabá*, a través de la que serpenteaba el Jordán en cerrados meandros, primero con tortuosa impetuosidad, y luego, al irse acercando al mar Muerto, como casi indispuesto a dar sus aguas a aquella masa limosa.[5] Los personajes que se podían encontrar en aquella extraña escena eran peregrinos, sacerdotes, comerciantes, bandidos, anacoretas, fanáticos desenfrenados; y casi se podían oír los sagrados sones del monte del Templo en la distancia.[6]

---

5. Plinio, *Historia Natural*, VI, 5, 2.
6. Según el Talmud de Jerusalén (*Succ.* V. 3) se oían tres diferentes actos del ministerio en el Templo hasta en la misma Jericó, y el olor del incienso quemado se podía oler también allí. Apenas será necesario decir que esto era una gran exageración.

Puede ser cierto, como lo dice el historiador pagano con respecto a Judea, que nadie hubiera podido querer hacer una guerra seria por conseguirla por sí misma.[7] El judío aceptaría esto bien dispuesto. No era la riqueza material lo que le atraía allí, aunque las riquezas traídas al Templo desde todos los lugares del mundo siempre atrajeron la codicia de los gentiles. Para el judío éste era el verdadero hogar de su alma, el centro de su vida más íntima, el anhelo de su corazón. «Si me olvido de ti, oh Jerusalén, que mi diestra sea dada al olvido», cantaban los que se sentaban junto a los ríos de Babilonia, llorando al recordar Sión. «Mi lengua se pegue a mi paladar, si de ti no me acordare; si no enaltezco a Jerusalén como preferente asunto de mi alegría» (Sal. 137:5, 6). Es de estos salmos de peregrinos de camino como el Sal. 134, o de los cánticos de ascenso a la santa ciudad,[8] que aprendemos los sentimientos de Israel, culminando en aquel rebosamiento mezclado de oración y alabanza con el que saludaban a la ciudad cuando aparecía por primera vez ante su vista:

> Porque Jehová ha elegido a Sión;
> La quiso como habitación para sí.
> Éste es para siempre el lugar de mi reposo;
> Aquí habitaré, porque la he preferido.
> Bendeciré abundantemente su provisión;
> A sus pobres saciaré de pan.
> Asimismo vestiré de salvación a sus sacerdotes,
> Y sus santos darán voces de júbilo.
> Allí haré retoñar el poder de David;
> He dispuesto lámpara a mi ungido.
> A sus enemigos vestiré de confusión,
> Mas sobre él florecerá su corona.
>
> (Sal. 132:13-18)

7. Estrabón, *Geografía*, XVI, 2.
8. Comúnmente conocidos como los Cánticos Graduales.

Palabras éstas que son verdaderas tanto en sus aplicaciones literales como espirituales; elevadas esperanzas que, por cerca de dos mil años, han formado y siguen formando parte de la oración diaria de Israel, cuando oran: «Haz pronto Tú que "el Renuevo de David", tu siervo, surja, y exalta Tú su cuerno por medio de tu salvación.»[9] ¡Ay, que Israel no conozca el cumplimiento de estas esperanzas ya concedido y expresado en la acción de gracias del padre del Bautista: «Bendito el Señor Dios de Israel, porque ha visitado y ha efectuado redención para su pueblo, y ha suscitado una fuerza [lit., *un cuerno*] de salvación en favor nuestro, en casa de David su siervo, tal como habló desde antiguo por boca de sus santos profetas» (Lc. 1:68-70).[10]

Estas bendiciones, y muchas más, eran no sólo objetos de esperanza, sino realidades tanto para el rabinista como para el judío sin letras. Ellas lo decidieron a doblegar bien dispuesto la cerviz bajo un yugo de ordenanzas de otra manera insoportable; a someterse a unas demandas y a un trato en contra de lo cual su naturaleza se habría en otro caso rebelado, y a soportar un escarnio y unas persecuciones que habrían quebrantado a cualquier otra nacionalidad y aplastado a cualquier otra religión. Para los alejados exiliados de la Dispersión, éste era el redil, con su promesa de un buen pastoreo, de verdes pastos y de aguas de reposo. Judea era, por así decirlo, su *Campo Santo*, con el Templo en medio de él, como el símbolo y profecía de la resurrección de Israel. El más delicioso sueño de la vida un verdadero cielo sobre la tierra, la prenda de la profecía en vías de cumplimiento, era estar, aunque fuera sólo una vez, dentro de sus sagrados patios; estar allí, mezclándose entre sus adoradores, trayendo ofrendas, y ver a la multitud de sacerdotes ministrando, vestidos de blanco; oír el cántico de los levitas, ver el humo de los sacrificios ascen-

9. Ésta es la decimoquinta de las dieciocho «bendiciones» en las oraciones diarias.
10. Cf. Delitzsch, *Comm. ü. d.* Sal. II., pág. 269.

diendo al cielo. No causa ninguna sorpresa que la población de Jerusalén y sus cercanías hasta allí donde se contaba dentro de su sagrado perímetro, creciera en las grandes fiestas hasta millones, entre los cuales se encontraban «varones piadosos, procedentes de todas las naciones bajo el cielo» (Hch. 2:5), o que llegaran allí tesoros traídos de todas partes del mundo habitado.[11] Y ello más y más, mientras que señal tras señal parecía indicar que «el Fin» se avecinaba. En verdad, el tiempo de los gentiles parecía haber llegado casi a su fin. El Mesías prometido podría aparecer en cualquier momento, y «restaurar el reino a Israel». Por las afirmaciones de Josefo[12] sabemos que se recurría a las profecías de Daniel, y una masa de la más interesante, aunque enrevesada, literatura apocalíptica, que data de este período, muestra la que había sido la interpretación popular de la profecía aún no cumplida.[13] Las más antiguas paráfrasis de las Escrituras, o *Targumim*, exhalan el mismo espíritu. Incluso los más grandes historiadores paganos notan esta gran expectación de un inminente imperio judío a escala mundial, y atribuyen a ella el origen de las rebeliones contra Roma.[14] Ni siquiera los alegorizantes filósofos judíos de Alejandría quedaron exentos de esta esperanza universal. Fuera de Palestina todas las miradas se dirigían hacia Judea, y cada grupo de peregrinos al volver, o cada hermano viajero en su jornada, podía traer nuevas de asombrosos acontecimientos. Dentro de la tierra, la ansiedad febril de los que vigilaban los acontecimientos se intensificaba no pocas veces hasta el delirio y el frenesí. Sólo por

11. Sabemos que en el año 62 la contribución procedente de estas cuatro comunidades extrapalestinenses, –Apamea, Laodicea, Adramicio y Pérgamo– superaban los 240.000 denarios.
12. Por ejemplo, *Antigüedades*, X. 11:7.
13. Nada puede ser más interesante e importante, pero también más difícil, que el estudio de esta literatura, conocida como los escritos pseudoepigráficos. Ahora, sin embargo, no es momento para estas indagaciones, que deben ser reservadas para una discusión más plena.
14. Suetonio, *Vespasiano*, 4; Tácito, *Historia*, V. 13.

esta razón podemos explicar la aparición de tantos falsos Mesías, y de las multitudes que, a pesar de repetidos desengaños, estaban dispuestas a seguir las más improbables proclamaciones. Así fue que un tal *Teudas*[15] pudo persuadir a «una gran multitud del pueblo» a que le siguiera hasta la ribera del Jordán, con la esperanza de ver otra vez cómo sus aguas se partían milagrosamente, como delante de Josué, y que un impostor egipcio pudo inducirlos a ir al monte de los Olivos con la expectación de ver caer las murallas de Jerusalén a su mandato.[16] Y tal era la imaginación del fanatismo, que mientras los soldados romanos estaban disponiéndose a incendiar el Templo, un falso profeta pudo reunir a 6.000 hombres, mujeres y niños en sus atrios y pórticos para esperar entonces y allí una milagrosa liberación procedente del cielo.[17] Tampoco la caída de Jerusalén apagó estas expectativas, hasta que una matanza, más terrible aún en algunos aspectos que en la misma caída de Jerusalén, ahogó en sangre el último levantamiento mesiánico público contra Roma bajo *Bar Coqueba*.[18]

Porque, por muy desviados que estuvieran, por lo que se refería a la persona del Cristo y al carácter de su reino, no en cuanto al hecho o a la época de su venida, ni al carácter de Roma, tales pensamientos no podían quedar desarraigados más que junto con la historia y la religión de Israel. El Nuevo Testamento los sigue, como también el Antiguo; tanto cristianos como judíos los abrigaban. En el lenguaje de san Pablo, ésta era «la esperanza de la promesa... cuyo cumplimiento esperan alcanzar nuestras doce tribus, rindiendo culto constantemente a Dios de día y de noche» (Hch. 26:6, 7). Fue esto

---

15. Josefo, *Antigüedades*, XX. 5:1. Naturalmente, éste no habría sido el Teudas de Hechos 5:36, 37, pero tanto el nombre como el movimiento no eran una rareza en Israel en aquel tiempo.
16. Josefo, *Antigüedades*, XX. 8:6.
17. Josefo, *Guerras*, VI. 5:2.
18. Véase mi *Hystory of the Jewish Nation*, págs. 215-227.

lo que provocó el entusiasmo estremecido de esperanza en toda la nación, y que llevó las multitudes al Jordán cuando un oscuro anacoreta, que ni siquiera intentó confirmar su misión con un solo milagro, comenzó a predicar el arrepentimiento a la vista del reino de Dios que se acercaba. Fue esto lo que llevó a que los ojos de todos se posaran en Jesús de Nazaret, a pesar de lo humilde de su origen, de sus cricunstancias y de sus seguidores, y que apartó la atención de la gente incluso del Templo, centrándola en el lejano lago de la menospreciada Galilea. Y eso fue lo que abrió todos los hogares a los mensajeros que Cristo envió, de dos en dos, e incluso después de la crucifixión, cada sinagoga, a los apóstoles y predicadores de Judea. El título «Hijo del Hombre» era familiar para los que habían sacado sus ideas acerca del Mesías de las bien conocidas páginas de Daniel. La popular literatura apocalíptica de aquel período, especialmente el llamado «Libro de Enoc», no sólo mantuvo esta designación en la memoria popular, sino que se extendía acerca del juicio que Él iba a ejecutar sobre los reyes y las naciones gentiles.[19] «Señor, ¿restaurarás el reino a Israel en este tiempo?» era una pregunta que salía del mismo corazón de Israel. Incluso Juan el Bautista, en las tinieblas de su solitario confinamiento, no

19. Lo siguiente puede ser suficiente por ahora a guisa de muestra: «Y este Hijo del hombre, a quien tú has visto, agitará a los reyes y a los poderosos de sus lugares, y a los poderosos de sus tronos, y desligará las riendas de los poderosos y romperá en trozos los dientes de los pecadores. Y Él expulsará a los reyes de sus tronos y de sus imperios, si ellos no le exaltan y alaban a Él, ni reconocen con gratitud de dónde procede el reino que les ha sido confiado, y Él echará de delante de sí la faz de los poderosos, y les llenará la vergüenza; las tinieblas serán su morada y los gusanos su lecho, y no tendrán esperanzas de levantarse de sus lechos, debido a que no exaltan el nombre del Señor de los espíritus... Y ellos serán echados de los hogares de su congregación y de los fieles» (Libro de Enoc, XLVI. 4, 5, 6, 8). Una plena discusión de este importantísimo tema y, ciertamente, de muchos temas relacionados, tiene que reservarse para una obra sobre la vida y los tiempos de nuestro Señor.

vaciló ante la persona del Mesías, sino ante la forma en que parecía fundar su reino.[20] Él había esperado oír los golpes de aquella hacha que él había levantado, cayendo sobre el estéril árbol, y tuvo que aprender que el secreto más interior de aquel reino, no introducido en un terremoto de ira, ni en un torbellino de juicio, sino exhalado en la voz plácida y gentil del amor y de la misericordia, era la aceptación, no la exclusión; la sanidad, no la destrucción.

En cuanto a los rabinos, los líderes de la opinión pública, su posición en cuanto al reino era bien diferente. Aunque en el levantamiento de Bar Coqueba el gran rabí Akiba actuó como el portaestandarte religioso, puede ser considerado casi como una excepción. Su carácter era el de un entusiasta, y su historia casi un romance. Pero, en general, los rabinos no se identificaban con las expectativas mesiánicas populares. Tanto en la historia evangélica como en sus propios escritos aparece no meramente aquella oposición antiespiritual contra la iglesia que hubiera sido de esperar, sino una frialdad y distancia con respecto a todos estos movimientos. El rigorismo legal y la implacable mojigatería no son fanatismo. Esto último es principalmente el impulso de los malinformados. Incluso su despectivo alejamiento de «esta gente que no conoce la ley», tratándolos de «malditos», los demuestra incapaces de un fanatismo que reconoce como hermano a todo aquel en cuyo corazón arde el mismo fuego, sin importar cuáles sean sus otras condiciones. El gran libro de texto del rabinismo la *Misná* es casi totalmente amesiánico, y se podría decir que adogmático. El método de los rabinos era puramen-

---

20. El pasaje a que se hace referencia anteriormente tiene un interés apologético de la mayor importancia. Ninguna historia que no fuera genuina habría registrado las dudas de Juan el Bautista; especialmente cuando presentaban las verdaderas dificultades que la misión de Cristo suscitaba en la mente popular; y menos aún habría seguido la declaración de estas dificultades mediante un encomio como el que el Salvador pronunció acerca de Juan.

te lógico. Donde no es un registro de hechos y tradiciones, la *Misná* es meramente un manual de decisiones legales en sus más estrictas secuencias lógicas, sólo avivadas en discusiones o el relato de ejemplos oportunos. Toda la tendencia de este sistema era antimesiánica. No que en almas tan devotas y naturalezas tan ardientes no se pudiera encender el entusiasmo, sino que todos sus estudios e intereses iban en la dirección opuesta. Además, sabían muy bien cuán poco poder les había quedado, y temían perder incluso este poco. El temor de Roma los acosaba de continuo. Incluso cuando la destrucción de Jerusalén los rabinos intentaron lograr su propia seguridad, y su historia posterior muestra, con una curiosa recurrencia, chocantes ejemplos de intimidad rabínica con sus opresores romanos. El Sanedrín expresó sus más íntimos temores cuando durante aquella sesión secreta decidieron dar muerte a Jesús por el miedo que tenían a que, si se le permitía continuar, los romanos vendrían y quitarían tanto su lugar como la nación (Jn. 11:48). Pero ni una mente cándida entre ellos puso en tela de juicio la genuinidad de sus milagros; ¡ninguna voz generosa se levantó para afirmar el principio de las demandas y del reino del Mesías, aunque hubieran rechazado las de Jesús de Nazaret! La cuestión del Mesías podía ser suscitada como un punto especulativo; pudiera ser impuesto a la atención del Sanedrín; pero no se trataba para ellos de un interés personal, práctico, vital. Puede que señale sólo un aspecto de la cuestión, y éste de tipo extremo, pero incluso así era característico que un rabí pudiera decir que «entre los días actuales y los días del Mesías sólo había esta diferencia: la servidumbre de Israel».

Otros asuntos bien distintos solicitaban la atención de los rabinos. Lo que los ocupaba eran el presente y el pasado, no el futuro —el *presente* como fijando todas las determinaciones legales, y el *pasado* como sancionándolo—. La Judea propia era el único lugar donde había morado la *Shekiná*, la tierra donde Jehová había hecho erigir su Templo, la sede del Sanedrín, el único lugar en el que se cultivaban la erudición y la verdadera piedad. Todo se juzgaba desde este punto de vista. Judea era «grano, Galilea, paja, y más allá del Jordán, tamo». Ser de Judea era ser «hebreo de hebreos». Ya se ha dicho qué menosprecio tenían los rabinos a Galilea por lo que respecta a su lenguaje, modos y descuido del estudio regular. En algunos respectos, las mismas observancias legales, y desde luego las costumbres sociales, eran diferentes en Judea de Galilea. Sólo en Judea podían ser ordenados los rabinos mediante la imposición de manos; sólo allí podía el Sanedrín en sesión solemne declarar y proclamar el comienzo de cada mes, del que dependía la disposición del calendario de los festejos. Incluso después que la tensión de la necesidad política hubiera expulsado a los rabinos a Galilea, volvieron expresamente a Lida, y se precisó de un fuerte debate antes que transfirieran el privilegio de Judea a otras regiones en el siglo tercero de nuestra era (*Jer. Sanh.* I. 1, 18). El vino para uso del Templo era traído exclusivamente de Judea, no sólo porque era mejor, sino porque su transporte a través de Samaria lo habría contaminado. Y la *Misná* menciona los nombres de las cinco ciudades de donde se obtenía.[21] Similarmente, el aceite empleado provenía de Judea, o bien si provenía de Perea, se traían a Judea las aceitunas para extraerse su aceite en Jerusalén.[22]

La pregunta de qué ciudades eran realmente judías era de considerable importancia, por lo que concernía a las cuestiones rituales, y ocupaba la intensa atención de los rabinos. No es fácil fijar los exactos límites de la Judea propia hacia el noroeste. La inclusión de la costa marítima en la provincia de Samaria es un común error. Lo cierto es que nunca le era asignada. Según Josefo (*Guerras de los Judíos*, III. 3, 5) la Judea propia se extendía a lo largo de la costa marítima hasta llegar a Tolemaida o Acco. El Talmud parece excluir al me-

---

21. Compárese la discusión en la obra de M. Neubauer *Géogr. du Talmud*, pág. 84, etc., y los pasajes talmúdicos allí citados.
22. Ver ref. anterior.

nos las ciudades septentrionales. En el Nuevo Testamento se hace una distinción entre Cesarea y la provincia de Judea (Hch. 12:19; 21:10). Esto da una de las evidencias indirectas no sólo de la íntima familiaridad del escritor con las posturas estrictamente rabínicas, sino también de la temprana fecha de redacción del libro de los Hechos. Porque en un período posterior se declaró la pertenencia de Cesarea a Júdea, aunque su puerto quedó excluido de tal privilegio, y todo a este y oeste del mismo fue declarado «contaminado». Es posible que fuera añadida a las ciudades de Judea simplemente por el hecho de que residieran allí tantos rabinos afamados. La importancia de Cesarea en relación con la predicación del Evangelio y con la historia de san Pablo y las primitivas y florecientes iglesias cristianas que allí se establecieron da un renovado interés a todas las menciones de este lugar. Sólo las procedentes de fuentes judías pueden solicitar aquí nuestra atención. Estaría aquí fuera de lugar describir la importancia de Cesarea como sede del poder de Roma, o su magnífico puerto y edificios, o su riqueza e influencia. En los escritos judíos recibe el mismo nombre por el que la conocemos, aunque en ocasiones se la designa con el nombre de sus fortalezas (Migdal Shur, M. Zor, M. Nassi), o por su puerto (Migdal Shina), y también una vez por su antiguo nombre, la Torre de Estratón. La población estaba formada por una mezcla de judíos, griegos, sirios y samaritanos, y los tumultos entre ellos fueron la primera señal de la gran guerra judía. El Talmud la llama «la capital de los reyes». Como sede del poder romano era especialmente objeto del odio de los judíos. Por ello, es designada como la «hija de Edom —la ciudad de abominación y blasfemia—», aunque su distrito fuera llamado, por su riqueza, «la tierra de vida». Como podría esperarse, surgieron dificultades constantes entre las autoridades judías y romanas en Cesarea, y son acerbas las quejas contra la injusticia de los jueces paganos. Podemos comprender con facilidad que para un judío Cesarea era el símbolo de Roma, Roma de Edom —¡y Edom debía ser destruida!—. De hecho, en su postura Jerusalén y Cesarea no podían realmente coexistir. Es en este sentido que damos cuenta de este siguiente curioso pasaje: «Si te dicen que Jerusalén y Cesarea están ambas en pie, o que ambas están destruidas, no lo creas; pero si te dicen que una de ellas está destruida y la otra en pie, créelo» (*Gitt.* 16 *a*; *Meg.* 6 *a*). Es interesante saber que por causa de los judíos extranjeros que residían en Cesarea, los rabinos permitían que las principales oraciones fueran pronunciadas en griego como lengua vernácula; y que, para la época del evangelista Felipe, se llevó a cabo una buena obra por Cristo entre los judíos allá residentes. Lo cierto es que los escritos judíos contienen una especial mención de controversias allí entre judíos y cristianos.

Una breve recapitulación de las menciones judías de ciertas otras ciudades de Judea también mencionadas en el Nuevo Testamento puede ser de utilidad para tener más luz sobre las narraciones sagradas. Por lo general, la *Misná* dividía la Judea propia en tres partes: la montaña, la Sefelá, y el valle (*Shev.* IX. 2), a lo que tenemos que añadir la ciudad de Jerusalén como distrito aparte.[23] Y aquí tenemos otra notable evidencia de la autenticidad del Nuevo Testamento, y especialmente de los escritos de san Lucas. Sólo uno que estuviera íntimamente familiarizado con el estado de cosas de aquel tiempo habría distinguido, al igual que los rabinos, a Jerusalén como un distrito separado de los del resto de Judea, como lo hace san Lucas de manera expresa en varias ocasiones (Lc. 5:17; Hch. 1:8; 10:39).[24] Cuando los rabinos hacen mención de «la montaña», se están refiriendo a un distrito al noreste

---

23. Así en muchos pasajes. Cf., p.e., *Cheth.* IV. 12.
24. Éstas, como las menciones del Nuevo Testamento acerca de Cesarea, han sido señaladas también por M. Neubauer en su *Géogr. du Tal.* Es de desear que las ocasionales inexactitudes, o más bien, como sabemos, erratas de impresión en las referencias talmúdicas, fueran corregidas por el erudito autor.

y norte de Jerusalén, conocido también como «el monte real». La Sefelá, naturalmente, es la región a lo largo de la costa. Todo el resto queda incluido en el término «valle». Apenas si será necesario explicar que, como nos lo expone el Talmud de Jerusalén, ésta es meramente una clasificación general, que no debe ser apremiada con demasiada insistencia. De las once *toparquías* en que, según Josefo,[25] se dividía Judea, los rabinos no toman nota, aunque algunos de sus nombres han podido ser seguidos en escritos talmúdicos. Estas provincias estaban indudablemente subdivididas en distritos o hiparquías, lo mismo que las ciudades lo estaban en barrios o hegemonías, apareciendo ambos términos en el Talmud.[26] Los rabinos prohibían la exportación de provisiones provenientes de Palestina, incluso a Siria.

Viajando desde Cesarea hacia el sur nos vemos en la llanura de Sarón, cuya belleza y riqueza son tan encomiadas en la Sagrada Escritura (Cnt. 2:1; Is. 35:2). Esta llanura se extiende hasta Lida, donde se une a la de *Darom*, que se extiende hacia más al sur. Según las declaraciones de la Sagrada Escritura (Is. 65:10) la llanura de Sarón fue siempre famosa por sus pastos. Según el Talmud la mayor parte de los becerros para los sacrificios procedían de este distrito. El vino de Sarón era célebre, y para beber se consideraba que debía ser mezclado con un tercio de agua. La llanura era también bien conocida por la fabricación de cerámica; pero debe haber sido de calidad mediocre, por cuanto la Misná (*Baba K.* VI. 2), al enumerar la proporción de bienes dañados por los que un comprador no podía demandar compensación, asigna no menos de un diez por ciento de rotura para la cerámica de Sarón. En *Jer. Sotah* VIII. 3 leemos que el permiso para volver de la guerra no se aplicaba a los que hubieran construido casas de ladrillo en Sarón, explicándose que allí

25. Plinio sólo enumera diez. Cf. *Relandus* (Ed. Nuremb.) págs. 130, 131.
26. Véase acerca de esto y en general Neubauer, pág. 67 y ss.

el barro era tan malo que las casas tenían que ser reconstruidas al cabo de siete años. De ahí también la oración anual del sumo sacerdote en el Día de la Expiación, pidiendo que las casas de los habitantes de Sarón no se convirtieran en sus tumbas.[27] *Antipatris*, el lugar en el que los soldados de a pie dejaron a san Pablo al cuidado de los jinetes (Hch. 23:31), había sido una vez escenario de un acontecimiento muy diferente. Porque allí fue que, según la tradición (*Yoma*, 69 *a*), el sacerdocio, bajo Simón el Justo, se había encontrado con Alejandro Magno en aquella solemne procesión, que consiguió la seguridad del Templo. En los escritos talmúdicos se le da el mismo nombre, que le fue dado por Herodes en memoria de su padre Antipater (*Antigüedades*, XVI. 5:2). Pero también aparece el nombre de Chefar Zaba, que posiblemente fuera el de una localidad vecina. En *Sanh.* 94 *b* leemos que Ezequías había colgado un tablón a la entrada del *Beth Midrash* (o colegio) con el aviso de que todo el que no estudiara la ley debía ser destruido. Por ello, indagaron desde Dan hasta Beerseba, y no hallaron a ninguna persona iletrada, ni de Gebath hasta Antipatris, muchacho o muchacha, hombre o mujer, que no estuviera totalmente versada en todas las ordenanzas legales acerca de lo limpio e inmundo.

Otra notable ilustración del Nuevo Testamento la aporta *Lida*, la Lod o Lud del Talmud. Leemos que como consecuencia de las labores de san Pedro y del milagro obrado sobre Eneas, «todos los que habitaban en Lida y en Sarón... se convirtieron al Señor» (Hch. 9:35). La breve mención de Lida dada en esta narración de las labores del apóstol queda abundantemente confirmada en las menciones talmúdicas, aunque, naturalmente, no debemos esperar que describan la expansión del cristianismo. Podemos creer fácilmente que Lida tenía su congregación de «santos» casi desde el princi-

---

27. Véase mi volumen sobre *El Templo: su ministerio y servicios*, cap. XVI. Cf. también Neubauer, *Géogr. du Tal. in locum*.

pio, por cuanto estaba (*Maas. Sh.* V. 2) a un fácil día de camino al oeste de Jerusalén. Ciertamente, como lo explica el Talmud, los segundos diezmos (Dt. 14:22; 26:12) de Lida no podían ser convertidos en dinero, sino que debían ser traídos a la ciudad misma, a fin de que «las calles de Jerusalén fueran engalanadas con guirnaldas de frutos». El mismo pasaje ilustra la proximidad de Lida a la ciudad, y la frecuente relación entre ambas,[28] al decir que las mujeres de Lida mezclaban su masa, subían a Jerusalén, oraban en el Templo y volvían antes que la masa hubiera fermentado. De manera similar, inferimos por los documentos talmúdicos que Lida había sido residencia de muchos rabinos antes de la destrucción de Jerusalén. Después de este acontecimiento, vino a ser la sede de una escuela muy célebre, presidida por algunas de las eminencias del pensamiento judío. Fue esta escuela la que atrevidamente estableció la norma de que para evitar la muerte se podía quebrantar cualquier ordenanza de la ley, con excepción de la idolatría, del incesto y del asesinato. Fue en Lida, también, que dos hermanos se ofrecieron voluntariamente como víctimas para salvar de la muerte a sus correligionarios, amenazados debido a que se había descubierto un cadáver cuya muerte se imputaba a los judíos. Suena como un triste eco de los escarnios dirigidos por los «principales sacerdotes», «escribas y ancianos» a Jesús en la cruz (Mt. 27:41-43), cuando, en la ocasión aquí mencionada, el romano se dirigió así a los mártires: «¡Si sois del pueblo de Ananías, Misael y Azarías, que vuestro Dios venga, y os salve de mi mano!» (*Taan.* 18, 6).

Pero una cadena de evidencias más interesantes relaciona a Lida con la historia de la fundación de la iglesia. Es en relación con Lida y su tribunal, del que se dice que tenía

---

28. El erudito Lightfoot (*Cent. Chorogr. Mtth. praemissa,* CXVI) argumenta que con esto los rabinistas tenían la intención de mostrar que no se permitía que ningún daño material desalentara la piedad de las mujeres de Lida.

competencia para dictar sentencia de muerte, que nuestro bendito Señor y la Madre Virgen son introducidos en ciertos pasajes del Talmud, aunque con unos nombres alterados ex profeso y blasfemamente.[29] Las declaraciones están, en su forma presente, sea por ignorancia, designio o como consecuencia de alteraciones sucesivas, confundidas, y mezclan diferentes acontecimientos y personas en la historia evangélica; entre otras cosas presentan a nuestro Señor como condenado en Lida.[30] Pero no puede darse ninguna duda razonable de que hacen referencia a nuestro bendito Señor y a su condena por supuesta blasfemia y seducción del pueblo, y que indican al menos una estrecha relación entre Lida y la fundación del cristianismo.[31] Constituye una curiosa confirmación de la historia evangélica que se describa aquí la muerte de Cristo como habiendo tenido lugar «en la víspera de la Pascua», apoyando no sólo la fecha del acontecimiento tal y como se da en los evangelios sinópticos, sino mostrando que al menos los rabinos nada sabían de aquellos escrúpulos y dificultades mediante los que modernos autores gentiles han tratado de demostrar la imposibilidad de la condena de Cristo en la noche pascual.[32] Ya se ha dicho que, después de la destrucción

29. El profesor Cassel ha hecho un intento muy ingenioso de explicar estos nombres y designaciones en su reciente *bruchuré, Caricaturnamen Christi*.
30. ¿No podría ser que hubiera algún fundamento histórico incluso para esta afirmación? ¿No podría ser que la reunión secreta de «los principales sacerdotes y de los fariseos» que se menciona en Jn. 11:47 hubiera tenido lugar en Lida? (cf. vv. 54, 55). ¿Sería allí que Judas «fue y habló con los principales sacerdotes, y con los jefes de la guardia, de cómo se lo entregaría»? En todo caso, había buenas razones para evitar Jerusalén en todas las medidas preliminares en contra de Jesús; y sabemos que en tanto que el Templo seguía en pie, Lida era el único lugar fuera de Jerusalén que pudiera ser considerado una sede del partido rabinista.
31. Todos los pasajes acerca de este tema han sido compulsados y muy capazmente argumentados por Buxtorf, *Lex. Talm.*
32. Véase la discusión acerca de la fecha de la crucifixión de nuestro Señor en el Apéndice en mi volumen sobre *El Templo: su ministerio y servicios*.

de Jerusalén, muchos rabinos, y de los más célebres, escogieron Lida como residencia. Pero el segundo siglo fue testigo de un gran cambio. Los habitantes de Lida son ahora acusados de soberbia, ignorancia y descuido de su religión. El *Midrash* (Ester I. 3) afirma que había «diez medidas de miseria en el mundo. Nueve de ellas pertenecen a Lod, y la décima al resto del mundo». Lida era el último lugar de Judea al que, después de emigrar a Galilea, los rabinos recurrían para fijar el comienzo del mes. Dice la leyenda judía que allí se encontraban con el «mal de ojo», que causaba su muerte. Es posible que haya aquí una alusión alegórica. Lo cierto es que en aquel entonces Lida era la sede de una Iglesia cristiana sumamente floreciente, y que había allí un obispo. En verdad, un erudito escritor judío ha relacionado el cambio de sentimientos judíos para con Lod con la expansión del cristianismo.[33] Lida debe haber sido un lugar muy hermoso y activo. El Talmud habla en exagerados términos de la miel de sus dátiles,[34] y la Misná (*Baba M*. IV. 3) se refiere a sus mercaderes como una clase numerosa, aunque no se alaba la honradez de los mismos.[35]

Cerca de Lida, hacia el este, se encontraba la aldea de *Chefar Tabi*. Podríamos ser tentados a derivar de él el nombre de Tabita (Hch. 9:36), si no fuera por el hecho de que los nombres de Tabi y Tabita eran tan comunes en aquellos tiempos en Palestina. No puede haber duda alguna acerca de la situación de *Jope*, la moderna Jaffa, donde Pedro vio la visión que abrió la puerta de la Iglesia a los gentiles. Son muchos los rabinos mencionados en relación con Jope. La

---

33. Neubauer, pág. 80.
34. *Cheth*. III. *a*.
35. La *Misná* discurre acerca de cuánto beneficio puede tomar un mercader sobre un artículo, y dentro de qué período un comprador, que se considere engañado, puede devolver su compra. Los mercaderes de Lida desde luego no quedan en esta discusión bajo una luz demasiado favorable.

ciudad fue destruida por Vespasiano. Hay en el *Midrash* una curiosa leyenda acerca de que Jope no fue destruida por el diluvio. ¿Podría esto haber sido un intento de insinuar la preservación y migración de hombres a distantes lugares de la tierra? El emplazamiento exacto de *Emaús,* para siempre sagrada para nosotros por la manifestación allí del Salvador a los dos discípulos (Lc. 24:13), es asunto de controversia. Globalmente, el peso de la evidencia sigue inclinándose en favor del emplazamiento tradicional.[36] Si es así, tuvo una considerable población judía, aunque había allí también una guarnición romana. Su clima y sus aguas eran célebres, como también su mercado. Es de especial interés hallar que entre las familias patricias judías laicas que tomaban parte en el servicio musical del Templo había dos —las de Pegarim y Zippariah— que eran de Emaús, y también que los miembros del sacerdocio tendían a los enlaces matrimoniales con las familias de los ricos hebreos de aquel lugar (*Er.* II. 4). *Gaza,* en cuyo «desierto» camino[37] Felipe predicó y bautizó al eunuco etíope, contaba con no menos de ocho templos paganos, además de un santuario idolátrico fuera de la ciudad. Sin embargo, se permitía a los judíos residir allí, probablemente a causa de la importancia de su mercado.

Sólo quedan dos nombres que mencionar, pero los de más profundo y solemne interés. Belén, el lugar donde nuestro Señor nació, y Jerusalén, donde fue crucificado. Es de notar que la respuesta que los miembros del Sanedrín dieron a la pregunta de Herodes (Mt. 2:5) es la misma que aparece en

36. Los escritores modernos la identifican mayormente con la actual *Kulonieh, colonia,* derivando su nombre de la circunstancia de que fue colonizada por soldados romanos. El teniente Conder sugiere la actual *Khamasa,* a unos trece kilómetros de Jerusalén, como el emplazamiento de Emaús.
37. El profesor Robinson ha publicado una descripción sumamente gráfica de este camino del desierto.

muchos pasajes del Tamud,[38] y con la misma referencia a Miqueas 5:2. Puede, por tanto, considerarse como un tema establecido que, según los padres judíos, el Mesías, el Hijo de David, debía nacer en Belén de Judá. Pero hay un pasaje en la *Misná* que arroja una luz tan peculiar sobre la narración evangélica que será mejor reproducirlo íntegramente. Sabemos que en la noche en la que nuestro Salvador nació, el mensaje de los ángeles vino a aquellos que probablemente en todo Belén o en sus cercanías eran los únicos en «guardar vela». Porque, cerca de Belén, en el camino a Jerusalén, había una torre, conocida como *Migdal Eder*, la «torre de vigilancia de los rebaños». Era el lugar desde el que los pastores vigilaban los rebaños destinados a los sacrificios en el Templo. Y esto era tan bien sabido que si se encontraban animales tan distantes de Jerusalén como Migdal Eder, y dentro de aquella área a ambos lados, los machos eran ofrecidos como holocausto, y las hembras como sacrificios de paz.[39] El rabí Jehudah añade: «Si son apropiados para sacrificios pascuales, entonces son sacrificios pascuales, siempre y cuando no sea más de treinta días antes de la fiesta» (*Shekal.* VII. 4; comparar también *Jer. Kid.* II. 9). Parece profundamente significativo, casi el cumplimiento de un tipo, que aquellos pastores que primeramente oyeron las nuevas del nacimiento del Salvador, que primero oyeron las alabanzas de los ángeles, estuvieran vigilando rebaños destinados a ser ofrecidos como sacrificios en el Templo. Allí estaba el tipo, y aquí la realidad. En todo tiempo Belén estuvo entre «las más pequeñas de Judá» —tan pequeña que los rabinos ni se refieren a ella detalladamente—. El pequeño mesón del pueblo estaba lleno a rebosar, y los huéspedes de Nazaret encontraron refugio sólo

38. *Jer. Ber.* II. 3 da una historia sumamente curiosa relacionada con esto.
39. Anteriormente, los que encontraban estos animales tenían que suplir de sus propios medios las necesarias libaciones. Pero como esto inducía a algunos a no traer los animales al Templo, se decretó después que el costo de las libaciones se debía suplir de la tesorería del Templo (*Shek.* VII. 5).

en el establo,[40] cuyo pesebre vino a ser la cuna del Rey de Israel. Fue aquí que los que cuidaban de los rebaños sacrificiales, dirigidos desde el cielo, hallaron al divino Bebé, y significativamente fueron ellos los primeros en verlo, en creer en Él y en adorarle. Pero no es esto todo. Es cuando recordamos que estos pastores entrarían en el Templo, y allí se encontrarían con los que acudieran para adorar y ofrecer sacrificios, que percibimos el pleno sentido de lo que de otra manera habría parecido apenas digno de mención en relación con humildes pastores: «Y después de verlo, dieron a conocer lo que se les había dicho acerca de este niño. Y todos los que lo oyeron, quedaron maravillados de lo que se les había dicho acerca del niño» (Lc. 2:17, 18). Además, podemos comprender la maravillosa impresión en aquellos que se encontraran en los patios del Templo, que, mientras escogían sus sacrificios, oirían de los pastores acerca del pronto cumplimiento de aquellos tipos en lo que ellos habían visto y oído en aquella noche maravillosa; ¡cómo multitudes curiosas y anhelantes se reunirían alrededor para discutir, asombrarse, y quizá burlarse! ¡Cómo el corazón del «justo y piadoso» viejo Simeón se alegraría en la expectación del casi cumplimiento de las esperanzas y oraciones de toda una vida! ¡Y cómo la anciana Ana, y los que juntamente con ella «esperaban la redención de Israel», levantarían sus cabezas, por cuanto su redención se estaba aproximando! Así, los pastores serían los más eficaces heraldos del Mesías en el Templo, y tanto Simeón como Ana estarían preparados para el momento en que el recién nacido Salvador fuera presentado en el santuario. Pero hay todavía otro versículo que, como podemos sugerir, encontra-

---

40. En *Echa R.* 72 *a* aparece una tradición de que el Mesías debía nacer «en el Castillo Arba de Belén de Judá». Caspari (*Chron. Geogr. Ant. ü. d. Leben Jesu*, pág. 54) cita esto en confirmación de que el actual monasterio fortificado, cuya cueva es el lugar tradicional del nacimiento de nuestro Señor, marca el verdadero lugar. En Oriente estas cuevas se empleaban frecuentemente como establos.

ría una más plena explicación en el hecho de que estos pastores cuidaban de los rebaños del Templo. Cuando leemos en Lc. 2:20 que «los pastores regresaron glorificando y alabando a Dios», el sentido en relación con esto[41] parece algo difícil hasta que nos damos cuenta de que tras haber llevado sus rebaños al Templo regresarían a sus propios hogares, llevando con ellos, gozosos y llenos de gratitud, las nuevas de la gran salvación. Finalmente, y sin entrar en controversias, el pasaje de la *Misná* acabado de citar elimina en gran medida la objeción en contra de la fecha tradicional del nacimiento de nuestro Señor, derivada del supuesto hecho de que las lluvias de diciembre impedirían que los rebaños fueran guardados toda la noche «en el campo». Porque, en primer lugar, se trataba de rebaños de camino a Jerusalén, y no pastando regularmente en campo abierto en aquel tiempo. Y, en segundo lugar, la *Misná* evidentemente contempla el que estaban así a campo abierto treinta días antes de la Pascua, esto es, en el mes de febrero, durante el que la media de precipitación lluviosa es la más grande del año.[42]

«Diez medidas de hermosura», dicen los rabinos, «ha otorgado Dios al mundo, y nueve de ellas caen en la suerte de Jerusalén» —y otra vez—: «Una ciudad cuya fama ha ido de un extremo del mundo al otro.»[43] «Tuya, oh Señor, es la grandeza, tuyo el poder, la gloria y la eternidad.» Esto, explica el Talmud, «es Jerusalén». En oposición a su rival Alejan-

---

41. Comparar aquí los vv. 17, 18, que en tiempo preceden al v. 20. El término *diagnörizö*, traducido «dieron a conocer», y por Whal *«ultro citroque narro»*, no parece quedar agotado con la idea de una conversación con el grupo en el «establo» o con cualquiera con el que pudieran llegar a encontrarse «en el campo».
42. La precipitación lluviosa media en Jerusalén durante ocho meses asciende a catorce pulgadas en diciembre, trece en enero y dieciséis en febrero (Barclay, *City of the Great King*, pág. 428). Cf. Hamburguer, *Real Enc.*
43. *Ber.* 38.

dría, que era designada «la pequeña», Jerusalén era llamada «la grande». A uno casi le recuerda el título de «ciudad eterna» dado a Roma, cuando encontramos a los rabinos refiriéndose a Jerusalén como la «casa eterna». De manera similar, si un proverbio común dice que «todos los caminos conducen a Roma», había un dicho judío que sentenciaba: «todas las monedas vienen de Jerusalén». No es éste el lugar donde describir la ciudad en su apariencia y gloria.[44] Pero uno casi siente como si, en tal cuestión, pudiera comprender, si no dar la plena aprobación, a las manifiestas exageraciones de los rabinos. En verdad, hay indicaciones de que difícilmente esperaban que sus afirmaciones fueran tomadas al pie de la letra. Así, cuando se menciona el número de sus sinagogas como 460 ó 480, se explica que este último número es el equivalente numérico de la palabra «llena» en Is. 1:21 («Llena estaba de justicia»). Es de mayor interés saber que en el Talmud encontramos una mención expresa de «la Sinagoga de los Alejandrinos» a que se hace referencia en Hch. 6:9 —otra importante confirmación, si hubiera necesidad de ella, de la precisión de los relatos de san Lucas—. Se dan relatos de la hospitalidad de los moradores de Jerusalén que difícilmente podemos considerar exagerados; porque la ciudad no era contada como perteneciente a ninguna tribu en particular; debía ser considerada igualmente el hogar de todas. Sus casas no debían ser ni alquiladas ni arrendadas, sino libremente abiertas a cada hermano. Y no carecían de sitio ninguno de los incontables miles que la saturaban en las ocasiones festivas. Una cortina colgando delante de la entrada de una casa indicaba que había aún sitio para huéspedes. Una mesa puesta delante de ella, que su despensa estaba a disposición de ellos. Y si era imposible acomodar dentro de las murallas de la Jerusalén propia a las inmensas multitudes que acudían a la

44. Para esto, comparar los dos primeros capítulos de mi volumen sobre *El Templo: su ministerio y servicios*.

ciudad, es indudable que para propósitos sagrados *Betania* y *Betfagé* eran consideradas como pertenecientes al círculo de Jerusalén. Se suscitan peculiares sensaciones cuando se lee en estos registros judíos acerca de Betania y Betfagé como especialmente célebres por la hospitalidad que daban a los peregrinos, porque se evocan las sagradas memorias de las estancias de nuestro Señor con la santa familia de Betania, y especialmente la de su última visita allí y su regia entrada en Jerusalén.

En verdad que se hacían todos los esfuerzos para hacer de Jerusalén una verdadera ciudad de deleites. Su policía y normas sanitarias eran más perfectas que en cualquier ciudad moderna; las disposiciones eran tales que dejaban al peregrino libre para dar su corazón y mente a los temas sagrados. Si, después de todo, «los ciudadanos», como eran llamados, resultaban algo orgullosos y desdeñosos, era algo ser ciudadano de *Jerushalaimah*, como los jerusalemitas preferían escribir el nombre de la ciudad. Su constante relación con extranjeros les daba un conocimiento de los hombres y del mundo. La inteligencia y agudeza de los jóvenes era tema de admiración para sus más tímidos y toscos parientes rurales. Había también una grandeza en su porte, casi un lujo; y una cierta delicadeza, tacto y ternura, que se mostraban en todos sus tratos públicos. Entre un pueblo cuyo ingenio e inteligencia eran proverbiales, no era poco encomio ser renombrado por estas cualidades. En resumen, era Jerusalén el ideal del judío, cualquiera que fuera la tierra de exilio en que residiera. Sus ricos donaban fortunas para costear la erudición judía, para la promoción de la piedad o para el apoyo de la causa nacional. Así, uno de ellos, al encontrar los precios de los sacrificios sumamente altos, introduciría en el atrio del Templo los animales necesarios, a su cargo, para posibilitar el sacrificio para los pobres. O en otra ocasión ofrecería suministrar a la ciudad durante veintiún meses con ciertas provisiones en su lucha contra Roma. En las calles de Jerusalén se encontraban hombres de los más distantes países, hablando todas las lenguas y dialectos conocidos. Judíos y griegos, soldados romanos y pueblerinos galileos, fariseos, saduceos, y esenios con blancos ropajes, ocupados mercaderes y estudiantes de abstrusa teología, se entremezclaban formando una abigarrada multitud en las estrechas callejas de la ciudad de palacios. Pero sobre todo aquello el Templo, que se levantaba por encima de la ciudad, parecía arrojar su sombra y su gloria. Cada mañana el triple toque de las trompetas de los sacerdotes despertaba a la ciudad con el llamamiento a la oración; cada anochecer el mismo toque cerraba el día de trabajo, como con sones del cielo. No importaba adónde uno se volviese, en todas partes había edificios santos a la vista, ahora con el humo de los sacrificios levantándose sobre los patios, o de nuevo con una solemne quietud reposando sobre las sagradas cámaras. Era el Templo lo que daba su carácter a Jerusalén, y lo que decidió su suerte. Hay un notable pasaje en el Talmud que, recordando que el tiempo al que hace referencia es probablemente el mismo año en que murió nuestro Señor en la cruz, parece como una involuntaria confirmación de la narración evangélica: Cuarenta años antes de la destrucción del Templo se abrieron sus puertas por sí mismas. Jochanan,[45] el hijo de Saccai, las reprendió, diciendo: «¡Oh Templo! ¿Por qué te abres por ti mismo? ¡Ah! ¡Percibo que tu fin está cercano, porque está escrito! (Zac. 11:1): "Oh Líbano, abre tus puertas, y consuma el fuego tus cedros"» (*Yoma* 39 *b*). «Y he aquí, el velo del templo se rasgó en dos, de arriba abajo» (Mt. 27:51). Bendito sea Dios, ello no fue meramente como anuncio de un juicio venidero, sino para desde entonces abrir de par en par a todos el camino al Lugar Santísimo.

---

45. Caspari sugiere que era el mismo que el sumo sacerdote Anás, añadiéndose al nombre sólo la sílaba indicando el nombre de Jehová como prefijo.

VI

HOGARES JUDÍOS

Se puede decir con seguridad que la gran distinción que dividía a toda la humanidad entre judíos y gentiles no era sólo religiosa, sino también social. Por muy cercanas que estuvieran las ciudades de los paganos a las de Israel, por frecuentes y estrechas que fueran las comunicaciones entre ambas partes, nadie podía entrar en una ciudad o en un pueblo judío sin sentirse, por decirlo así, como en un mundo distinto. El aspecto de las calles, la edificación y disposición de las casas, las normativas municipales y religiosas, los modos y usos de la gente, sus hábitos y manera de hacer, y, por encima de todo, la vida familiar, estaban en acusado contraste con lo que se podía ver en otros lugares. Por todas partes había evidencias de que la religión no era aquí un mero credo ni un conjunto de observancias, sino que impregnaba todas las relaciones y dominaba sobre cada fase de la vida.

Imaginemos una ciudad o pueblo judío real. Había muchos de éstos, porque Palestina tuvo siempre una cantidad mucho mayor de ciudades y pueblos que los que pudieran haber sido de esperar por su tamaño, o por las actividades generalmente agrícolas de sus ciudadanos. Incluso en los tiempos de su primera ocupación bajo Josué encontramos alrededor de seiscientas ciudades, si podemos juzgar por las ciudades levíticas, con una circunferencia media de dos mil codos a cada lado, y con una población media de entre dos y tres mil habitantes.[1] Pero la cantidad de ciudades y pueblos, así como su populosidad, aumentó mucho en tiempos posteriores. Así Josefo (*Vida*, 45) habla de no menos que doscientas cuarenta poblaciones sólo en Galilea en sus tiempos. Este progreso fue indudablemente debido no sólo al rápido desarrollo de la sociedad, sino también al amor a la construcción que caracterizó a Herodes y su familia, y al que debieron su origen tantas fortalezas, palacios, templos y ciudades. Tanto el Nuevo Testamento como Josefo y los rabinos nos dan tres nombres que pueden traducirse como aldeas, pueblos y ciudades, estando estas últimas rodeadas de murallas, y distinguiéndose además entre las ya fortificadas en tiempos de Josué y las fortificadas en tiempos posteriores. Un pueblo podía ser «grande» si tenía una sinagoga, o «pequeño» si carecía de ella; y la existencia de la sinagoga dependía de que residieran allí al menos diez hombres con los que pudiera contarse para que hubiera *quorum* para el culto en la sinagoga (los llamados Batlanin[2]); porque no se podía celebrar un servicio con menor número de varones. Las aldeas no tenían sinagoga, pero se suponía que sus habitantes acudían al pueblo más cercano para el mercado de los lunes y de los jueves cada semana, cuando se celebrara un servicio para ellos, y cuando también tenía audiencia el sanedrín local (*Megill*. I. 1-3). Una ley muy curiosa (*Cheth*. 110) dictaba que un hombre no podía obligar a su mujer a seguirlo si se mudaba de un pueblo a una ciudad, o *viceversa*. La razón de ello es que en la ciudad la gente vivía junta, y las casas estaban juntas, por lo que había falta de aire fresco y libre y de huertos, de lo que había abundancia en los pueblos. Por

---

1. Saalschütz, *Archaeol. d. Hebr*. II. págs. 250, 251.
2. De «betal», cesar, como lo explica el glosario a *Baba B*. 82 *a*: hombres irreprensibles, que abandonaran su trabajo para darse totalmente a la obra de la sinagoga. Los tales tenían derecho a ser sustentados con los fondos de la sinagoga.

otra parte, una mujer podía objetar al cambio de residencia de una ciudad a un pueblo, debido a que en la ciudad se podía conseguir de todo, y la gente de toda la vecindad se encontraba en las calles y en la plaza del mercado.

Afirmaciones como ésta darán una cierta idea de la diferencia entre la vida de la ciudad y del campo. Examinemos primero la de la ciudad. Aproximándonos a una de las antiguas ciudades fortificadas, llegaríamos a una muralla baja que protegía un foso. Atravesando este foso, nos veríamos ante la muralla propia de la ciudad, y entraríamos a través de un inmenso portón, frecuentemente cubierto de hierro y asegurado por fuertes barras y pernos. Encima de la puerta se levantaba la torre de vigilancia. «Dentro de la puerta» se encontraba el sombreado retiro donde se sentaban «los ancianos». Aquí graves ciudadanos discutían los asuntos públicos o las noticias del día, o llevaban a cabo importantes negocios. Las puertas se abrían a grandes plazas a las que convergían las varias calles. Eran el activo escenario de las relaciones y del comercio. Los campesinos se plantaban o movían por allí, mercando el producto de sus campos, arboledas y vaquerías; el mercader extranjero o el buhonero exponían sus mercancías, recomendando las nuevas modas de Roma o Alejandría, los últimos lujos del lejano Oriente o las obras de artesanía del orfebre y del trazador de Jerusalén, mientras que entre ellos se movía la multitud, ociosa u ocupada, charlando, regateando, de buen humor, e intercambiando ingeniosidades. Ahora se apartan para dar paso respetuosamente a un fariseo; o su conversación se acaba ante la chocante apariencia de un esenio o de algún sectario —político o religioso—, mientras que se entreoyen ahogadas maldiciones, pronunciadas por lo bajo, siguiendo a las silenciosas pisadas del publicano, cuyos inquietos ojos van observándolo todo para asegurar que nada se escape de las espesas redes de la red del recaudador de impuestos. Estas calles tienen todas nombres, generalmente los de los gremios u oficios que tienen en ellas sus bazares. Porque los gremios siempre se mantenían agrupados, fuera en la calle o en la sinagoga. En Alejandría, las diferentes profesiones se sentaban en la sinagoga agrupadas en gremios; y san Pablo no hubiera tenido dificultad alguna en encontrarse en el bazar de su oficio con sus correligionarios judíos Aquila y Priscila (Hch. 18:2, 3), con quienes poder posar. En estos bazares muchos de los trabajadores se sentaban fuera de sus establecimientos, y, en intervalos entre su trabajo, intercambiaban saludos o mercaban con los transeúntes. Porque todos en Israel eran hermanos, y hay una especie de masonería incluso en el modo de saludo judío, que siempre incorporaba o bien un reconocimiento del Dios de Israel, o un fraternal deseo de paz. Excitables, impulsivos, vivos, ingeniosos, imaginativos; aficionados a las parábolas, a los dichos lapidarios, a las distinciones agudas o a los dichos mordaces; reverentes para con Dios y el hombre, respetuosos en presencia de la edad, entusiastas acerca de la erudición y de las dotes mentales superiores, muy delicadamente sensibles ante los sentimientos de los otros; celosos, con unas naturalezas orientales intensamente ardientes, listos a que se les excitara cada uno de sus prejuicios, apresurados y violentos en sus pasiones, pero fácilmente apaciguados; así era la abigarrada multitud que se movía por allí. Y ahora quizá se oye la voz de un rabí enseñando en algún retiro sombreado —aunque posteriormente el orgullo de la erudición judía prohibió la profanación del conocimiento mediante su divulgación a los «iletrados»—, o, mejor aún, en un tiempo la presencia del Maestro los reúne a todos y los mantiene fascinados, olvidadizos a la vez de los impulsos del hambre y del paso del tiempo, hasta que, terminado el corto día oriental, las estrellas resplandeciendo en el oscuro cielo azul deben haberles recordado a muchos la promesa hecha a su padre Abraham, cumplida ahora en Uno mayor que Abraham.

Volvamos a la ciudad al fresco del atardecer, para escuchar el delicioso murmullo del pozo o del manantial, mientras se agolpan alrededor los que no tienen cisternas en sus casas.

El vigía está arriba en la torre por encima del portón. Ahora saldrá la patrulla nocturna para vigilar las calles. Y tampoco es absoluta la oscuridad, porque es usual mantener una luz ardiendo toda la noche en la casa, y las ventanas (a diferencia de las de las modernas casas orientales) se abren principalmente sobre la calle y el camino. Estas grandes ventanas reciben el nombre de tirias, y las más pequeñas, egipcias. No están cubiertas de vidrio, sino con emparrillados y celosías. En las casas de los ricos, los marcos de las ventanas están intrincadamente talladas y ricamente recubiertas. Por lo general la madera utilizada es la del sicómoro común, a veces de olivo y cedro, y en los palacios incluso de sándalo. El entablamento está más o menos elaboradamente tallado y ornamentado. Lo único es que no debía hacerse ninguna representación de nada en el cielo o en la tierra. Tan profundo era el sentimiento acerca de esta cuestión que incluso el intento de Pilato para introducir en Jerusalén de noche las efigies de César en la punta de los estandartes romanos llevó a unas escenas en las que los judíos se mostraron dispuestos a morir por sus convicciones (Josefo, *Antigüedades*, XVIII. 3, 1); y en el palacio de Herodes Antipas en Tiberias fue quemado por la muchedumbre porque estaba decorado con figuras de animales (Josefo, *Vida*, 12). Pero estos puntos de vista extremistas se apaciguaron, primero ante el tolerante ejemplo de Gamaliel, el maestro de Pablo, que hacía uso de un baño público aunque estaba adornado con una estatua de Venus, porque, como decía él, aquella estatua estaba puesta para adorno del baño, y no el baño para adorno de la estatua. Si este argumento nos recuerda que Gamaliel no era extraño al cristianismo, la declaración de su nieto, de que un ídolo no era nada si su culto había sido rechazado por los paganos (*Ab. Sar.* 52), recuerda aún más fuertemente la enseñanza de san Pablo. Y así llegamos gradualmente a la moderna doctrina ortodoxa, que permite la representación de plantas, animales, etc., pero que prohíbe la del sol, de la luna y de las estrellas, excepto para propósitos de estudio, mientras que, aunque

111

dudosamente, admite las de hombres e incluso ángeles, siempre que sea en bajorrelieve, y no en volumen.

El gobierno de estas ciudades y pueblos era sumamente estricto. Los representantes de Roma eran principalmente personal militar, o bien agentes fiscales o políticos. Tenemos ciertamente un registro de que el general romano Gabinio, alrededor de medio siglo antes de Cristo, dividió Palestina, para propósitos jurídicos, en cinco distritos, cada uno de ellos presidido por un concilio (Josefo, *Antigüedades*, XIV. 5, 4); pero esta disposición tuvo una vida muy breve, e incluso mientras estuvo vigente estos concilios parecen haber sido judíos. Luego, cada ciudad tenía su Sanedrín,[3] el cual consistía de veintitrés miembros, si la población tenía al menos ciento veinte hombres, o de tres miembros, si la población era menor.[4] Estos sanedristas eran designados directamente por la autoridad suprema, o Gran Sanedrín, «el consejo», en Jerusalén, que consistía de setenta y un miembros. Es difícil fijar los límites del verdadero poder que tenían estos sanedrines en casos criminales. Pero los sanedrines son mencionados en pasajes como Mt. 5:22, 23; 10:17; Mr. 13:9. Naturalmente, todas las causas eclesiásticas y, por así decirlo, las causas estrictamente judaicas, y todas las cuestiones religiosas, pertenecían a su especial competencia. Finalmente, había también en cada lugar lo que podríamos llamar autoridades

---

3. El nombre «Sanhedrin», o «*Sunedrion*» (traducido «concilio» en varias versiones castellanas, y «sanedrín» en otras), es indudablemente proveniente del griego, aunque los rabinos han tratado de parafrasearlo como «Sin» (=Sinaí) «haderin», los que repiten o explican la ley, o remontar su etimología, como siendo «los que *aborrecen hacer acepción* de personas en *juicio*» (suponiéndose que el nombre está compuesto de los equivalentes hebreos de las palabras *italizadas*).

4. Últimamente se ha hecho un ingenioso intento de mostrar que el Sanedrín de tres miembros no era un tribunal regular, sino sólo árbitros escogidos por las mismas partes en litigio (véase Schürer, *Neutest. Zeitegsch.* pág. 403). Pero el argumento, hasta allí donde intenta demostrar que esto era invariablemente así, no me parece que concuerde con todos los hechos.

municipales, bajo la presidencia de un mayor —los representantes de los «ancianos»—, una institución tan frecuentemente mencionada en las Escrituras y profundamente arraigada
en la sociedad judía. Quizá se haga referencia a ellas en Lc.
7:3, como enviadas por el centurión de Capernaum para que
intercedieran ante el Señor por él.

Lo que podría conocerse como normas policiales y sanitarias eran de lo más estricto. Acerca de Cesarea, por ejemplo,
sabemos que había un sistema regular de alcantarillado que
iba al mar, aparentemente similar al de cualquier ciudad moderna, sólo que más perfecto (Josefo, *Antigüedades*, XV.
9:6). Lo mismo sucede con respecto a los edificios del Templo en Jerusalén. Pero en cada ciudad y pueblo se cumplían
estrictamente las normas sanitarias. Los cementerios, las
curtiderías y todo lo que pudiera ser perjudicial para la salud
tenía que ser alejado al menos a cincuenta codos fuera de una
ciudad.[5] No se permitían establecimientos de panaderos y de
tintoreros, ni establos, bajo la vivienda de ninguna persona.
Además, se tenía que mantener estrictamente la línea de la
calle al edificar, y no se permitía ningún voladizo sobre ella.
Por lo general, las calles eran más anchas que las de las actuales ciudades orientales. La naturaleza de la tierra, y las circunstancias de que tantas ciudades fueran construidas sobre
montes (al menos en Judea), sería naturalmente ventajoso
desde un punto de vista sanitario. También haría menos necesaria la pavimentación de las calles. Pero sabemos que ciertas
ciudades sí estaban pavimentadas. Jerusalén lo estaba con
piedra blanca (Josefo, *Antigüedades*, XX, 9:7). Para evitar
disputas, no se permitía que los vecinos abrieran ventanas que
miraran a los patios o estancias de otros, y tampoco podía
ser la entrada principal a una tienda a través de un patio
común a dos o tres viviendas.

Estas breves descripciones nos pueden ser de ayuda para

5. Véase éstas y similares normas principalmente en la *Misná (Baba B.* I.
y II., *passim).*

darnos cuenta del escenario de la vida en las ciudades judías. Mirando arriba y abajo de las calles de una ciudad en Galilea o en Judea, las casas se veían diferentes en tamaño y elegancia, desde la más sencilla, de entre ocho y diez metros cuadrados, hasta las mansiones de los ricos, a veces de dos o más pisos, embellecidas con hileras de columnas y aditamentos arquitectónicos. Supongámonos delante de una vivienda de la clase media, no la de un patricio, porque está hecha de ladrillo, o quizá de piedra sin labrar, o quizá incluso labrada, pero no de mármol, o ni siquiera de piedra tallada; tampoco tiene las paredes pintadas de colores tan delicados como el bermellón, sino sólo encaladas o, quizá, pintadas con un tono neutro. Una ancha escalinata, a veces de gran precio, lleva desde el exterior directamente hacia la azotea, que está ligeramente inclinada para permitir que el agua de lluvia pase por unos tubos directamente a la cisterna debajo. La azotea está pavimentada con ladrillos, piedra, u otra sustancia dura, y rodeada por una balaustrada que, según la ley judía, debe tener una altura de al menos dos codos (noventa centímetros), y lo suficientemente fuerte para soportar el peso de una persona. Las normas policiales, concebidas con el mismo espíritu de prudencia, prohibían los pozos y hoyos descubiertos, las escaleras de mano débiles, las escaleras inseguras, e incluso los perros peligrosos en una casa. También podía haber comunicación de azotea a azotea, llamada por los rabinos «el camino de las azoteas» (*Baba Mez.* 88 *b*). Así, una persona podía huir, pasando de azotea en azotea, hasta que descendía en la última casa por las escaleras que conducían a la calle, sin tener que entrar en ninguna casa. Es indudable que el Señor hizo referencia a este «camino de las azoteas» en su advertencia a sus seguidores (Mt. 24:17; Mr. 13:15; Lc. 17:31), aplicada al último asedio de Jerusalén: «El que esté en la azotea, no baje ni entre a llevarse algo de su casa». Para las relaciones normales, la azotea era el lugar más fresco, aireado y tranquilo. Naturalmente, se empleaba en ocasiones para la compañía hogareña. Pero era un lugar de retiro preferente para la oración o para la meditación; en este lugar observaría, esperaría y miraría si se trataba de amigos o enemigos, o cómo se preparaba una tormenta, o, como el sacerdote en el alero del Templo antes del sacrificio matutino, cómo la luz rojiza y dorada del amanecer se extendía a través del horizonte. También desde la azotea era fácil prevenirse contra enemigos, o llevar a cabo una peligrosa lucha con los que estaban abajo; y, desde luego, era «en las azoteas» donde se podían decir secretos en voz baja, o, por otra parte, desde donde se podían hacer las más públicas proclamaciones de los mismos (Mt. 10:27; Lc. 12:3). La estancia de los huéspedes se construía generalmente en la azotea, a fin de que pudiera entrar y salir con libertad del resto de la familia; y era frecuentemente en la azotea que, en la Fiesta de los Tabernáculos, para frescor y comodidad, se levantaban las enramadas en las que moraba Israel en memoria de su peregrinación. Cerca de allí se encontraba «el aposento alto». En la azotea, o en el patio abajo, se reunía la familia para conversación, con los árboles arrojando su agradable sombra y con el murmullo de su fuente cayendo gratamente al oído, mientras uno estaba en la galería cubierta que corría alrededor y que se abría a los apartamentos de la familia.

Si la estancia de los huéspedes, a la que se podía llegar desde fuera sin pasar por la casa, nos recuerda a Eliseo y la mujer de Sunem, y la última Pascua, en la que el Señor y sus discípulos podían ir y salir de ella sin entrar en contacto con nadie en la casa, la galería que iba alrededor del patio debajo del techo nos recuerda otra escena muy solemne. Recordamos cómo trajeron a aquel «paralítico» cuando no pudieron «acercar a él a causa de la multitud», y «abrieron un boquete en el techó encima de donde él estaba», «y por la abertura hecha, bajaron la camilla en que yacía el paralítico» (Mr. 2:4; Lc. 5:19). Sabemos, por muchos pasajes talmúdicos, que los rabinos acudían con preferencia al «aposento alto» para tratar de cuestiones religiosas. Puede haber sido así en este caso; e imposibilitados de conseguir pasar a través de la puerta que llevaba al aposento alto, los porteadores del paralítico pueden haber abierto un boquete en el tejado. O considerando más probable que la multitud llenaba el patio inferior, mientras que Jesús se encontraría en la galería que corría alrededor del patio y a la que abrían las varias estancias, es posible que abrieran el tejado por encima de Él y que hicieran bajar lentamente su carga a los pies de Él y a la vista de todos. Hay un significativo paralelismo, o más bien contraste, a esto en una historia rabínica (*Moed K.* 25 *a*) que relata cómo, cuando no se pudo sacar por la puerta la camilla en la que yacía muerto un célebre maestro, lo subieron a la azotea, y desde allí lo bajaron, pero no de camino a una nueva vida, sino para sepultarlo. Había además una escalera que llevaba del terrado al patio y a la casa. Al acercarse a una casa, como lo hacían de ordinario los visitantes, desde la calle, se pasaba bien a través de un gran patio exterior, o bien se entraba directamente al vestíbulo o porche. Aquí se abría la puerta que daba entrada al patio interior, que a veces era compartido por varias familias. Un portero abría a los que llamaban al mencionar sus nombres, como hizo Rode con Pedro en la agitada noche de su milagrosa liberación de la cárcel (Hch. 12:13, 14). Nuestro Señor aplica también este conocido hecho de la vida doméstica cuando dice (Ap. 3:20): «He aquí, yo estoy a la puerta y llamo; si alguno oye mi voz y abre la puerta, entraré a él, y cenaré con él, y él conmigo». Atravesando este patio interior, se podía llegar a la galería y por ella a las varias estancias: el salón familiar, el recibidor y los dormitorios, siendo los más retirados ocupados por las damas, y empleándose las estancias interiores principalmente en invierno. El mobiliario era muy semejante al de siempre, consistente en mesas, sofás, sillas, candeleros y lámparas, variando en su precio en conformidad a la posición y riqueza de la familia. Entre los artículos de lujo se pueden mencionar ricos cojines para la cabeza y los brazos, ornamentos, y en ocasiones incluso cuadros. Las puertas, que giraban sobre goznes fijados con estacas de madera, se aseguraban con cerrojos de madera, que se podían abrir con llaves desde fuera. El comedor era generalmente espacioso, y a veces era empleado para reuniones.

Hemos estado describiendo los arreglos y la apariencia de las ciudades y de las moradas en Palestina. Pero no es ninguna de estas cosas exteriores que da una verdadera imagen de un hogar judío. Dentro de él todo era muy singular. De entrada, el rito de la circuncisión separaba a los judíos de las naciones que los rodeaban, y los dedicaba a Dios. La oración privada, por la mañana y la tarde, santificaba la vida diaria, y la religión familiar impregnaba el hogar. Antes de cada comida se lavaban y oraban; después de ella «daban gracias». Además, había lo que se podría designar de manera especial como fiestas familiares. La llegada del sábado santificaba la semana de trabajo. Debía recibir una bienvenida regia, o con cánticos, como un novio; y cada hogar lo observaba como una sazón de sagrado reposo y gozo. Cierto, el rabinismo hizo de todo esto una cuestión meramente externa, convirtiéndolo en una carga insoportable mediante inacabables normas acerca de lo que constituía trabajo y lo que se suponía que causaba gozo, cambiando así de manera absoluta su sagrado carácter. Con todo, permanecía la idea fundamental, como una columna rota que muestra dónde se había levantado el palacio y cuáles habían sido sus nobles proporciones. Al volver de la sinagoga el cabeza de familia la víspera del sábado, o *sabbath*, la encontraba festivamente adornada, con la lámpara del *sabbath* ardiendo brillantemente y con la mesa puesta con lo más rico que cada familia podía permitirse. Pero antes bendecía a cada hijo con la bendición de Israel. Y al siguiente atardecer, al desvanecerse la luz del *sabbath*, hacía una solemne «separación» entre el día santo y la semana laboral, y así comenzaba una vez más su labor en nombre del Señor. Y no se olvidaba al extranjero, al pobre, a la viuda ni al huérfano. La plenitud con que se proveía para ellos, cómo cada uno participaba en lo que no debía ser considerado una carga, sino un privilegio, y con qué delicadeza se administraba el auxilio —porque todos en Israel eran hermanos y conciudadanos de su Jerusalén— lo saben mejor los que han estudiado detalladamente la vida judía, sus ordenanzas y prácticas.[6]

Pero esto es también más bien un bosquejo de vida religiosa que de vida familiar. De entrada, deberíamos decir que incluso el término hebreo para «mujer», que le había sido dado en la creación (Gn. 2:23), marcaba a la esposa como compañera e igual de su marido («Ishah», una mujer, de «Ish», un hombre). Pero es cuando consideramos las relaciones entre el hombre y su mujer, entre los hijos y los padres, entre los jóvenes y los ancianos, que aparece de modo tan notable la inmensa diferencia entre el judaísmo y el paganismo. Incluso la relación en la que Dios se presentaba a su pueblo como el Padre de ellos, daba una peculiar fuerza y condición sagrada al vínculo que relacionaba a los padres terrenos con su descendencia. Aquí debería tenerse presente que, por así decirlo, todo el propósito de Israel como nación, con vistas a la aparición del Mesías entre ellos, hacía que para cada casa fuera cuestión del mayor interés que no se extinguiera luz alguna en Israel por falta de sucesión. Así, se aplicaba una expresión como ésta (Jer. 22:10) a aquellos que morían sin descendencia: «Llorad amargamente por el que se va, porque no volverá jamás» (*Moed K*. 27). De manera similar, se decía que el que no tenía un hijo era como un muerto. Aparecen en los escritos rabínicos expresiones proverbiales acerca de la «relación paternal» que en su más alta aplicación nos recuerdan que los escritores del Nuevo Testamento eran judíos. Si en el apasionado tono de la feliz certidumbre acerca de nuestra seguridad cristiana se nos dice (Ro. 8:33): «¿Quién acusará a los escogidos de Dios? Dios es el que justifica», podemos creer que san Pablo estaba familiarizado con un dicho como éste: «¿Dará un padre testimonio contra su hijo?» (*Abod S*. 3). La similar pregunta: «¿Hay un padre que abo-

---

6. El lector debe recordar que esto no son más que «bosquejos». Una plena elaboración de todas estas cuestiones, en sus varias relaciones, debe ser reservada para una obra de mayor envergadura.

rrezca a su propio hijo?» puede recordar a nuestras mentes el consuelo que la Epístola a los Hebreos ministra a aquellos que están sufriendo (He. 12:7): «Si soportáis la disciplina, Dios os trata como a hijos; ¿qué hijo es aquel a quien el padre no disciplina?»

Hablando de la relación entre padres e hijos, se puede decir con toda seguridad que ningún crimen era más severamente denunciado que el quebrantamiento del quinto mandamiento [«Honra a tu padre y a tu madre...» (Hch. 20:12)]. El Talmud, con su usual puntillosidad, entra en detalles, cuando establece como norma que «un hijo está obligado a alimentar a su padre, a darle de beber, a vestirlo, a protegerlo, a conducirlo dentro y afuera, a lavar su cara, sus manos y sus pies»; a lo que la Gemara de Jerusalén añade que un hijo está incluso obligado a mendigar por su padre, ¡aunque aquí también el rabinismo daría preferencia a un padre espiritual por delante de uno natural, o más bien al que enseña la ley que al propio padre! El estado general de la sociedad judía nos muestra a padres vigilando cariñosamente a sus hijos, y a los hijos devolviendo este cuidado aguantando los inconvenientes, e incluso las pruebas, originados en los caprichos de la ancianidad y de la debilidad. Cosas como el descuido de los padres, o la ausencia de una amante consideración por ellos, habrían suscitado un sentimiento de horror en la sociedad judía. En cuanto a los crímenes contra los padres, que la ley de Dios visitaba con la mayor pena, parece felizmente que eran casi desconocidos. Sin embargo, las ordenanzas rabínicas especificaban también las obligaciones de los padres, y limitaban sus poderes. Así, un hijo era considerado independiente cuando podía ganarse la vida; y aunque la hija permanecía bajo la autoridad de su padre hasta su matrimonio, no se podía, cuando era mayor de edad, dar en casamiento sin su libre y expreso consentimiento. Un padre podía disciplinar a su hijo, pero sólo cuando era joven, y nunca hasta el punto de destruir su respeto propio. Pero azotar a un hijo crecido estaba prohibido bajo pena de excomunión; y la instrucción apostólica (Ef. 6:4): «Padres, no provoquéis a ira a vuestros hijos», encuentra su correspondencia casi literal en el Talmud (*Moed K.* 17 *a*). Propiamente hablando, la ley judía limitaba ciertamente la obligación absoluta de un padre[7] a alimentar, vestir y dar casa a su hijo hasta los seis años, después de lo que podía sólo ser amonestado a ello como a uno de los deberes del amor, pero no legalmente obligado (*Chethub.* 49 *b*; 65 *b*). En caso de separación de los padres, la madre se encargaba de las hijas, y el padre de los hijos; pero éstos podían también ser confiados a la madre si los jueces consideraban que era lo mejor para los hijos.

Unas pocas observaciones en cuanto a la reverencia debida a la edad concluirán de manera apropiada este breve bosquejo de la vida hogareña judía. Era un pensamiento hermoso —por mucho que algunos duden de su corrección exegética— que así como los trozos de las tablas rotas de la ley fueron guardados en el arca, de la misma manera debía ser la ancianidad venerada y cuidada, aunque estuviera quebrantada de mente o memoria (*Ber.* 8 *b*). Ciertamente, el rabinismo fue a los mismos extremos en este asunto, al recomendar la reverencia por la edad, aunque se tratara de uno que ignorara la ley, o de un gentil. Había, sin embargo, divergencias de opinión a este propósito. El pasaje —Lv. 19:32— «delante de las canas te levantarás, y honrarás el rostro del anciano», era explicado como refiriéndose solamente a los sabios, los únicos que debían ser considerados como ancianos. Si el rabí José comparaba a los que aprendían de jóvenes con los que comían uvas verdes y bebían vino nuevo, el rabí Jehuda enseñaba: «No mires a los odres, sino a lo que contienen. Hay odres nuevos llenos de vino viejo, y odres viejos que no contienen ni vino nuevo» (*Ab.* IV. 20). También, si en Dt. 13:1, 2, y también en 18:21, 22, se instruía a los oyentes a probar a un profeta por las señales que mostraba (de lo que se hizo una errónea aplicación por parte de los

---

7. Una madre estaba libre de tal obligación legal.

judíos cuando le pidieron a Cristo qué señal les iba a mostrar, Jn. 2:18; 6:30), mientras que en Dt. 17:10 se les decía simplemente: «Y harás según la sentencia que te indiquen los del lugar que Jehová escoja», y ello llevaba a la pregunta: «¿Cuál es, entonces, la diferencia entre un anciano y un profeta?», la respuesta era: Un profeta es como un embajador, a quien se cree en consecuencia de sus credenciales regias; pero un anciano es aquel en cuya palabra recibís sin demandar tal evidencia. Y se instruía que se mostraran las apropiadas muestras de respeto hacia la ancianidad, como levantarse en presencia de los mayores, de no ocupar sus asientos, de darles respuesta con modestia y de asignarles los lugares más importantes en las fiestas.

Después de haber observado cuán estrictamente vigilaba el rabinismo los deberes mutuos de padres e hijos, será instructivo ver cómo al mismo tiempo el tradicionalismo, en su culto a la letra, destruía en realidad el espíritu de la ley divina. Será suficiente aquí con un ejemplo; y el que seleccionamos tiene la doble ventaja de ilustrar una alusión por otra parte difícil del Nuevo Testamento, y de exhibir las verdaderas características del tradicionalismo. Ningún mandamiento podía estar más en consonancia con el espíritu y la letra de la ley que éste: «El que maldiga a su padre o a su madre, morirá.» Pero nuestro Señor acusa claramente al tradicionalismo de «transgredirlo» (Mt. 15:4-6). La siguiente cita de la *Misná* ilustra curiosamente la justicia de la acusación del Señor: «El que maldiga a su padre o a su madre no es culpable, a no ser que los maldiga con la mención expresa del nombre de Jehová.» ¡En todo otro caso, los sabios lo declaran inocente! Y éste no es en absoluto un caso aislado de perversión rabínica. En realidad, los sistemas morales de la sinagoga dejan la misma triste impresión en la mente que su enseñanza doctrinal. Son todos elaboradas cadenas de casuismo moral, de lo que no se podría hacer mejor descripción que en las palabras del Salvador (Mt. 15:6): «Habéis invalidado el mandamiento de Dios por vuestra tradición.»

VII

LA CRIANZA DE LOS NIÑOS JUDÍOS

La ternura del vínculo que unía a los padres judíos con sus hijos aparece incluso en la multiplicidad y vividez de las expresiones con que son designadas las varias etapas de la infancia en hebreo. Además de términos tan generales como «*ben*» y «*bath*» (hijo e hija), encontramos no menos de nueve términos diferentes para expresar cada uno una diferente etapa de la vida.[1] El primero de ellos designa simplemente al bebé como recién «nacido», el «jeled», o, en forma femenina, «jaldah», como en Éx. 2:3, 6, 8. Pero el empleo de este término arroja una nueva luz al sentido de algunos pasajes de la Escritura. Así, recordamos que es aplicado a nuestro Señor en la profecía de su nacimiento (Is. 9:6): «Porque un niño ("jeled", un recién nacido) nos ha nacido, un hijo ("ben") nos es dado», mientras que en Is. 2:6 su empleo añade un nuevo sentido a la acusación: «pactan (o se dan la mano) con los "jalde", o los "bebés", de los extranjeros», marcándolos, por así decirlo, no sólo como los hijos de los extraños, sino como no santos desde su mismo nacimiento. Compárese también el uso pictórico, o poético, de la palabra «jeled» en pasajes como Is. 29:23; 57:4; Jer. 31:20; Ec. 4:13; 1 R. 12:8; 2 R. 2:24; Gn. 62:22; y otros. El siguiente nombre para niño, en orden cronológico, es «jonek», literalmente «que mama»,

1. Comparar Hamburguer, *Real–Encycl.* vol. I, pág. 642.

empleado a veces en sentido figurado de plantas, como en Is. 53:2: «Creció como un retoño ("jonek") delante de él.» La palabra «jonek» aparece, por ejemplo, en Is. 11:8 y. en el Sal. 8:2. Por otra parte, la expresión en este último pasaje, traducida «de los que maman» en la Reina-Valera, marca otra etapa en la existencia del niño, y un paso adicional en la vida del bebé. Esto se ve en muchos pasajes. Como lo implica esta palabra, el «olel» está aún «mamando», pero ya no se queda satisfecho sólo con este alimento, y está «pidiendo pan», como en Lm. 4:4: «La lengua del "jonek" se pegó a su paladar por la sed; los "olalim" pidieron pan.» Una cuarta designación representa al niño como «gamul», o «destetado» (Sal. 131:2; Is. 11:8; 28:9), de un verbo que primariamente significa completar, y secundariamente destetar. Como sabemos, el período de destete entre los hebreos tenía lugar generalmente al final de los dos años (*Chethub.* 60), y se celebraba con una fiesta. Después de esto el amante ojo del progenitor hebreo parece contemplar al niño mientras éste se aferra a su madre, como si alineara con ella, de donde proviene la designación de «taf» (Est. 3:13: «Los "taf" y mujeres, en un mismo día», cf. Jer. 40:7; Ez. 9:6). El sexto período está designado con la palabra «elem» (en femenino «almah», como en Is. 7:14, de la madre virgen), que denota volverse firme y fuerte. Como sería de esperar, tenemos a continuación al «naar», o joven, literalmente el que sacude fuera, o que se sacude liberándose. Finalmente encontramos al niño designado como «bachur», o el «maduro»; un joven guerrero, como en Is. 31:8; Jer. 15:8; 18:21, etc. Desde luego, los que tan estrechamente observaron la vida infantil para dar una designación pictórica a cada etapa progresiva de su existencia tienen que haber estado profundamente encariñados con sus niños.

Hay un pasaje en la *Misná* (*Aboth*, v. 20) que designa y, por así decirlo, etiqueta originalmente los diferentes períodos de la vida en base a sus características. Vale la pena reproducirlo, aunque sólo sea a modo de introducción a lo que tendremos que decir acerca de la crianza de los niños. El rabí

Jehudah, hijo de Tema, dice: «A los cinco años, lectura de la Biblia; a los diez años, aprendizaje de la Misná; a los trece años, ligado a los mandamientos; a los quince años, el estudio del Talmud; a los dieciocho años, matrimonio; a los veinte, la dedicación a la profesión o a los negocios (la vida activa); a los treinta años, vigor pleno; a los cuarenta, madurez de razón; a los cincuenta, para consejo; a los sesenta, comienzo de la ancianidad; a los setenta, edad gris; a los ochenta, ancianidad avanzada; a los noventa, encorvado; a los cien, como si estuviera muerto e ido, y quitado del mundo.» En el pasaje acabado de citar, se menciona la edad de cinco años como cuando se espera que el niño comience a leer la Biblia —naturalmente, en el original hebreo—. Pero también había opiniones encontradas. Por lo general, se consideraba una instrucción tan temprana como buena sólo en el caso de niños sanos y fuertes, mientras que los de una constitución regular no debían ser mandados a un trabajo regular hasta los seis años. Hay sentido común y sana experiencia en este dicho talmúdico (*Cheth.* 50): «Si pones a tu hijo a un estudio regular antes de los seis años, tendrás que correr siempre detrás, y nunca lo alcanzarás.» Esto hace referencia principalmente al irreparable daño hecho por una tensión tan temprana sobre la mente. Si, por otra parte, llegamos a una amonestación acerca de comenzar a enseñar al niño cuando tiene tres años, esto debe hacer referencia a aquella temprana instrucción que consiste en ciertos pasajes de las Escrituras, o de pequeñas secciones aisladas y de oraciones, que un padre haría que su hijo repitiera desde sus años más tiernos. Como veremos en la secuela, seis o siete años era la edad en la que un padre de Palestina estaba obligado legalmente a ocuparse de la instrucción escolar de su hijo.

Pero lo cierto es que habría sido difícil decir cuándo comenzaba realmente la instrucción del niño hebreo. Mirando atrás, un hombre debe haber tenido el sentimiento de que la enseñanza que más valoraba, y podría decirse que la única que valoraba, se había entremezclado con los primeros pensamientos del despertar de su consciencia. Antes que el niño pudiera hablar, antes que pudiera casi comprender lo que se le enseñaba, por elemental que fuera el lenguaje empleado, antes que tomara parte siquiera en los ritos domésticos de la recurrente fiesta semanal, o en los de las fiestas anuales, debe haberse sentido atraído por la llamada «Mezuzah» que estaba fijada al poste de la puerta de todo apartamento «limpio»,[2] y a la entrada de aquellas casas que estuvieran habitadas exclusivamente por judíos. La «Mezuzah» era una especie de filacteria para la casa, que servía a un propósito similar al de la filacteria para la persona, derivándose ambas de la misma mala comprensión y errónea aplicación de la directiva divina (Dt. 6:9; 11:20), tomando literalmente lo que había sido dado para el espíritu. Pero en tanto que concedemos bien dispuestos que la antigua práctica judía estaba libre de algunas de las actuales costumbres casi semipaganas,[3] y, además, que muchas casas de Palestina carecían de ella, puede haber pocas dudas de que, incluso en tiempos de Cristo, esta «Mezuzah» se encontraría en todas partes donde hubiera una familia que tuviera alguna inclinación al fariseísmo. Porque, para no hablar de lo que parece una alusión a ello, ya en época tan temprana como Is. 57:8 sí tenemos el claro testimonio de Josefo (*Antigüedades*, IV, 8:13) y de la *Misná* acerca de su empleo (*Ber.* III. 3; *Megill.* I. 8; *Moed K.* III. 4; *Men.* III. 7, y en esta última cita incluso con adiciones supersticiosas).

2. La «Mezuzah» no se fijaba a ningún sitio que no fuera «diroth cavod» —moradas de honra—. Así, no se ponía en casas de baño, ni de lavado, ni en curtiderías, tintorerías, etc. La «Mezuzah» sólo se ponía en moradas, no en sinagogas.

3. El tratado *Massecheth Mesusah* (Kirchheim, *Septem libri Talm. parvi Hieros.* págs. 12-16) no puede ser considerado como una autoridad para los primeros tiempos. Pero incluso el «Sohar» contiene mucho que es poco mejor que supersticiones paganas acerca de la eficacia de la «Mezuzah». Entre las supersticiones tardías acerca de ella están la escritura del nombre «Cuso bemuchsas cuso» (que se supone es el del ángel que guarda a Israel), la etimología de este nombre, etc.

Suponiendo que la «Mezuzah» hubiera sido similar a la actual, habría consistido en un pequeño cuadrado de pergamino, plegado longitudinalmente, sobre el que estaban escritos estos dos pasajes, con una longitud de veintidós líneas: Dt. 6:4-9, y 11:13-21. Encerrado en una brillante caja metálica, y fijado al poste de la puerta, el niño, al ser llevado en brazos, extendería naturalmente sus manos hacia ella; y tanto más cuando viera al padre y todos los demás, al salir o entrar, tocar reverentemente la caja, y después besarse el dedo, pronunciando al mismo tiempo una bendición. Porque, desde los tiempos más antiguos, la presencia de la «Mezuzah» se relacionaba con la protección divina, aplicándose este versículo de manera especial: «Jehová guardará tu salida y tu entrada desde ahora y para siempre» (Sal. 121:8). En verdad, uno de los más interesantes antiguos monumentos literarios que existen, el «Melchita», un comentario judío sobre el libro de Éxodo cuya sustancia es más antigua que la misma *Misná*, datando de principios del siglo segundo de nuestra era, si no de antes, razona acerca de la eficacia de la «Mezuzah» en base al hecho de que desde que el ángel destructor pasó por encima las puertas de Israel que llevaban la marca del pacto, se debía asignar un valor mucho más alto a la «Mezuzah», que incorporaba el nombre del Señor no menos de diez veces, y que debía encontrarse en las moradas de Israel día y noche a lo largo de todas sus generaciones. De eso a la mágica mística de la «Cábala», e incluso a las modernas supersticiones en cuanto a que si se guardaba polvo o suciedad en un radio de un codo de la «Mezuzah» una hueste no menor que trescientos sesenta y cinco demonios acudirían, hay una diferencia cuantitativa más que cualitativa.

Pero volvamos al tema que nos atañe. Tan pronto como el niño tuviera un cierto conocimiento, las oraciones privadas y unidas de la familia, y los ritos domésticos, fueran los semanales del *sabbath* o los de las sazones festivas, harían un fuerte impacto en la imaginación del niño. Se celebraba la «Chanukah», o fiesta de la Dedicación, con su iluminación de cada casa, cuando (en la mayor parte de los casos) en el primer atardecer se encendería una vela para cada miembro de la casa, incrementándose la cantidad cada noche, hasta que, en el día octavo, era ocho veces la cantidad de velas del primero. Luego había el «Purim», la fiesta de Ester, con la alegría y el jolgorio que provocaba; la fiesta de los Tabernáculos, cuando también los más jóvenes de la casa tenían que vivir en la enramada; y, la más grande de las fiestas, la semana de la Pascua, cuando, habiéndose sacado cuidadosamente toda la levadura, cada bocado de comida, por su diferencia de la comida ordinariamente empleada, mostraría al niño que aquellos días eran especiales. Desde el momento en que el niño era susceptible de recibir instrucción, o, mejor aún, de tomar parte alguna en los servicios, la impresión se iría ahondando de día en día. Ciertamente, nadie que hubiera adorado dentro de los atrios de la casa de Jehová en Jerusalén podría jamás olvidar las escenas de que había sido testigo, o las palabras que había oído. En medio de aquel maravilloso y glorioso edificio, y contemplando su vista desde las terrazas, el niño podría ver con solemne maravilla, no exenta de asombro y temor, cómo la gran multitud de sacerdotes de blanco iban activos de un lado para otro, mientras que el humo del sacrificio se levantaba del altar del holocausto. Luego, en medio del silencio de aquella gran multitud, todos caían postrados para adorar en el momento de la ofrenda del incienso. Después, sobre aquellos escalones que llevaban al santuario más interior, los sacerdotes habían levantado las manos y pronunciado sobre el pueblo las palabras de bendición. Y mientras que se derramaba la libación, el canto de los salmos por parte de los levitas había subido llenando el atrio con su potente volumen; el exquisito agudo de los niños era sostenido por los ricos graves de los hombres y todo acompañado por la música instrumental. El niño judío conocía muchas de estas palabras. Eran los cánticos primeros que recordaba, casi su primera lección cuando se aferraba como «taf» a su madre. Pero ahora, en estos atrios de blanco mármol y adornados de oro, bajo la azul bóveda celeste, y con tales alrededores, caerían en sus oídos como un son de otro mundo, al que parecerían despertarle los prolongados triples toques de las trompetas de plata de los sacerdotes. Y *eran realmente* sones de otro mundo, porque, como le explicaría su padre, todo lo que veía era conforme al exacto modelo de cosas celestiales que Dios había mostrado a Moisés en el monte Sinaí; todo lo que oía había sido inspirado por Dios, pronunciado por el mismo Jehová por boca de su siervo David y de los otros dulces cantores de Israel. Más aún, aquel lugar y aquella casa habían sido escogidos por Dios; y en las espesas tinieblas del Lugar Santísimo —allí a lo lejos, donde entraba el sumo sacerdote mismo sólo un día en todo el año, en un vestido de blanco puro, no en los espléndidos vestidos dorados de que estaba generalmente revestido— había estado en el pasado el arca, con las verdaderas tablas de la ley, cortadas y talladas por la misma mano de Dios; y entre los querubines había estado entronizada en la nube la presencia visible de Jehová. ¡Verdaderamente, este Templo, con sus servicios, era el cielo sobre la tierra!

Tampoco le sería fácil al niño perder la impresión de la primera cena pascual a la que asistiera. Había en sus símbolos y servicios cosas que llamaban a todos los sentimientos, incluso si la ley no hubiera ordenado que se diera una plena instrucción en cuanto a cada parte y rito del servicio, así como acerca del gran acontecimiento que se registraba en aquella cena. Porque en aquella noche había nacido Israel como nación, y había sido redimida como la «congregación» del Señor. También entonces, como en un molde, había quedado toda su historia futura conformada para todo tiempo; y allí, como en un tipo, se había bosquejado su sentido y relevancia eternos para todos los hombres, y con ello se había prefigurado el propósito de Dios en amor y su obra de gracia. Además, en una cierta parte del servicio estaba expresamente ordenado que el más joven en el servicio pascual se levantara y preguntara formalmente cuál era el significado de este servicio, y en qué se distinguía aquella noche de todas las demás; a lo que el padre debía contestar, relatando, en un lengüaje adecuado a la capacidad de comprensión del niño, toda la historia nacional de Israel, desde el llamamiento de Abraham hasta la liberación de Egipto y la promulgación de la ley; «y cuanto más plenamente lo explique», se añade, «tanto mejor». En vista de esto, Filón podía decir, sin exageración, que los judíos «eran ya desde sus mismos pañales, incluso antes de aprender las sagradas leyes o las no escritas costumbres, enseñados a reconocer a Dios como Padre y como el Hacedor del mundo» (*Legat. ad Cajum*. sec. 16); y que, «habiendo sido instruidos en el conocimiento [de las leyes] desde la más tierna juventud, llevaban en su alma la imagen de los mandamientos» (*ibid*. sec. 31). En el mismo sentido es el testimonio de Josefo, de que «desde su más temprana consciencia» habían «aprendido las leyes, para tenerlas como grabadas sobre el alma» (*Contra Apión*, II. 18); aunque, naturalmente, no podemos creerlo cuando, con su usual grandilocuencia jactanciosa, declara que a la edad de catorce años le habían «consultado» frecuentemente a él «los principales sacerdotes y los principales hombres de la ciudad... acerca del preciso entendimiento de puntos de la ley» (*Vida*, 2; comparar también *Antigüedades* IV, 8:12; *Contra Apión*, I, 12; II, 25).

Pero no hay necesidad de tales testimonios. El Antiguo Testamento, los apócrifos y el Nuevo Testamento, llevándonos progresivamente de siglo en siglo, indican la misma solicitud en la crianza de los niños. Una de las más antiguas narraciones de la Escritura registra que Dios dijo acerca de Abraham: «Yo sé que mandará a sus hijos y a su casa después de sí, que guarden el camino de Jehová, haciendo justicia y juicio» (Gn. 18:19), declaraciones que, como podemos señalar de pasada, implican la distinción entre la simiente de Abraham según la carne, y según el espíritu.[4] Lo cuidado-

---

4. Véase Oehler, *Theol. d. A. Test.* vol. I, pág. 91.

samente que el espíritu de esta proclamación divina fue llevado a cabo bajo la ley aparece de una comparación de pasajes como Éx. 12:26; 13:8, 14; Dt. 4:9, 10; 6:7, 20; 11:19; 31:13; Sal. 78:5, 6. Es innecesario proseguir más en esta cuestión, ni exponer cómo incluso los tratos de Dios con su pueblo eran considerados como la base y el modelo de la relación paterna. Pero el libro del Antiguo Testamento que, si fuera apropiadamente estudiado, nos daría los mejores atisbos de la vida social y familiar bajo la antigua dispensación —nos referimos al libro de Proverbios— está tan lleno de amonestaciones acerca de la crianza de los niños, que es suficiente con remitir al lector a él de una manera general. Encontrará allí el valor de tal instrucción, su objeto, en la adquisición de la verdadera sabiduría en el temor y servicio de Jehová, y la más vívida representación de los peligros de lo contrario, recapitulándose la importancia práctica de todo en este aforismo, cierto en todas las edades: «Instruye al niño en su camino, y aun cuando envejezca no se apartará de él» (Pr. 22:6); de lo que tenemos esta aplicación en el Nuevo Testamento: «Criadlos [a los hijos] en la disciplina y amonestación del Señor» (Ef. 6:4).

El libro de Proverbios nos trae ante nosotros otra fase del más profundo interés. Contiene la más plena apreciación de la mujer en su verdadera dignidad, y de su posición e influencia en la vida familiar. Es cosa bien cierta, como veremos a continuación, que la obligación de instruir al niño reposaba primariamente sobre el padre, y ello tanto por la ley de Dios como por las ordenanzas de los rabinos. Pero incluso la historia de los patriarcas preparará al atento lector a encontrar, especialmente en las primeras etapas de la crianza de los niños, aquella constante influencia de la mujer que en verdad queda implicada en la naturaleza de la relación materna, siempre y cuando la vida familiar se desenvuelva dentro del modelo de la Palabra de Dios. Apenas si se pueden concebir ilustraciones más atractivas de ello que la madre de Samuel y la piadosa mujer de Sunem, anfitriona de Eliseo. Pero el libro de Proverbios nos muestra que incluso en los primeros tiempos de la monarquía hebrea también aparecía esta característica de la vida del Antiguo Testamento fuera de los límites de la Tierra Santa, allí donde los israelitas piadosos tuvieran sus establecimientos. El tema es tan profundamente interesante, histórica y religiosamente, y quizá tan nuevo para algunos lectores, que se nos podrá permitir una pequeña digresión.

Más allá de los límites de Tierra Santa, cerca de Duma, se encontraba el distrito de Massa (Gn. 25:14), uno de los originales centros de los ismaelitas (1 Cr. 1:30). Por Is. 21:11 deducimos que debió estar situado más allá de Seir, esto es, al sureste de Palestina, en la Arabia septentrional. Sea que los ismaelitas de Massa hubieran llegado al conocimiento de Jehová, el verdadero Dios; sea que Massa estuviera ocupada por una colonia judía, que estableciera allí el servicio del Señor;[5] sea que por medio de la influencia de emigrantes hebreos se hubiera dado un inmenso cambio en lo religioso, lo cierto es que los dos últimos capítulos del libro de Proverbios nos introducen a la familia real de Massa como profundamente imbuida con la religión espiritual del Antiguo Testamento, y a la reina madre instruyendo al heredero al trono en el conocimiento y temor de Jehová.[6] Y tan es así, que la instrucción de la reina de Massa y las palabras de sus dos regios hijos son insertadas en el libro de Proverbios como parte de los registros inspirados del Antiguo Testamento. Según la mejor crítica, Pr. 30:1 debería traducirse así: «Las palabras

5. En base a 1 Cr. 4:38-43 se infiere una colonización en aquella dirección, especialmente por parte de la tribu de Simeón. Las proclamaciones de los profetas (como en Is. 21 y Mi. 1) parecen indicar también una gran dispersión de colonos judíos. Es notable el hecho de que, según los escritores medievales judíos y árabes, los distritos de Massa y Duma fueran habitados principalmente por judíos (véase Ritter, *Arabien*, pág. 406).
6. No puede haber dudas de que la palabra traducida «profecía» en las versiones castellanas (Pr. 30:1 y 31:1) es simplemente el nombre de un distrito, «Massa».

de Agur, el hijo de aquella a quien Massa obedece. Habló el hombre a Dios-conmigo —Dios conmigo—, y yo fuerte fui.»[7] Luego, Pr. 31 incorpora las palabras del hermano real de Agur, «las palabras de Lemuel, rey de Massa, con las que su madre le enseñó». Si los mismos nombres de estos príncipes —Agur, «exilio», y Lemuel, «para Dios» o «dedicado a Dios»— son significativos de las convicciones de ella, la enseñanza de aquella regia madre, tal como se registra en Pr. 31:2-9, es digna de una «madre en Israel». No es de asombrarse que el registro de su enseñanza sea seguido de una entusiasta descripción de la valía y obra de una mujer piadosa (Pr. 31:10-31), comenzando cada versículo con una letra sucesiva del alfabeto hebreo,[8] como las varias secciones del Sal. 119, como para que sus alabanzas pasen por todas las letras del lenguaje.

Como es de esperar, el espíritu de los libros apócrifos es bien diferente del que aparece en el Antiguo Testamento. Sin embargo, un libro como Eclesiástico muestra que incluso en tiempos relativamente tardíos y degenerados la crianza piadosa de los niños ocupaba un puesto de gran importancia en el pensamiento religioso. Pero es cuando llegamos al Nuevo Testamento que un renovado halo de gloria parece rodear a la mujer. Y aquí nuestra atención es dirigida a la influencia espiritual de las madres más que de los padres. Ya sin mencionar a «la madre de los hijos de Zebedeo», ni a la madre de Juan Marcos, cuyo hogar en Jerusalén parece haber sido el centro de reunión y el refugio de los primeros discípulos, y ello en tiempos de la más implacable persecución; ni a «la señora elegida y a sus hijos», a quienes no sólo san Juan,

---

7. O según otra traducción: «Dijo el hombre: Yo busqué diligentemente a Dios, y me he fatigado.» Naturalmente, no es éste el sitio para una discusión crítica; pero podemos decir que hemos seguido las conclusiones generales adoptadas por un igual por Delitzsch y Zöckler, y por Ewald, Hitzig y Bertheau.
8. El alfabeto hebreo tiene veintidós letras.

«sino también todos los que han llegado a conocer la verdad» amaban en la verdad (2 Jn. 1), ni a su hermana similarmente elegida con sus hijos (v. 13), se le ocurrirán dos ejemplos notables al lector. El primero de éstos presenta un ejemplo de lo más conmovedor de la fe, oraciones y labor de amor de una madre, cuyo único paralelo en la historia posterior es el de Mónica, la madre de san Agustín. No sabemos cómo Eunice, la hija de la piadosa Loida, había llegado a casarse con un pagano,[9] como tampoco de las circunstancias que puedan haber llevado originalmente a la familia a establecerse en Listra (Hch. 16:1; cf. 14:6), lugar en donde no había siquiera una sinagoga. Así, como máximo vivían dos o tres familias judías en aquella ciudad pagana. Quizá Loida y Eunice fueran allí las únicas adoradoras de Jehová, porque ni siquiera leemos de un punto de reunión para la oración, como el que había junto al río donde Pablo se encontró con Lidia. Pero en estas adversas circunstancias demostró Eunice, la mujer de un griego, ser una a quien era de aplicación en todo su sentido la alabanza de Lemuel: «Se levantan sus hijos y la llaman dichosa», y «alábenla en las puertas sus hechos». Sí, en las puertas de la Nueva Jerusalén. Difícilmente se habría podido hacer una representación más fiel ni más conmovedora de un hogar judío piadoso que en estas palabras de san Pablo: «Trayendo a la memoria la fe no fingida que hay en ti, la cual habitó primero en tu abuela Loida, y en tu madre Eunice»; y, otra vez: «Desde la infancia sabes las Sagradas Escrituras» (2 Ti. 1:5; 3:15). No había, repito, sinagoga alguna en Listra donde Timoteo pudiera haber oído cada sábado, y dos veces durante la semana, la lectura de Moisés y de los Profetas, y donde haber logrado otro conocimiento religioso; hasta allá donde podamos ver no había ni

---

9. El lenguaje del Nuevo Testamento conduce a la inferencia de que el padre de Timoteo no sólo era griego de nacimiento, sino que permaneció así, no siendo sólo un gentil, sino que nunca llegó a ser un mero prosélito judío.

compañerismo religioso, ni medios de instrucción de ninguna clase, ni ejemplos religosos, ni siquiera de parte de su padre; sino bien al contrario, todo le era hostil a su alrededor. Pero había una influencia en acción para el mayor bien, constante, invariable y de gran poder. Era la de una «madre en Israel». Desde el momento en que como «taf» él se aferraba a ella, e incluso antes de esto, cuando era un «gamul», un «olel» y un «jonek», Eunice había criado a Timoteo en la admonición y disciplina del Señor. Citando otra vez el enérgico lenguaje de san Pablo:[10] «Desde la infancia sabes las Sagradas Escrituras, las cuales te pueden hacer sabio para salvación por medio de la fe que es en Cristo Jesús.»

Sabemos por los apócrifos, por Josefo y por el Talmud cuáles eran los medios de instrucción en las Escrituras que tenía a su alcance una madre piadosa en aquellos tiempos. Naturalmente, en una casa como la del padre de Timoteo no habría filacterias, con las porciones de la Escritura que contenían, y probablemente no habría «Mezuẓah», aunque, según la *Misná* (*Ber.* III. 3), este último deber vinculaba no sólo a los hombres sino también a las mujeres. El Talmud de Babilonia (*Ber.* 20 *b*) da ciertamente una razón muy poco convincente del porqué de esta última estipulación. ¿Podría ser que la ley judía previera casos como los de Eunice y su hijo, sin decirlo de manera expresa por temor a dar sanción a los matrimonios mixtos? Sea como fuere, sabemos que en la época de las persecuciones sirias, justo antes del surgimiento de los Macabeos, era común en Israel la posesión de porciones del Antiguo Testamento, o de su totalidad, por parte de las familias privadas en Israel. Porque en parte estas persecuciones consistieron en la búsqueda y destrucción de estas

10. El término griego significa literalmente «un bebé», y así se emplea, y ello no sólo por parte de los escritores clásicos, sino también en todos los pasajes en los que aparece en el Nuevo Testamento, que son los que siguen: Lc. 1:41, 44; 2:12, 16; 18:15; Hch. 7:19; 2 Ti. 3:15, y 2 P. 2:2.

Escrituras (1 Mac. 1:57), así como el castigo de sus poseedores (Josefo, *Antigüedades* XII, 5:4). Naturalmente, durante el período de avivamiento religioso que siguió al triunfo de los Macabeos, estas copias de la Biblia se habrían multiplicado mucho. No es en absoluto una exageración decir que si bien quizá sólo los ricos poseyeran una copia completa del Antiguo Testamento, escrita en pergamino o en papiro egipcio, difícilmente podría encontrarse un hogar piadoso, por humilde que fuera, que no contara como su mayor tesoro alguna porción de la Palabra de Dios, bien los cinco libros de la Ley, bien el Salterio, o bien un rollo de uno o más de los profetas. Además, sabemos por el Talmud[11] que en un período posterior, y probablemente también en el tiempo de Cristo, había pequeños rollos de pergamino especialmente destinados al uso de los niños, conteniendo porciones de la Escritura como el «Shema»[12] (Dt. 6:4-9; 11:13-21; Nm. 15:37-41), el «Hallel» (Sal. 113-118), la historia desde la creación hasta el diluvio, y los primeros ocho capítulos del libro de Levítico. Estos medios de instrucción estarían a disposición de Eunice para la enseñanza de su hijo.

Y esto nos lleva a mencionar, con la debida reverencia, el otro y mucho más grande ejemplo en el Nuevo Testamento de influencia materna en Israel. No es otro que el de la madre de nuestro mismo bendito Señor. En tanto que el hecho de que Jesús se sometiera a sus padres, y creciera en sabiduría y en gracia ante Dios y ante los hombres, forma parte del insondable misterio de su voluntaria humillación, la influencia ejercida sobre su primera educación, especialmente por su madre, parece estar implicada por toda la historia evangélica. Naturalmente, el suyo era un hogar piadoso; y en

---

11. Comparar Herzfeld, *Gesch. d. Volk. Jes.* vol. III, pág. 267, nota.
12. El «Shema», que recibe este nombre por su primera palabra, «Sema» («Oye, Israel»), forma parte de las oraciones regulares, así como la sección llamada «Hallel» («alabanza») estaba designada para ser cantada en ciertas ocasiones.

Nazaret había una sinagoga, a la que, como explicaremos después, había probablemente anexa una escuela. En aquella sinagoga serían leídos Moisés y los Profetas, y, como después lo haría Él mismo (Lc. 4:16), se harían discursos o prédicas de vez en cuando. Lo que se enseñaba en estas escuelas sinagogales, y con qué métodos, se verá en un siguiente capítulo. Pero, sea que Jesús hubiera asistido a una tal escuela o no, su mente estaba tan absolutamente impregnada de las Sagradas Escrituras, y estaba tan familiarizado con ellas, que no podemos dejar de inferir que el hogar de Nazaret poseía una copia propia de todo el Sagrado Volumen, que desde la más temprana infancia constituyó, por así decirlo, la comida y la bebida del Dios-Hombre. Más que esto, hay claras evidencias de que estaba familiarizado con el arte de escribir, que en aquellos tiempos no era en absoluto tan común como el de leer. Las palabras de nuestro Señor, tal como quedan registradas por san Mateo (Mt. 5:18) y por san Lucas (Lc. 16:17), demuestran también que la copia del Antiguo Testamento de la que Él citaba no estaba sólo en el hebreo original, sino escrita además, como nuestras modernas copias, en el llamado alfabeto asirio, y no en los antiguos caracteres hebreofenicios. Esto se ve en la expresión «ni una jota ni un ganchito» (erróneamente traducido en nuestras versiones castellanas como «una tilde»), y que sólo puede aplicarse a los modernos caracteres hebreos. Pocas dudas puede haber por parte de los estudiosos cuidadosos y carentes de prejuicios acerca de que nuestro Señor enseñó en arameo, y que citaba y empleaba las Sagradas Escrituras en hebreo, quizá a veces traduciéndolas al arameo para su uso popular,[13] aunque algunos eruditos han

---

13. Keim (*u.s.*), pág. 430, da con justicia Mt. 17:46 como un caso «de la coloración aramea» del texto hebreo. Citamos a Keim con tanta mejor disposición cuanto que es un intenso oponente a la perspectiva ortodoxa; aunque su obra es mucho más cuidadosa y reverente que otras que se han publicado últimamente, en especial en francés, y que apenas si se pueden leer sin asombro ante la temeridad de sus declaraciones, y sin indignación moral ante lo que se declara.

mantenido lo contrario. Es cosa cierta que la *Misná* (*Megill.* I. 8) parece admitir la escritura de las Sagradas Escrituras en cualquier lenguaje; pero incluso Simeón, el hijo de Gamaliel (el maestro de san Pablo), limitaba esta concesión al griego, indudablemente como deferencia a la LXX, que estaba muy extendida en su época. Sabemos sin embargo por el Talmud lo difícil que le era a un rabino defender el estudio o el empleo del griego, y cuán fácilmente el prejuicio popular se desataba en una condena universal y demoledora del mismo.[14] Esta misma impresión se desprende no sólo del inmediato cambio favorable que produjo el empleo del arameo por san Pablo sobre la enfurecida muchedumbre (Hch. 21:40), sino también por el hecho de que sólo una apelación a las Escrituras Hebreas podría haber tenido autoridad en la discusión con los fariseos y escribas, y que sólo esto daba sentido a las frecuentes apelaciones de Cristo: «¿No habéis leído?» (Mt. 12:3; 19:4; 21:13, 16, 42; 22:31).

Esta familiaridad con las Escrituras en su original hebreo desde la más temprana infancia explica también cómo a los doce años Jesús podía encontrarse «en el Templo, sentado en medio de los maestros, no sólo escuchándoles, sino también haciéndoles preguntas» (Lc. 2:46). Al explicar esta circunstancia aparentemente extraña, podemos aprovechar la oportunidad para corregir un error casi universal. Se cree generalmente que, en la ocasión a que se hace referencia, el Salvador había subido, como «mayor de edad», en el sentido judío de la expresión, o, para usar los propios términos de ellos, como un «Bar Mizvah», o «hijo del mandamiento», con lo que se señalaba el período en que el joven quedaba vinculado por los deberes y privilegios religiosos, y venía a ser miembro de la congregación. Pero la edad legal para esto no era de

---

14. El hecho de que los evangelistas citen tan frecuentemente de la LXX no afecta en absoluto al argumento de que nuestro Señor empleó el texto hebreo.

doce, sino de trece (*Ab.* V. 21). Por otra parte, la ley rabínica ordenaba (*Yoma,* 82 *a*) que incluso antes de esto, dos, o al menos un año antes, los muchahos fueran llevados al Templo y observaran los ritos festivos.[15] Es indudable que fue en conformidad con esta costumbre universal que Jesús subió en esta ocasión al Templo. Sabemos también que era la práctica de los miembros de los varios sanedrines, que en días ordinarios se sentaban como jueces desde que terminaba el sacrificio matutino hasta el tiempo del sacrificio vespertino (*Sanh.* 88 *b*), acudir los sábados y días festivos a «la terraza del Templo», para allí enseñar y exponer públicamente, habiendo una total libertad para hacer preguntas, discutir, objetar y tomar parte inteligente en estas conferencias. En la ocasión de la presencia de Cristo, estas discusiones tendrían lugar, como era usual, durante el «Moed Katon», o días festivos menores, que tenían lugar entre el segundo y último día de la semana de la Pascua. José y María, por otra parte, se habían dirigido de vuelta a Nazaret, como era costumbre, en el tercer día de la semana pascual, mientras que Jesús se quedaba atrás. Estas circunstancias explican también por qué su presencia entre los doctores, aunque muy notable teniendo en cuenta su edad, no llamó en el acto la atención general. De hecho, la única calificación necesaria, por lo que respectaba al nivel de aprendizaje, era un profundo conocimiento de las Escrituras en hebreo y un entendimiento apropiado de las mismas.[16]

Lo que hemos descrito hasta aquí habrá comunicado al lector que la rama de instrucción a que apuntaban y que

---

15. Comparar Altingius, *Acad. Dissert.* pág. 336, que es casi el único correcto acerca de esta cuestión.

16. Lightfoot (*Horae Hebr. in Luc.* II. 46) da una perspectiva totalmente fantasiosa y errónea acerca de esta cuestión, presentando al Salvador como en realidad enseñando, o al menos calificado para tomar parte en las discusiones regulares e instrucciones de los rabinos. La nota de Wetstein (*Nov. Test.* I. pág. 668) se aproxima más a la perspectiva correcta.

deseaban los judíos en tiempos de Cristo era el conocimiento religioso. Qué era lo que se entendía por esto, y cómo se impartía, tanto en la familia como en las escuelas públicas, debe ser objeto de una investigación especial.

VIII

TEMAS DE ESTUDIO: LA EDUCACIÓN HOGAREÑA EN ISRAEL. LA EDUCACIÓN FEMENINA. ESCUELAS ELEMENTALES. MAESTROS Y DISPOSICIONES DE LAS ESCUELAS

Si fuera a presentarse una descripción fiel de la sociedad de la antigua Grecia o Roma, no es fácil creer que incluso los que más se oponen actualmente a la Biblia desearan el éxito de sus objetivos. Porque esto se puede decir sin temor a contradicción: que ninguna otra religión más que la de la Biblia ha demostrado competencia para controlar un estado avanzado, o incluso en avance, de la civilización. Todo otro vínculo ha ido pasando sucesivamente y se ha visto sumergido por la creciente marea; y hasta qué profundidad, lo sabe sólo el estudioso de la historia. Hay dos cosas que son innegables. En el caso del paganismo, cada adelanto en civilización ha evidenciado un rebajamiento progresivo de la moralidad pública, mostrando siempre las primeras etapas de la vida nacional un tono mucho más elevado que las últimas. Al contrario, la religión de la Biblia (tanto bajo la antigua como la nueva dispensación) ha ido subiendo progresivamente, si no de manera uniforme la moral pública, sí siempre el tono y la norma de la moralidad pública; ha persistido en exhibir una norma nunca aún lograda, y ha demostrado su poder de controlar la vida pública y social, y de influenciarla y de moldearla.

Por extraño que parezca, es estrictamente cierto que, más allá de los límites de Israel, sería difícilmente posible hablar con ninguna propiedad de vida familiar, o siquiera de familia, tal como nosotros entendemos estos términos. ¡Es significativo que el historiador romano Tácito lo señale como peculiaridad de los judíos,[1] peculiaridad que sólo compartían con los antiguos bárbaros germánicos,[2] que consideraran un crimen dar muerte a su descendencia! No es éste el lugar para describir la exposición de los niños, o los varios crímenes mediante los que la antigua Grecia y Roma, en los días de su cultura más refinada, intentaban librarse de lo que consideraban población superflua. Pocos de los que han aprendido a admirar la antigüedad clásica tienen una verdadera concepción de cualquiera de las fases de su vida social, sea de la posición de la mujer, de la relación de los sexos, de la esclavitud, de la educación de los hijos, de su relación con sus padres o del estado de la moralidad pública. Menos todavía han combinado todas estas características en una sola imagen, y no meramente la exhibida por los niveles más bajos, o entre las clases más altas, sino como era plenamente aceptado y aprobado por aquellos cuyos nombres han sido transmitidos a la admiración de los siglos como los pensadores, sabios, poetas, historiadores y estadistas de la antigüedad. Lo cierto es que a los que vivían en medio de todo ello, la descripción que hace san Pablo del mundo antiguo en los capítulos primero y segundo de su Epístola a los Romanos debe haberles parecido divina incluso en su ternura, delicadeza y caridad. Su plena representación bajo una luz total hubiera sido apenas susceptible de exhibición. Para un mundo así había sólo estas

1. Tácito, *Historia*, V, 5. Por lo general, su libro quinto es de lo más interesante, al mostrar la extraña mezcla de verdad y error y el intenso odio contra la raza judía que exhibían incluso hombres como Tácito.
2. *De Germania*, XIX.

dos posibilidades: o bien el juicio de Sodoma, o bien la misericordia del Evangelio y la sanidad de la Cruz.[3]

Cuando pasamos del mundo pagano a los hogares de Israel, incluso el exceso de su exclusividad parece por un momento un alivio. Es como si pasáramos de un calor enervante y agostador a una estancia en la penumbra, cuyo agradable frescor nos hace olvidar por un momento que su oscuridad es excesiva, y que no puede seguir al ir declinando el día. Y este encerrarse de todo lo exterior, esta exclusividad, se aplicaba no sólo a lo que concernía a su religión, a su vida social y familiar, sino también a su conocimiento. En los días de Cristo, el judío piadoso no tenía otro conocimiento, no lo buscaba ni se cuidaba (de hecho, lo denunciaba) excepto el de la ley de Dios. De entrada, recuérdese que en el paganismo la teología, o, más bien, la mitología, no tenía influencia alguna en el pensamiento ni en la vida, sino que se veía literalmente sumergida bajo sus olas. En cambio, para el piadoso judío, el conocimiento de Dios lo era todo; y la preparación para/e impartición de este conocimiento era la suma total y el único objetivo de su educación. Ésta era la vida del alma, la vida mejor y única, a la que todo lo demás, así como la vida del cuerpo, estaba subordinado, como medio para este fin. Su religión consistía en dos cosas: en el conocimiento de

---

3. Que no se crea que nos hayamos hecho culpables de la más ligera exageración. La dificultad aquí es decir la verdad y sin embargo encontrar términos moderados con que expresarla. Que el cristianismo llegara a arraigar en una sociedad así, a encontrar sus más brillantes mártires y más verdaderos seguidores en ella, y finalmente llegara a someterla y a transformarla, es un milagro tan grande como el derrumbamiento de la pared intermedia de separación entre los judíos y los gentiles, o la transformación espiritual de mente y corazón de los judíos desde su fariseísmo y externalismo. En todo caso, para el estudioso de la historia, parecerá este milagro más grande que «si uno se levante de los muertos». El lector que desee más detalles acerca del estado del paganismo es remitido a la admirable obra de Döllinger, *Heidenthum u. Judenth.*, págs. 679-728.

Dios, que por una serie de inferencias, una de la otra, finalmente se resolvía en teología, tal como ellos la entendían; y el servicio, que consistía otra vez en la fiel observancia de lo que había sido prescrito por Dios, y de obras de caridad hacia los hombres; esto último, desde luego, yendo más allá de los límites de lo que era estrictamente debido (el Chovoth), pasando a un mérito especial o «justicia» (Zedakah). Pero así como el servicio presuponía conocimiento, la teología era otra vez el fundamento de todo, y también la corona de todo, que confería el mayor mérito. Esto queda expresado o implicado en pasajes casi innumerables de los escritos judíos. Uno será suficiente, no sólo porque suena a más racionalista, sino porque es repetido hasta el día de hoy en sus oraciones matutinas por cada judío: «Éstas son las cosas de las que un hombre come el fruto en este mundo, pero cuya posesión[4] continúa en el mundo venidero: honrar al padre y a la madre, las obras piadosas, la actitud pacífica entre el hombre y su semejante, y el estudio de la ley, que equivale a todas ellas» (*Peah.* I. 1).

Y para el judío tal estudio era literalmente «equivalente a ellas todas». Las circunstancias del tiempo lo obligaban a estudiar griego, y quizá también latín, hasta allí donde fuera necesario para la relación, y a tolerar al menos la traducción griega de las Escrituras, y el uso de cualquier lenguaje en las oraciones diarias del Seham, de las dieciocho bendiciones y de la acción de gracias después de la comida.[5] Pero la bendición sacerdotal no se podía pronunciar —ni se podían escribir las filacterias ni la Mezuzah— en otra lengua que la hebrea (*Megil.* I. 8; *Sotah*, VII. 1, 2), en tanto que la ciencia y la literatura de los paganos eran cosas totalmente prohibidas. Es a esto, y no al mero conocimiento del griego —que debe haber sido casi necesario para la vida diaria—, que se refieren

---

4. La recapitulación, por así decirlo.
5. Éstos son los más viejos elementos de la liturgia judía.

las prohibiciones que se remontan a los tiempos de Tito (*Sotah*, IX. 14), que prohíben enseñar el griego a los hijos. El mismo Talmud (*Men.* 99 *b*) ofrece una inteligente ilustración de esto cuando, en contestación a la pregunta de un rabino joven, que, por cuanto se conocía toda la «Torá» (la ley), si se le podría permitir el estudio de la «sabiduría griega», su tío le recordó las palabras (Jos. 1:8): «De día y de noche has de meditar en él» (esto es, en el libro de la ley). «Ve y considera», le dijo el viejo rabino, «cuál es la hora que no sea ni del día ni de la noche, y en ella puedes estudiar sabiduría griega». Ésta era así una fuente de peligro a evitar. Luego, por lo que respecta a las ocupaciones de la vida ordinaria, es totalmente cierto que cada judío estaba obligado a aprender una profesión o un oficio. Pero ello no era para apartarlo de su estudio; bien al contrario. Se consideraba una profanación —o al menos así se declaraba—[6] emplear el conocimiento con propósitos seculares, fuera de benefico o de honra. Así lo decía el gran Hillel (*Ab.* I. 13): «El que se sirve a sí mismo mediante la corona (la "Torá") se marchitará.» A esto el rabí Sadoc añadió la advertencia: «No hagas del estudio ni una corona con la que resplandecer, ni una azada con la que cavar» —infiriendo la Misná que tales intentos llevarían sólo a un acortamiento de la vida (*Ab.* IV. 5). Todo debía estar simplemente subordinado al uno y gran objeto: lo uno era del tiempo, lo otro de la eternidad; lo uno era del cuerpo, lo otro del alma;[7] y servía sólo para sostener el cuerpo, a fin de dar campo libre al alma en su camino hacia arriba. Cada ciencia también se sumergía en la teología. Algunas de ellas no eran tanto ciencias como medios de vida, como la medicina y la cirugía; otras eran meras criadas de la teología. La jurispru-

6. Esto era, en todo caso, lo que se profesaba; es de temer que la práctica era frecuentemente muy diferente, como lo inferirá el lector del Nuevo Testamento por Marcos 12:40; Lucas 16:14; 20:47.
7. Hay acerca de esto un pasaje sumamente instructivo en *Kidd.* IV. 14.

dencia era en realidad una especie de ley canónica; las matemáticas y la astronomía estaban subordinadas a los cálculos del calendario judío; la literatura no existía fuera de la prosecución de la teología; y en cuanto a la historia, a la geografía o a los estudios naturales, aunque señalamos, con referencia a lo último, una agudeza de observación que frecuentemente conducía a la verdad, nos encontramos asimismo con mucha ignorancia, y con muchos burdos errores y fábulas, como para casi sacudir la fe del estudioso en la fiabilidad de cualquier testimonio rabínico.

De lo que se ha dicho hasta ahora, se podrán hacer tres inferencias, todas ellas de gran relevancia en el estudio del Nuevo Testamento. Se verá cómo un mero conocimiento de la ley vino a tener un puesto de una importancia tan casi exclusiva que su eficaz prosecución parecía ser casi todo en todo. Es también fácil comprender por qué los estudiantes y maestros de teología gozaban de unos honores tan excepcionales (Mt. 23:6, 7; Mr. 12:38, 39; Lc. 11:43; 20:46). A este respecto los testimonios de Onquelos, en su traducción parafrástica de las Escrituras, de los más antiguos «Targumim» y de los dos Talmuds, son no solamente unánimes, sino también de lo más extravagante. No sólo se supone que se llevan a cabo milagros en testimonio de ciertos rabinos, sino que se relata una de estas historias (*Bab. Mez.* 86 *a*), como en una ocasión de una discusión en la academia del cielo, cuando el Todopoderoso y sus ángeles mantenían opiniones diferentes con respecto a un punto especial de la ley, y un rabino famoso por su conocimiento fue llamado por el ángel de la muerte ¡para que arbitrara en la disputa! Se trata de una historia demasiado blasfema para descender a detalles, y en verdad que el asunto es demasiado amplio para tratarlo en el contexto en que nos encontramos. Si tan exaltada era la posición de un rabino, esta instrucción de la Misná parece consecuente, de que en caso de pérdida, de dificultades o de cautividad, un maestro debía recibir cuidados antes que un padre, por cuanto al último debemos sólo nuestra existencia en este mundo, mientras que al primero la vida del mundo venidero (*Bab. Mez.* II. 11). Es curioso cómo a este respecto también el Catolicismo Romano y el Fariseísmo llegan a los mismos resultados últimos. De ello da testimonio este dicho del famoso rabino que floreció en el siglo trece, y cuya autoridad es casi absoluta entre los judíos. Lo siguiente es su glosa sobre Dt. 17:11: «Incluso si un rabí te enseña que tu mano izquierda es la derecha, y la derecha la izquierda, debes obedecerle.»

La tercera inferencia que el lector sacará es en cuanto a la influencia que tales puntos de vista deben haber ejercido sobre la educación, tanto en el hogar como en las escuelas. Se trata indudablemente sólo del eco del más antiguo modo de felicitar a un padre cuando hasta el día de hoy los que están presentes en la circuncisión, y también el sacerdote cuando el primógenito es redimido, pronuncian estas palabras: «Así como este niño ha sido unido al pacto» (o, según sea el caso, «llegado a esta redención»), «así sea también con él con respecto a la "torá", a la "chuppah"[8] y a las buenas obras». El deseo marca con un doble énfasis la vida venidera, en comparación con la vida presente. Esto concuerda bien con el relato de Josefo, que contrasta las festividades paganas al nacimiento de los hijos con las ceremonias judías por medio de las que los niños eran desde su misma infancia criados en las leyes de Dios (*Contra Apión*, I. 8, 12; II. 18, 25, 26).

No puede haber dudas de que, en conformidad a la ley de Moisés, la temprana educación del niño recaía en el padre; eso sin olvidar, naturalmente, que su primera instrucción la recibiría de su madre (Dt. 11:19, y muchos otros pasajes). Si el padre no podía dar enseñanza elemental, se empleaba a un extraño para ello. Pasando por alto el período del Antiguo Testamento, podemos considerar que, en los días de Cristo,

---

8. El palio matrimonial, debajo del que tiene lugar la ceremonia matrimonial regular.

la enseñanza hogareña solía comenzar cuando el niño tenía alrededor de tres años. Hay razones para creer que, aun antes de esto, comenzaba aquella cuidadosa instrucción de la memoria que ha sido siempre una de las principales características mentales de la nación judía.[9] Se enseñaban al niño versículos de la Escritura, bendiciones, dichos proverbiales, etc., y se desarrollaban reglas nemónicas para facilitar la retención de lo que se adquiría. Podemos comprender la razón de ello por la importancia religiosa que se asignaba a la exacta preservación de las mismas palabras de la tradición. El Talmud describe el *beau ideal* de un estudiante cuando lo compara con una cisterna bien revocada, que no dejaba escapar una sola gota de agua. En verdad, a decir de la Misná, el que por negligencia «olvida cualquier cosa de su estudio de la Misná, la Escritura se lo imputa como si hubiera perdido el derecho a la vida», haciendo referencia a Dt. 4:9 (*Ab.* III, 10). Y así podemos dar cierto crédito incluso a la jactancia de Josefo acerca de su «maravillosa memoria» (*Vida*, 2).

Al enseñar a leer, el alfabeto debía ser impartido dibujando las letras sobre una lámina, hasta que el niño se familiarizara con ellas. Luego, el maestro señalaría en la copia a leer con su dedo, o mejor con un estilo, para mantener la atención del alumno. No se debían usar otros manuscritos que los totalmente correctos, por cuanto, como se decía con verdad, los errores impresionados sobre una mente joven no se corrigen después con facilidad. Para lograr fluidez, al niño se le debía hacer leer en voz alta. Se debía tener un cuidado especial en la elección de un buen lenguaje, con respecto a lo cual, como sabemos, los habitantes de Judea rebasaban con mucho a los de Galilea, que no sólo eran deficientes en cuanto a la elegancia de dicción, sino también en su pronunciación.

---

9. Gfrörer, *Jahrh. d. Heils*, vol. I., pág. 170, propone como curiosa prueba que se destruyan todas las copias del Talmud, ¡seguro como está de que cualesquiera doce rabinos eruditos podrían restaurarlo al pie de la letra de memoria!

La Biblia Hebrea debía comenzarse a los cinco años, empezando, sin embargo, no por el libro de Génesis, sino por el de Levítico. Y ello no (como sugiere Altingius en su *Academ. Dissert.* pág. 335) para enseñar al niño su culpa y necesidad de justificación, sino porque Levítico contenía aquellas ordenanzas que los judíos debían conocer tan pronto como fuera posible. La historia de Israel habría sido ya probablemente impartida oralmente, por cuanto se repetía continuamente en todas las ocasiones festivas, así como en la sinagoga.

Se ha declarado en un capítulo anterior que la escritura no era una capacidad tan común como la lectura. Es indudable que los israelitas estaban familiarizados con ella desde el comienzo de su historia, sea que hubieran adquirido este arte en Egipto en general o no. Leemos del grabado de palabras en las piedras preciosas del pectoral del sumo sacerdote, del registro de las varias genealogías de las tribus, etc., en tanto que pasajes como los de Dt. 6:9; 11:20; 24:1, 3 implican que este arte no se encontraba encerrado en el sacerdocio (Nm. 5:23), sino que estaba extendido de manera general entre el pueblo. Luego se nos habla de copias de la ley (Dt. 17:18; 28:58, etc.), mientras que en Jos. 10:13 tenemos una referencia a una obra llamada «el libro de Jaser». En Jos. 18:9 encontramos la mención de una descripción de Palestina «en un libro», y en 24:26 de lo que Josué «escribió en el libro de la ley de Dios». En base a Jue. 8:14 parece que en tiempos de Gedeón el arte de escribir estaba bien extendido. Después de esto, aparecen ejemplos tan frecuentes y aplicados a tantas relaciones, que el lector del Antiguo Testamento no se encuentra con ninguna dificultad en el seguimiento del progreso del arte. No es éste el lugar para seguir este tema con mayor extensión, ni para describir los varios materiales empleados en aquel tiempo, ni el modo de escribir. En un período muy posterior la común mención de «escribas» indica una necesidad popular para esta clase. Podemos fácilmente comprender que la mente oriental se deleitaría escribiendo enigmáticamente, esto es, dando un sentido a los iniciados que los lectores normales pasarían por alto, o que, en todo caso, dejaría la explicación al ejercicio del ingenio. Parcialmente podemos atribuir a lo mismo la costumbre de designar una palabra por su letra inicial. Todo esto fue practicado en época muy temprana, y esta cuestión tiene puntos de gran interés. Otro asunto merece una atención más seria. Algunos encontrarán difícil creer lo general que se había hecho la falsificación de firmas y de documentos. Josefo lo menciona (*Ant.* XVI. 10:4), y sabemos que san Pablo se vio obligado a advertir a los tesalonicenses en contra de ello (2 Ts. 2:2), y al menos a adoptar la práctica de firmar cada carta que mandaba. Apenas si hay algunos documentos rabínicos antiguos que no hayan sufrido interpolaciones por parte de escritores posteriores, o, como podríamos decirlo eufemísticamente, sin ser reescritos y reformados. En general, no es difícil descubrir estas adiciones; aunque la vigilancia y agudeza del erudito crítico son de especial necesidad en esta dirección para guardarse de inferencias precipitadas y temerarias. Pero, sin introducirnos en estas cuestiones, puede ser de interés para el lector saber qué materiales de escritura se empleaban en los tiempos del Nuevo Testamento. En Egipto parece que se empleaba tinta roja; pero parece seguro que la tinta mencionada en el Nuevo Testamento era negra, tal como lo indica el término «melan», (2 Co. 3:3; 2 Jn. 12; 3 Jn. 13). Josefo habla de escribir en letras de oro (*Ant.* XII. 2:11); y en la Misná (*Meg.* II. 2) leemos de colores mezclados, de rojo, de tintas simpáticas, y de ciertas composiciones químicas. En 3 Jn. 13 se mencionan plumas de caña. Las mejores provenían de Egipto, y, naturalmente, sería indispensable el uso de un cortaplumas. El papel (del «papiro» egipcio) se menciona en 2 Jn. 12; el pergamino en 2 Ti. 4:13. De esto último había de tres clases, según la piel se empleara entera, o bien dividida en una piel exterior e interior. Lo último era lo que se empleaba para la Mezuzah. Las notas breves se escribían sobre tabletas, que en la Misná (*Shab.* XII. 4) llevan el mismo nombre que en Lc. 1:63.

Antes de pasar a explicar cómo eran las escuelas elementales, podrá ser adecuado decir, ya de entrada, que los rabinos no aprobaban que se diera la misma cantidad de instrucción a las niñas que a los niños. De modo más particular, no aprobaban que se dedicaran a estudios legales, en parte porque consideraban que la misión y los deberes de la mujer se dirigían en otra dirección, en parte porque los temas no eran siempre adecuados para el otro sexo, en parte debido a la relación de familiaridad entre los sexos a la que habrían necesariamente llevado tales ocupaciones, y, finalmente —¿lo diremos?—, porque los rabinos consideraban la mente femenina como no adaptada para tales investigaciones. Quizá la cosa más poco amable que decían acerca de esta cuestión era: «las mujeres son de mente ligera», aunque en su frecuente repetición el dicho casi parece un modo medio jocoso de cortar una cuestión acerca de la que es desagradable discutir. Sin embargo, sí existen ejemplos de mujeres con erudición rabínica. Y llegamos a saber acerca de cuál era su conocimiento bíblico y su influencia religiosa no sólo por los rabinos, sino por el Nuevo Testamento. Su asistencia a todas las fiestas públicas y domésticas, y en las sinagogas, y la circunstancia de que ciertas instrucciones y observancias de origen rabínico también se les aplicaran, demuestran que, aunque no eruditas en la ley, debe haber habido entre ellas no pocas que, como Loida y Eunice, podían instruir a un niño en el conocimiento de las Escrituras, o que, como Priscila, estuvieran cualificadas para explicar incluso a un Apolos el camino de Dios con mayor perfección.

Suponiendo así que un niño tuviera esta instrucción en el hogar; supongamos también que se le enseñaran de continuo los mandamientos y las observancias, y, como lo afirma expresamente el Talmud, que se le alentara a repetir las oraciones en voz alta, a fin de acostumbrarlo a ello. A los seis años sería enviado a la escuela. No a una academia, o «beth hammedrash», a la que asistiría sólo si demostraba tener aptitud y promesa; menos aún al aula de un gran rabí, ni a las discusiones del Sanedrín, que marcaban una etapa muy avanzada de estudios. Aquí hablamos sólo de las escuelas primarias o elementales, como las que incluso en tiempos de nuestro Señor estaban anexas a cada sinagoga del país. Pasando por alto las supuestas o verdaderas menciones bíblicas de escuelas, y limitando nuestra atención estrictamente al período que acaba con la destrucción del Templo, nos encontramos primeramente con una nota en el Talmud (*Bab. B.* 21, *b*) adscribiendo a Esdras una ordenanza de que tantos maestros como quisieran podían establecerse en cualquier lugar, y que los que ya estaban allí establecidos no podían inmiscuirse con ellos. Es muy posible que esta mención no deba ser tomada en su sentido literal, sino como indicación de que Esdras y sus sucesores habían dado gran atención al aliento de las escuelas y de la educación. No hablamos de las academias helenizadas que el malvado sumo sacerdote Jasón intentó introducir en Jerusalén (2 Mac. 4:12, 13), porque eran antijudías en su espíritu, y ello hasta tal punto que los rabinos, a fin de «establecer una cerca», prohibieron todos los ejercicios gimnásticos. La posterior historia y el progreso de las escuelas judías se sigue en el siguiente pasaje del Talmud (*Bab. B.* 21, *a*): «Si alguien tiene mérito y merece que su nombre sea recordado, es Josué, el hijo de Gamaliel. Sin él, la ley habría caído en el olvido en Israel. Porque ellos solían reposar en este dicho de la ley (Dt. 11:19): "Y las enseñaréis." Después fue ordenado que se designaran maestros en Jerusalén para la instrucción de los jóvenes, como está escrito (Is. 2:3): "De Sión saldrá la ley." Pero incluso así el remedio no fue eficaz, sólo aquellos que tenían padres eran mandados a la escuela, y el resto era descuidado. Por ello se dispuso que se designaran rabinos en cada distrito, y que los muchachos de dieciséis o diecisiete años fueran enviados a sus academias. Pero esta institución fracasó, porque cada muchacho huía cuando era castigado por su maestro. Al final Josué el hijo de Gamaliel dispuso que en cada provincia y en cada ciudad se designaran maestros, que se encargaran de los chicos desde los seis hasta los siete años». Podemos añadir en el acto que el Josué a quien se hace referencia aquí es probablemente el sumo sacerdote de aquel nombre que floreció antes de la destrucción del templo, y que es indudable que esta organización adicional implica al menos la existencia de escuelas elementales en un período anterior.

Así, cada lugar donde hubiera veinticinco niños de una edad apropiada, o, según Maimónides, ciento veinte familias, debía designar a un maestro. No se le permitía enseñar a más de alrededor de veinticinco estudiantes en una clase. Si había cuarenta, debía emplear a un ayudante; si cincuenta, las autoridades de la sinagoga debían designar a dos maestros. Esto nos ayudará a comprender la afirmación, indudablemente muy exagerada, de que a la destrucción de Jerusalén había no menos de cuatrocientas ochenta escuelas en la metrópolis. Por otro pasaje, que adscribe la caída de Jerusalén al descuido de la educación de los niños, podemos inferir cuál era la importancia que le daba la opinión popular. Pero desde luego, para el judío, la vida infantil era algo peculiarmente santa, y el deber de llenarla con pensamientos de Dios era especialmente sagrado. Casi parece como si la gente hubiera en general retenido entre ellos el eco de los dichos de nuestro Señor, que los ángeles de ellos contemplan el rostro de nuestro Padre que está en los cielos. De ahí el carácter religioso conectado con la educación. El magno objeto del maestro era la instrucción moral así como la intelectual. Guardar a los niños de relaciones con los viciosos; suprimir los sentimientos de amargura, aunque se hubiera hecho un mal a los propios padres;[10] castigar toda verdadera mala acción; no preferir a un niño por encima de otro; más bien mostrar el pecado en su aspecto repulsivo que predecir qué castigo conllevaría, tanto en este siglo como en el venidero, a fin de no «de-

10. Hasta el día de hoy hay esta bella oración en la liturgia judía: «Con respecto a los que maldicen, que mi alma esté callada; sí, que sea mi alma como el polvo hacia todos.»

salentar» al niño —éstas eran algunas de las normas establecidas[11]—. Un maestro nunca debía prometer a un niño algo que no tuviera la intención de cumplir, no fuera que su mente se familiarizara con la falsedad. Todo lo que pudiera suscitar pensamientos desagradables o indelicados debía ser cuidadosamente evitado. El maestro no debía perder la paciencia si su alumno no comprendía con facilidad, sino que debía explicar la lección con más claridad. Podía, y desde luego debía, castigar cuando era necesario, y, como uno de los rabinos lo expresa, tratar al niño como a un joven ternero cuya carga se va aumentando a diario. Pero se debía evitar la excesiva severidad; y se cuenta de un maestro que fue despedido de sus funciones precisamente por esta razón. Allí donde fuera posible, se debía probar con la amabilidad; y si se debía aplicar un castigo, el niño podía ser golpeado con una correa, pero nunca con una vara. A los diez el niño comenzaba el estudio de la Misná; a los quince debía estar listo para el estudio del Talmud, que le sería explicado en una academia más avanzada. Si después de tres, o como máximo cinco, años de enseñanza el niño no mostraba progresos claros, había pocas esperanzas de que llegara a sobresalir. En el estudio de la Biblia el alumno debía ir pasando desde el libro de Levítico al resto del Pentateuco, de allí a los Profetas, y finalmente a los Hagiógrafos. Esta norma estaba de acuerdo con el grado de valor que los rabinos le daban a estas divisiones de la Biblia.[12] En el caso de los alumnos avanzados, el día se repartía de manera que una parte se dedicaba a la Biblia, y dos partes a la Misná y al Talmud. También se alentaba a cada padre que enseñara a su hijo a nadar.

11. Las referencias son aquí demasiado numerosas para poderlas dar. Por lo general, comparar Hamburguer, *Real-Enc.* vol. I, pág. 340; mi *History of the Jewish Nation*, pág. 298; y el opúsculo de Ehrmann, *Beitr. zur. Gesch. d. Schulen.*
12. La explicación plena de esto debe quedar reservada para una obra de mayor extensión.

Ya se ha dicho que en general la escuela funcionaba en la sinagoga. Comúnmente, su maestro era el «chazán» o «ministro» (Lc. 4:20), expresión por la que no debemos comprender un oficio espiritual, sino algo así como un bedel. Este funcionario recibía su salario de la congregación; no se le permitía recibir dinero de sus alumnos, para que no favoreciera a los ricos. Los gastos eran afrontados mediante contribuciones voluntarias y caritativas; y en caso de deficiencias, los más dintinguidos rabinos no dudaban en ir a solicitar ayuda de los ricos. El número de horas de instrucción de los más jóvenes era limitado. Como el aire cerrado del aula podía resultar perjudicial durante las horas de mayor calor del día, las lecciones se interrumpían entre las diez de la mañana y las tres de la tarde. Por similares razones, sólo se permitían cuatro horas de instrucción entre el diecisiete de Tamuz hasta el noveno de Ab (aproximadamente julio y agosto), y los maestros tenían prohibido castigar a los alumnos durante estos meses. El mayor honor y distinción iban con el oficio de maestro, si era ejercitado dignamente. Se consideraban razones suficientes para el despido de un maestro la carencia de conocimiento o la falta de método en la enseñanza; pero siempre se consideraba la experiencia como una mejor calificación que las meras adquisiciones de saber. No se empleaba a ningún maestro que no estuviera casado. Para desalentar rivalidades insanas, y para elevar el estándar educativo general, se prohibía que los padres enviaran a sus hijos a otras escuelas que las de sus propias poblaciones.

Un rasgo muy hermoso era el cuidado que se daba a los hijos de los pobres y a los huérfanos. En el templo había un cepillo especial, el «del secreto», para contribuciones que se aplicaban privadamente para la educación de los hijos de los pobres piadosos. La adopción y crianza de un huérfano era considerada como una «obra buena» de cariz especial. Esto nos recuerda la descripción apostólica de «una viuda que en verdad lo es», como una «que tenga testimonio de buenas obras»; que «ha criado hijos; ... ha practicado la hospitalidad;

... ha lavado los pies de los santos; ... ha socorrido a los afligidos; ... ha estado dedicada a toda buena obra» (1 Ti. 5:10). En verdad, los huérfanos estaban encomendados al cuidado especial de toda la congregación, en lugar de ser recluidos en asilos de pobres, y las autoridades comunitarias estaban incluso obligadas a proveer una dote fija para las huérfanas.

Así era el trasfondo y el ambiente en el que Jesús de Nazaret se movió mientras que plantó su tabernáculo entre los hombres.

IX

MADRES, HIJAS Y ESPOSAS EN ISRAEL

A fin de comprender con precisión la posición de la mujer en Israel, sólo es necesario examinar con cuidado el Nuevo Testamento. La imagen de la vida social que se presenta allí da una visión plena del lugar que tenía en la vida privada y pública. No encontramos aquí aquella separación tan común entre los orientales en todo tiempo, sino que la mujer se mezcla libremente con otros tanto en casa como fuera. En lugar de adolecer de inferioridad social, asume una parte influyente y frecuentemente conductora en todos los movimientos, especialmente en los de carácter religioso. Por encima de todo, se nos ahorran totalmente aquellos desagradables detalles de inmoralidades privadas y públicas que tanto abundan en la literatura clásica contemporánea. En Israel la mujer era pura; el hogar, feliz, y la familia, santificada por una religión que consistía no sólo en servicios públicos, sino que entraba en la vida diaria, y que englobaba en su observancia a cada miembro de la familia. No era así sólo en tiempos del Nuevo Testamento, sino siempre en Israel. La referencia de san Pedro a «aquellas santas mujeres» «en otro tiempo» (1 P. 3:5) está totalmente de acuerdo con la visión talmúdica. En verdad, su cita de Gn. 18:12, y su aplicación: «Como Sara obedecía a Abraham, llamándole señor», aparece de esta misma manera en escritos rabínicos (*Tanch.* 28, 6), donde su respeto y obediencia son asimismo puestos como ejemplo para sus hijas.[1]

Algunos detalles adicionales pueden ilustrar esta cuestión mejor que los argumentos. La creación de la mujer de la costilla de Adán recibe este comentario:[2] «Es como si Adán hubiera cambiado un jarro de tierra por una preciosa joya.» Esto, aunque el ingenio judío sentenciaba cáusticamente: «Dios ha maldecido a la mujer, pero todo el mundo va tras ella; ha maldecido a la tierra, pero todo el mundo vive de ella.» Y ningún lector atento de las Escrituras podrá dejar de señalar la gran reverencia en que eran tenidas «las cuatro madres», como designan los rabinos a Sara, Rebeca, Lea y Raquel, ni la influencia que tuvieron en la historia patriarcal. Y al seguir adentrándonos en la historia sagrada, Miriam, que originalmente había salvado a Moisés, dirige el cántico de liberación al otro lado del mar, y su influencia, aunque no siempre para bien, persistió aún hasta después de su muerte (comparar Mi. 6:4). Luego, «todas las mujeres sabias de corazón» contribuyeron a levantar el Tabernáculo;[3] Débora dio liberación, y juzgó Israel; y la piedad de la mujer de Manoa es al menos tan destacada, y más inteligente, que la de su marido (Jue. 13:23). Lo mismo sucede con la madre de Samuel. En los tiempos de los reyes las alabanzas de las mozas de Israel suscitan los celos de Saúl; Abigail sabe cómo evitar el peligro de la insensatez de su marido; la sabia mujer de Tecoa es enviada para que induzca al rey a llamar de vuelta

---

1. También aparece la siguiente ilustración: Una cierta mujer sabia le dijo a su hija antes de su boda: «Niña mía, ponte ante tu marido y sírvele. Si actúas como su criada, él será tu esclavo, y te honrará como su señora; pero si te exaltas contra él, será tu amo, y tú te envilecerás a tus ojos como una de las criadas.»

2. *Shab.* 23.

3. Hay una tradición judía de que las mujeres habían contribuido con sus riquezas para el Tabernáculo, pero que rehusaron hacerlo para hacer el becerro de oro, cosa que se deduce del relato en Éx. 32:2 comparado con el versículo 3.

a su hijo desterrado; y la conducta de una mujer «en su sabiduría» pone fin a la rebelión de Seba. Posteriormente, la constante mención de reinas madres, y la frecuente interferencia de ellas en el gobierno, muestra la posición que tienen. Nombres como el de la profetisa Hulda, y la idílica narración de la sunamita, acuden fácilmente a la memoria. El tema del libro de Rut es el de la devoción de una mujer; el de su amor puro y fiel, el tema o la imaginería del Cantar de los Cantares; el de su valor y devoción, la base del libro de Ester, en tanto que su valía y virtudes se enumeran en el último capítulo del libro de Proverbios. Otra vez, en el lenguaje de los profetas, el pueblo de Dios es llamado «la hija», «la virgen de Sión», «la hija de Jerusalén», «la hija de Judá», etc.; y la relación de ellos con Dios se compara constantemente con la del estado matrimonial. Los mismos términos con los que se denomina a la mujer en el Antiguo Testamento son significativos. Si el hombre es *Ish*, su mujer es *Ishah*, simplemente su igual; si el marido es *Gever*, el gobernante, la mujer es, en su propio dominio, *Gevirah* y *Gevereth*, la señora (como sucede frecuentemente en la historia de Sara y en otros pasajes), o bien *la moradora en el hogar (Nevath bayith*, Sal. 68:12).[4] Y no es diferente en los tiempos del Nuevo Testamento. El ministerio de la mujer a nuestro bendito Señor, y en la Iglesia, ha venido a ser casi proverbial. La posición de ella allí marca realmente no un progreso sobre, sino un pleno llevar a cabo, la idea del

4. Expresiones similares son *Sarah* y *Shiddah*, ambas provenientes de raíces que significan *gobernar*. Y no son inconsecuentes con el uso de la palabra *Baal*, casarse, y *Beulah*, la casada, de *Baal*, su señor —así como Sara «llamaba a Abraham señor» (1 P. 3:6, siendo la expresión que se usa de ella ante Abimelec, Gn. 20:3, la de *Beulah*)—. Naturalmente, no se significa por ello que éstas sean las únicas palabras para denotar a las hembras. Pero las otras, como *Bath* y *Naarah*, son o bien simplemente sufijos femeninos, o bien, como *Bethulah, Levush, Nekevah, Almah, Rachem*, descriptivas de su estado físico.

Antiguo Testamento; o, para poner la cuestión desde otra perspectiva, no pedimos más que el que esté familiarizado con la antigüedad clásica que compare lo que lee de Dorcas, o de la madre de Marcos, o de Lidia, de Priscila, de Febe, de Loida o de Eunice, con lo que sabe de las patricias de Grecia y de Roma en aquel período.

Naturalmente, frente a todo esto debe exponerse la permisión de la *poligamia*, que indudablemente estaba en vigor en los tiempos de nuestro Señor, y la facilidad con que podía obtenerse el *divorcio*. Con referencia a ambas cuestiones, sin embargo, se debe recordar que se trataba de concesiones temporales a «la dureza» de los corazones de la gente. Porque no sólo deben tenerse en cuenta las circunstancias de los tiempos y el estado moral de la nación judía y de los alrededores, sino que hubo etapas progresivas en el desarrollo espiritual. Si esto no se hubiera tenido en cuenta, la religión del Antiguo Testamento habría sido innatural e imposible. Sea suficiente que «al principio no fue así», y que no debía ser así tampoco al fin, marcando de este modo el período intermedio el progreso gradual desde la perfección de la idea hasta la perfección de su realización. Además, es imposible leer el Antiguo Testamento, y aún más el Nuevo, sin recibir de él la convicción de que la poligamia no era la norma, sino la rara excepción, por lo que concernía al pueblo en general. Aunque la práctica con referencia al divorcio era desde luego más libre, incluso los rabinos la rodearon de tantas salvaguardas que, de hecho, tiene que haber sido, en muchos casos, de difícil consecución. Por lo general, toda la tendencia de la legislación mosaica, e incluso de manera más explícita la de las posteriores ordenanzas rabínicas, iba en dirección del reconocimiento de los derechos de la mujer, con una escrupulosidad que alcanzaba incluso a la esclava judía, y con una delicadeza que protegía sus más profundos sentimientos. Desde luego, estamos justificados en decir que en los casos de disputa de la ley generalmente se inclinaba a su lado. Del *divorcio* hablaremos posteriormente. Pero cuáles fueran las perspectivas y los sentimientos religiosos acerca de ello y de la monogamia en tiempos de Malaquías se ve en la patética descripción del altar de Dios como cubierto de lágrimas de «la mujer de tu juventud», «la mujer de tu pacto», «tu compañera» que había sido «repudiada» o «tratada deslcalmcnte» (Mal. 2:13 hasta el final). Todo ello está tan hermosamente parafraseado por los rabinos que lo citamos:[5]

«Si la muerte hubiera arrebatado de ti la mujer de tu juventud,
Es como si la ciudad sagrada estuviera profanada,
E incluso el Templo, en tus días de peregrinaje,
Abatido, derribado hasta el polvo.
El hombre que duramente de sí aleja
A su primera mujer cortejada, la amante mujer de su juventud,
Por él el mismo altar del Señor
Lágrimas derrama de amargo dolor.»

Siendo que la relación social entre los sexos era casi tan sin restricciones como entre nosotros, hasta allí donde era congruente con las formas orientales, era natural, evidentemente, que los jóvenes eligieran personalmente a sus novias. De esto la Escritura nos ofrece abundantes evidencias. Pero en todo caso la mujer, en cuestión de desposorios o de matrimonio, debía dar su libre y expreso consentimiento, sin el que cualquier unión era inválida. Las *jovencitas*, a partir de los doce años y un día, podían ser desposadas o entregadas por su padre. En tal caso, sin embargo, tenían después derecho a insistir en el divorcio. Naturalmente, no se quiere con ello pretender que la mujer llegó a su plena posición hasta bajo el Nuevo Testamento. Pero con esto se repite lo que se puede decir de prácticamente casi cada estado y relación social. Pero es de manera muy señalada cuán profundamente el espíritu

---

5. Según la elegante versión poética del doctor Sachs (*Stimmen vom Jordan u. Euphrat.* pág. 347). Seleccionamos esta descripción poética del amor judío y del respeto por la mujer de entre las muchas que se pudieran dar.

del Antiguo Testamento, que es esencialmente el del Nuevo, había penetrado a este respecto la vida de Israel. La advertencia de san Pablo (2 Co. 6:14) acerca de «no unirse en yugo desigual», lo que es una aplicación alegórica de Lv. 19:19; Dt. 22:10, encuentra hasta cierto punto su contrapartida en los escritos rabínicos místicos,[6] donde este último pasaje citado es aplicado de manera expresa a matrimonios espiritualmente desiguales. La amonestación de 1 Co. 7:39 a casarse «sólo en el Señor» recuerda muchas advertencias rabínicas similares, de las que seleccionaremos las más notables. Los hombres, se nos dice,[7] se casan por una de cuatro razones: por pasión, riqueza, honor o la gloria de Dios. En cuanto al primer tipo de matrimonio, la descendencia puede esperarse que sean hijos «tercos y rebeldes», como podemos inferir de la sección que se refiere a los tales siguiendo la de Dt. 21:11. Con respecto a los matrimonios por dinero, debemos aprender una lección de los hijos de Elí, que trataron de enriquecerse de esta manera, pero de cuya posteridad se dijo (1 S. 2:36) que «vendrá a postrarse por una moneda de plata y un bocado de pan». De los casamientos por motivos sociales, honor e influencia, el rey Joram ofrecía una advertencia, el que vino a ser yerno del rey Acab, porque aquel monarca tuvo setenta hijos, mientras que al morir, su viuda Atalía, «se levantó y destruyó toda la descendencia real» (2 R. 11:1). Pero es muy distinto en el caso del matrimonio «en nombre del cielo». La descendencia de él serán hijos que «preservarán a Israel». De hecho, las referencias rabínicas a casarse «en nombre del cielo» o «por el nombre de Dios» —en Dios y por Dios— son tan frecuentes y enfáticas, que las expresiones empleadas por san Pablo deben haberle sido familiares.

---

6. La referencia algo similar a Lv. 19:19 en *Philo. de Creat. Princ.* (ed. Francof.) págs. 730, 731, mencionada en Wetstein, *Nov. Test.* II. pág. 193, no parece lo suficientemente paralela para citarla.
7. Yalkut sobre Dt. 21:15.

Mucho de lo que se dice en 1 Corintios 7 acerca del estado matrimonial encuentra paralelos en los escritos talmúdicos. Uno puede ser mencionado, como explicativo de la expresión (versículo 14): «Pues de otra manera vuestros hijos serían inmundos, mientras que ahora son santos.» Precisamente la misma distinción era la que hacían los rabinos con respecto a los prosélitos, cuyos hijos, si eran nacidos antes de la conversión al judaísmo, eran considerados «inmundos», y si después, como habiendo nacido «en santidad», sólo que entre los judíos *ambos* padres debían profesar el judaísmo, mientras que san Pablo argumenta en dirección opuesta y con respecto a una santidad muy diferente de aquella que podía obtenerse mediante una ceremonia meramente externa.

Algunos detalles adicionales, tomados casi al azar, nos darán unos vislumbres de la vida hogareña judía y de las perspectivas coetáneas. No era infrecuente, aunque irrespetuosa, la agudeza de que con dos formas del mismo verbo, que sonaban casi exactas, se expresaran experiencias totalmente opuestas de la vida matrimonial. Era cosa usual preguntarle a un hombre recién casado: «¿*Maza* o *Moze*?» —«halla» o «he hallado»—, apareciendo la primera expresión en Pr. 18:22, y la segunda en Ec. 7:26. Un sentimiento muy distinto es éste que se expresa en el Talmud (*Yeb.* 62 *b*; *Sanh.* 76 *b*), cuya similaridad con Ef. 5:28 se reconocerá de inmediato: «El que ama a su mujer como a su propio cuerpo la honra más que a su propio cuerpo, cría a sus hijos en el camino recto, y los conduce a una edad madura —de él la Escritura dice: "Sabrás que hay paz en tu tienda" (Job 5:24)»—. De todas las cualidades más deseadas en una mujer destacaban la gentileza y la modestia. Y lo cierto es que las pendencias, chismear por la calle y una conducta inmodesta en público eran razones suficientes para el divorcio. Naturalmente, las mujeres judías nunca hubieran intentado «enseñar» en la sinagoga, donde ocupaban un puesto separado del de los hombres, porque los estudios rabínicos, por mucho valor que tuvieran para el sexo masculino, no se aprobaban en el caso de las mujeres. Sin embargo, esta instrucción de san Pablo (1 Ti. 2:12): «Porque no permito a la mujer enseñar, ni ejercer dominio sobre el hombre», encuentra un cierto paralelo en el dicho rabínico: «Todo aquel que permita'que su mujer le gobierne, cuando llame, nadie le responderá.»

Es por razones similares que los rabinos arguyen que es el hombre el que tiene que ir en busca de la mujer, y no la mujer en busca del hombre, sólo que la razón que dan para ello suena a extraña. El hombre, dicen, fue formado de la tierra, y la mujer de la costilla del hombre; por ello, al tratar de encontrar una esposa, ¡el hombre busca simplemente lo que había perdido! Esta formación del hombre del blando barro, y de la mujer del duro hueso, servía también para ilustrar por qué el hombre es mucho más susceptible de conciliación que la mujer. De manera similar, se observaba, Dios no había formado a la mujer de la cabeza, para que no fuera a enorgullecerse; ni del ojo, para que no fuera concupiscente; ni del oído, para que no fuera curiosa; ni de la boca, para que no fuera charlatana; ni del corazón, para que no fuera celosa; ni de la mano, para que no fuera codiciosa; ni del pie, para que no fuera entrometida; sino de la costilla, que estaba siempre cubierta. La modestia, por tanto, era una cualidad primaria. Era indudablemente en celosa consideración de esto que las mujeres tenían cerrado el paso a los estudios rabínicos; y se cuenta una historia para mostrar cómo incluso la más sabia de las mujeres, Beruria, fue por ello llevada al borde de un peligro extremo. No es fácil explicar por qué a las mujeres se las dispensaba de todas las' obligaciones positivas (mandamientos, pero no de prohibiciones) que no eran de práctica general (*Kidd.* I. 7, 8), sino dependiendo de ciertos períodos de tiempo (como llevar las filacterias, etc.), y de ciertas oraciones, a no ser que se deba a que la mujer fuera considerada como no su propia dueña, sino sujeta a otros, o bien porque el marido y la mujer fueran considerados como uno, por lo que sus méritos y oraciones se aplicaran asimismo a ella. En verdad, esta postura, al menos por lo que respecta a la naturaleza meritoria de la dedicación del hombre a la ley, es propuesta de manera expresa, y las mujeres son por ello mismo amonestadas a alentar a sus maridos en tales estudios.

Podemos comprender cómo, antes de la venida del Mesías, el matrimonio debiera haber sido considerado como una obligación religiosa. Muchos pasajes de la Escritura eran al menos *citados* para sustentar esta idea. Por lo general, se esperaba que un joven se casara (según Maimónides) a los dieciséis o diecisiete, mientras que la edad de veinte puede ser el límite máximo aceptado, a no ser que el estudio absorbiera hasta tal punto su atención como para no dejar tiempo para los deberes de la vida de casado. Sin embargo, se consideraba como mejor incluso descuidar los estudios que quedarse soltero. Pero las necesidades económicas por causa de la mujer y de los hijos eran cosa temida. Se emplea la misma comparación con referencia a ello que la que emplea nuestro Señor para una «ofensa» muy diferente: la cometida en contra de los «pequeñitos» (Lc. 17:2). Estas ansiedades eran llamadas por los rabinos «una piedra de molino alrededor del cuello» (*Kidd.* 29 *b*). En realidad, la expresión parece haberse hecho proverbial, como tantas otras que se emplean en el Nuevo Testamento.

Leemos en el Evangelio que, cuando la madre Virgen estaba «desposada con José, antes de que viviesen juntos se halló que estaba encinta por obra del Espíritu Santo. José su marido, como era justo, y no quería denunciarla, resolvió dejarla secretamente» (Mt. 1:18, 19). La narración implica una distinción entre *desposorio* y *matrimonio* —estando José en aquel tiempo desposado, pero no realmente casado con la madre Virgen—. Incluso en el Antiguo Testamento se hace una distinción entre *desposorio* y *matrimonio*. Lo primero quedaba señalado por el presente de desposorio (o *Mohar*, Gn. 34:12; Éx. 22:17; 1 S. 18:25), que el padre, sin embargo, dispensaría en ciertas circunstancias. Desde el momento de su desposorio, la mujer era tratada como si estuviera realmente casada. La unión no podía ser disuelta, excepto por un divorcio formal; la infidelidad era considerada adulterio; y la propiedad de la mujer venía a posesión de su desposado, a no ser que renunciara expresamente a ella (*Kidd*. IX. 1). Pero incluso en este caso él era el heredero natural. Es imposible entrar aquí en los varios detalles legales, como, por ejemplo, acerca de la propiedad o del dinero que viniera a ser posesión de una mujer después del desposorio o del casamiento. La ley lo adjudicaba al marido, pero con muchas restricciones y con una infinita delicadeza para con la mujer, como si renuente a dar validez a los derechos del más fuerte (*Kidd*. VIII. 1, etc.). Por la Misná (*Bab. B.* X. 4) sabemos también que había formales *Shitre Erusin*, o escrituras de desposorio, redactadas por las autoridades (y costeadas por el novio). Estas escrituras estipulaban las obligaciones mutuas, la dote y todos los demás puntos acerca de lo que las partes habían expresado su acuerdo. Las *Shitre Erusin* eran diferentes del normal *Chethubah* (literalmente, *escrito*), o contrato matrimonial, sin el que los rabinos consideraban un matrimonio meramente un concubinato legalizado (*Cheth.* V. 1). El *Chethubah* estipulaba un arreglo de al menos doscientos denarios por una doncella, y de cien denarios por una viuda, mientras que el consejo sacerdotal de Jerusalén fijó cuatrocientos denarios por una hija de un sacerdote. Naturalmente, estas sumas indican sólo el *mínimo* legal, y podían ser aumentadas indefinidamente a voluntad, aunque difieren las opiniones acerca de si se podían demandar legalmente grandes cantidades si el asunto no iba más allá del desposorio. La forma actualmente empleada entre los judíos expone que el novio se casa con su novia «conforme a la ley de Moisés y de Israel»; que promete «complacerla, honrarla, sustentarla y cuidarla, tal como es la manera de los hombres de Israel», añadiendo a ello el consentimiento de la mujer, siendo el documento firmado por dos testigos. Con toda probabilidad, ésta era sustancialmente la forma en los tiempos antiguos. En Jerusalén y en Galilea —donde se decía que los hombres en su elección se fijaban en «un buen grado», mientras que en el resto de Judea se cuidaban mucho más del dinero— las viudas tenían derecho a residir en la casa de su marido, que quedaba a su disposición.

Por otra parte, un padre estaba obligado a proveer una dote (*nedan, nedanjah*) para su hija en proporción a su posición social; y una segunda hija podía demandar una parte igual a la de la hija mayor, o una décima parte de toda la propiedad inmobiliaria. En caso de la muerte del padre, los hijos, que conforme a la ley judía eran los únicos herederos, estaban obligados a mantener a sus hermanas, incluso si ello los llevaba a depender de la caridad pública, y a dotar a cada una con una décima parte de lo que hubiera quedado. La dote, bien en dinero, en propiedad o en joyas, era especificada en el contrato matrimonial, y realmente pertenecía a la esposa, quedando el marido obligado a añadir a ella otra mitad, si consistía en dinero o valores financieros; y si se trataba de joyas, etc., a asignarle a ella cuatro quintas partes de su valor. En caso de separación (no de divorcio) él estaba obligado a proveerla de alimento en cantidad suficiente, y a readmitirla a su mesa en la víspera del sábado. Una esposa tenía derecho a una décima parte de su dote para adornos. Si un padre entregaba a su hija sin ninguna declaración expresa acerca de su dote, estaba obligado a darle al menos cincuenta *sus*; y si se había estipulado de manera expresa que no iba a tener dote alguna, se indicaba delicadamente que el novio debía, *antes del matrimonio*, darle lo suficiente para el necesario ajuar. Una huérfana debía recibir una dote de al menos cincuenta *sus* de las autoridades comunitarias. Un marido no podía obligar a su mujer a dejar la Tierra Santa ni la ciudad de Jerusalén, ni cambiar la residencia en una ciudad por una residencia rural, o *viceversa*, ni una casa buena por otra casa mala. Éstas son sólo unas pocas de las estipulaciones que muestran cuán cuidadosamente la ley protegía los intereses de las mujeres. Entrar en más detalles nos llevaría más allá del tema que nos ocupa. Todo esto quedaba sustancialmente establecido en los desposorios, que, por lo menos en Judea, parecen haberse celebrado con una fiesta. La única razón válida para la disolución del vínculo así formado era una infracción *real* de estas disposiciones, o un fraude declarado. En cualquier otro caso, como ya se ha señalado, se precisaba de un divorcio formal.

Según la ley rabínica, se precisaba de ciertas formalidades para que unos desposorios fueran legalmente válidos. Éstas consistían en entregar a la mujer, bien directamente, bien por medio de mensajeros, una moneda, por pequeña que fuera, o bien una carta,[8] siempre que en cada caso se afirmara expresamente delante de testigos que el hombre tenía la intención de tomar a la mujer como su mujer. El matrimonio seguía después de un intervalo más largo o más corto, pero cuyos límites estaban fijados por la ley. La ceremonia misma consistía en conducir a la novia a la casa del novio, con ciertas formalidades, datando la mayor parte de ellas de tiempos muy remotos. El casamiento con una moza se celebraba comúnmente un miércoles por la tarde, lo que dejaba los primeros días de la semana para su preparación, y posibilitaba al marido, si tenía alguna acusación acerca de la anterior castidad de la novia, presentar una queja inmediata ante el Sanedrín local, que tenía sesión cada jueves. Por otra parte, el matrimonio con una viuda se celebraba la tarde del jueves, lo que dejaba tres días de la semana para «gozarse con ella». Esta circunstancia nos posibilita, con una cierta certidumbre, dilucidar la fecha de los acontecimientos que precedieron a la boda de Caná. Infiriendo por los festejos dados que se trataba del casamiento de una moza, y que por ello habría tenido lugar en miércoles, tenemos la siguiente sucesión de acontecimientos: En *jueves* (comenzando como cada día judío con el atardecer anterior), testimonio del Bautista a la representación del Sanedrín que venía de Jerusalén. El *viernes* (Jn. 1:29), «vio [Juan] a Jesús que venía a él, y significativamente

8. Había asimismo un tercer modo de desposorio —meramente por cohabitación—, pero era intensamente desaprobado por los rabinos.

predicó el primer sermón sobre «el Cordero de Dios que quita el pecado del mundo». El *sábado* (v. 35), el segundo sermón de Juan sobre el mismo texto; la consiguiente conversión de san Juan y de san Andrés, y el llamamiento de san Pedro. El *domingo* (v. 43), nuestro mismo Señor predicó su primer sermón mesiánico, llamando a Felipe y a Natanael. El «tercer día» después de esto, esto es, el *miércoles*, tuvo lugar la boda en Caná de Galilea. La significación de estas fechas, cuando se comparen con las de la semana en la Pasión de nuestro Señor, será suficientemente evidente.

Pero esto no es todo lo que puede aprenderse en base al relato de la boda en Caná. Naturalmente, se celebró una «fiesta de bodas», como en todas estas ocasiones. Por esta razón, los casamientos no se celebraban ni en sábado ni en el día anterior a él, ni después de él, para que no peligrara el reposo sabático. Tampoco era legítimo contraer matrimonio en ninguna de las tres fiestas anuales, a fin de que, como lo decían los rabinos, «no se mezclara un gozo (el matrimonial) con otro (el de la fiesta)». Como se consideraba un deber dar placer a la pareja de recién casados, la alegría a veces llegaba a más de lo que los rabinos más estrictos aprobaban. Por ello, se dice de uno que para inducir a la seriedad, rompió un recipiente de gran valor, de alrededor de 750 denarios; de otro, que en la boda de su hijo rompió un costoso vaso; y de un tercero que, al pedírsele que cantara, exclamó: ¡Ay de nosotros, porque todos debemos morir! Porque, tal como se añade (*Berd.* 31 *a*): «Le está prohibido al hombre que su boca se llene de risa en este mundo (ò dispensación), como está escrito: "entonces se llenó de risa nuestra boca, y nuestra lengua de cántico". ¿Cuándo ha de ser esto? En aquel tiempo en que "ellos cantarán entre los gentiles, el Señor ha hecho grandes cosas por ellos".»

Se debe mencionar que en la boda de Caná no se hace mención de «los amigos del novio», o, como diríamos nosotros, los acompañantes del novio. Ello era en estricto acuerdo con la costumbre judía, porque los amigos del novio era costumbre en *Judea*, pero no en Galilea (*Cheth. 25 a*). Esto arroja luz también sobre la localidad en la que se pronunciaron las palabras de Jn. 3:29, en donde se menciona al «amigo del novio». Pero esta expresión es bien diferente de la de «los hijos de la cámara nupcial», que aparece en Mt. 9:15, donde la escena vuelve a estar en Galilea. Este término, «hijos de la cámara nupcial», es simplemente una traducción del término rabínico «*bene Chuppah*», y significa los invitados a la boda. En Judea había, en cada boda, *dos* compañeros o «amigos del novio», uno para el novio y otro para la novia. Antes de la boda, actuaban como una especie de mediadores entre la pareja; en la boda misma ofrecían presentes, servían a la novia y al novio, y los acompañaban a la cámara nupcial, siendo también, por así decirlo, garantes de la castidad virginal de la novia. Por ello, cuando san Pablo les dice a los corintios (2 co. 11:2): «Porque os celo con celo de Dios; pues os he desposado con un solo esposo, para presentaros como una virgen pura a Cristo», habla, por así decirlo, en el carácter de un compañero o «amigo del novio», que había actuado como tal en la unión espiritual de Cristo con la iglesia en Corinto. Y sabemos que era especialmente el deber del «amigo del novio» presentarle su novia así. De manera similar era también su deber, después de la boda, mantener buenos términos entre la pareja, y de manera más particular defender la buena fama de la novia contra toda imputación. Puede ser de interés para algunos saber que esta costumbre se remontaba también a la más alta autoridad. Así, en la unión espiritual de Israel con Dios, se habla de Moisés como «el amigo del novio» que lleva a la novia a él (Éx. 19:17), mientras que Jehová, como el novio, se encuentra con su congregación en el Sinaí (Sal. 68:7; *Pirke di R. El.* 41). Y en algunos escritos místicos Dios es descrito como actuando como «el amigo del novio» cuando nuestros primeros padres se encontraron en Edén. Hay un toque de poesía en la aplicación de Ez. 28:13 a aquella escena, cuando los ángeles dirigían el coro, y prepararon y observaron el lecho nupcial (*Ab. de R. Nathan* IV y XII.). Según otro antiguo comentario rabínico (*Ber. R.* VIII), el mismo Dios Todopoderoso tomó la copa de bendición y pronunció la bendición, mientras que Miguel y Gabriel actuaban como los «amigos del novio» para nuestros primeros padres cuando se casaron en el paraíso.

Con tal «bendición», precedida por una breve fórmula con la que la novia era entregada a su marido (Tobit 7:13), comenzaban los festejos nupciales.[9] Y así la pareja eran llevados a la cámara nupcial (*Cheder*) y al lecho nupcial (*Chuppah*).[10] La novia iba con el cabello suelto. De ordinario, se ordenaba de la manera más estricta que las mujeres tuvieran la cabeza y el cabello cuidadosamente cubiertos. Esto puede arrojar luz sobre el debatido pasaje de 1 Co. 11:1-10. Tenemos que tener en mente que el apóstol arguye ahí con judíos, y ello *sobre su propio terreno*, convenciéndolos mediante una referencia a sus propias posiciones, costumbres y leyendas acerca de la propiedad de la práctica que él ordena. Desde este punto de vista no podía ponerse en tela de juicio la propiedad de que la mujer se «cubriera» la cabeza. En verdad, lo opuesto, a un judío, le habría indicado inmodestia. Existía ciertamente la costumbre de que a una mujer acusada de adulterio se le «rapara» el cabello, empleando al mismo tiempo esta fórmula: «Por cuanto te has apartado de la manera de actuar de las hijas de Israel, que van con la cabeza cubierta; ...por ello ha recaído sobre ti lo que tú has escogido.» Esto explica los versículos 5 y 6. La expresión «poder» o «autoridad», aplicada en el versículo 10 a la cabeza de la mujer, parece referirse a esta cubierta, indicando, como lo hacía, que estaba bajo la autoridad del marido, mientras que la muy

---

9. Es, por decir poco, dudoso que la forma rabínica de esta bendición y la del desposorio daten de los tiempos más remotos. Aunque es muy bella, parece demasiado elaborada para esto.

10. La distinción queda marcada en Jl. 2:16; la *Chuppah* es también mencionada en el Sal. 19:5.

difícil adición «por causa de los ángeles» puede ser una alusión a la presencia de los ángeles, y a la bien conocida concepción judaica (basada, indudablemente, en la verdad) de que aquellos ángeles pudieran sentirse agraviados u ofendidos por nuestra conducta y llevaran las tristes nuevas ante el trono de Dios, o también que haga referencia a la antiquísima creencia judía de que los malos espíritus conseguían el poder sobre una mujer que fuera con la cabeza descubierta.

La costumbre de un velo nupcial, bien para la novia sólo, o bien extendido sobre la pareja, provenía de tiempos antiguos. Fue prohibida por un tiempo por los rabinos tras la destrucción de Jerusalén. Aún más antigua era la costumbre de portar coronas (Cnt. 3:11; Is. 61:10; Ez. 16:12), que fue también prohibida tras la última guerra judía. Durante la procesión nupcial, se llevaban ramas de palmera y de mirto delante de la pareja, se echaban granos o dinero, y la procesión iba precedida de música, procesión en la que se esperaba que todos los que se encontraran con ella se unieran, como deber religioso.[11] La parábola de las Diez Vírgenes, que, con sus lámparas, estaban a la espera del novio (Mt. 25:1), está basada en la costumbre judía, porque, según las autoridades rabínicas, era frecuente el empleo de estas lámparas portadas sobre estacas, en tanto que *diez* es la cantidad siempre mencionada en relación con solemnidades públicas.[12] Los festejos de las bodas duraban generalmente una semana, pero los días nupciales se extendían hasta un mes completo.[13]

Habiendo entrado así de lleno en la cuestión del matrimo-

11. Véase mi artículo sobre «Marriage» [matrimonio] en *Bible Educator* de Cassell, vol. IV, págs. 267-270.

12. Según el rabí Simón (sobre *Chel.* II. 8) era una costumbre oriental que cuando la novia era conducida a su futuro hogar, «llevaban delante del grupo alrededor de diez» lámparas de éstas.

13. La práctica de llamar «novia» a la mujer durante el primer año de su casamiento está probablemente basada en Dt. 24:5.

nio, pueden ser de interés algunos puntos adicionales. Las restricciones matrimoniales mencionadas en la Biblia son suficientemente conocidas. A éstas los rabinos añadieron otras, que han quedado dispuestas bajo dos encabezamientos, extendiendo más las leyes de parentesco (hasta sus grados *secundarios*), y con el propósito de guardar la moralidad. Las primeras se extendían sobre toda la línea de relaciones prohibidas, en el caso de líneas directas, y a una relación lejana en un grado cuando la línea se hacía indirecta, como, por ejemplo, con la mujer de un tío materno, o con la madrastra de una esposa. En la categoría de salvaguardas a la moralidad podríamos incluir prohibiciones como la de que una divorciada no podía casarse con su seductor, ni un hombre con una mujer a la que hubiera llevado la carta de repudio, o en cuyo caso hubiera prestado testimonio; estaba prohibido el matrimonio de los que no estuvieran en su sana mente, o que estuvieran embriagados; o el de menores, o bajo fraude, etc. Un viudo tenía que esperar tres fiestas, y una viuda, tres meses, antes de volverse a casar, o si estaba embarazada o amamantaba, dos años. Una mujer no podía casarse por tercera vez; no podía celebrarse ninguna boda dentro de los treinta días siguientes a la muerte de un pariente próximo, ni en sábado, ni en día de fiesta, etc. Es innecesario hablar aquí del casamiento con el hermano de un difunto marido, porque, aunque la Misná dedica a ello todo un tratado (*Yebamoth*), y era evidentemente costumbre en tiempos de Cristo (Mr. 12:19, etc.), la práctica se consideraba relacionada con la posesión territorial de Palestina, y cesó con la destrucción de la nación judía (*Bechar.* I. 7). Un sacerdote debía indagar en la ascendencia legal de su esposa (hasta cuatro grados), excepto si el padre de la novia era un sacerdote en servicio o miembro del Sanedrín. La novia del sumo sacerdote debía ser una moza no más allá de seis mes desde su pubertad.

La fatal facilidad con la que se podía obtener el divorcio, y su frecuencia, aparecen en la pregunta que los fariseos le hicieron a Cristo: «¿Es lícito a un hombre repudiar a su mujer por cualquier causa?»[14] (Mt. 19:3), y aún más en el asombro con el que los discípulos oyeron la réplica del Salvador (v. 10). Aquella respuesta era de alcance mucho más amplio que la enseñanza inicial de nuestro Señor en el Sermón del Monte (Mt. 5:32).[15] A esta última ningún judío hubiera podido hacer ninguna objeción, aunque su moralidad hubiera parecido elevada más allá de la más alta norma, que estaba representada en este caso por la escuela de Shammai, mientras que la de Hillel, y aún más la de Akiva, presentaban el extremo opuesto más inferior. Pero en su contestación a los fariseos, nuestro Señor situó toda la cuestión en unos términos que incluso el más estricto shammaíta habría rehusado aceptar. Porque el límite superior al que habría llevado hubiera sido el de limitar la causa de divorcio a «alguna cosa vergonzosa» (Dt. 24:1), por lo cual hubiera probablemente entendido no sólo un quebrantamiento del voto matrimonial, sino también de la ley y de los usos de la tierra. De hecho, sabemos que incluía todo tipo de impropiedad, como presentarse con los cabellos sueltos, callejear, hablar con familiaridad con los hombres, maltratar a los padres de su marido en presencia de este último, alborotar, esto es, «dirigirse a su marido con voz tan fuerte que los vecinos pudieran oírla en la casa vecina» (*Chethub.* VII. 6), una reputación mala en general, o el descubrimiento de fraude antes del matrimonio. Por otra parte, la mujer podía insistir en el divorcio si su marido era leproso, o afectado de pólipos, o dedicado a una actividad sucia o desagradable, como la de curtidor o calderero. Uno de los casos en los que el divorcio era obligatorio era cuando cual-

---

14. Se ha propuesto también esta otra lectura: «Por cada ofensa.» Esto concordaría desde luego mejor con el espíritu de los fariseos que la lectura que da nuestro *textus receptus*.

15. Las ordenanzas rabínicas limitaban hasta tal punto la ley de Moisés con respecto a una adúltera, que el juicio y el castigo sólo podrían haberse dado muy raramente. Pero no podemos entrar ahora en estas leyes y distinciones.

quiera de ambos cónyuges hubiera caído en herejías o dejado de profesar el judaísmo. Pero incluso ahí había las últimas salvaguardas al peligro de una general anarquía, como la obligación de pagarle su parte a la mujer, y una cantidad de minuciosas ordenanzas acerca de la *carta de divorcio* formal sin la que ningún divorcio era legal,[16] y que tenía que ser escrita en términos explícitos, y entregada a la mujer misma en presencia de dos testigos, etc.

Según la ley judía había cuatro obligaciones que la mujer tenía para con su marido, y diez que lo vinculaban a él. De las últimas, tres son mencionadas en Éx. 21:9, 10; las otras siete incluyen su establecimiento, tratamiento médico en caso de enfermedad, redención del cautiverio, un funeral respetable, provisión en su casa todo el tiempo que estuviera enviudada y no se le hubiera pagado su dote, su sustento por sus hijas hasta que ellas se casaran, y la provisión que sus hijos debían compartir, además de recibir su propia parte de la herencia de su padre, de aquello que le había sido dado a ella. Las obligaciones de la mujer eran que todas sus ganancias debían pertenecer a su marido, también lo que le viniera a ella tras su matrimonio por herencia; que el marido tuviera el usufructo de su dote, y de todas las ganancias mediante ella, siempre y cuando él la administrara, en cuyo caso, sin embargo, él era también responsable de toda pérdida en que se incurriera; y que se le considerara como heredero legítimo de ella.[17]

Cómo era la familia entre los piadosos en Israel, cuán elevado era su tono, cuán amante su ambiente o cuán verdaderamente devotas sus madres e hijas, aparece suficientemente claro en la historia evangélica, en el libro de los Hechos, y

16. Los judíos sostienen que una mujer «es desligada por la ley de su marido» sólo por una de dos cosas: por la muerte o por una carta de divorcio. De ahí la mención de Ro. 7:2, 3.
17. Éste no es el lugar para entrar en los detalles legales, plenamente considerados por los rabinos.

en menciones en las cartas apostólicas. Las mujeres como la madre Virgen, o Elisabet, o Ana, o aquellas que tuvieron el privilegio de ministrar al Señor, o que, tras su muerte, cuidaron y velaron su sagrado cuerpo, no pudieron haber estado aisladas en Palestina; encontramos a sus hermanas en Dorcas, Lidia, Febe y aquellas mujeres que san Pablo menciona en Fil. 4:3, y cuyas vidas delinea en sus epístolas a Timoteo y a Tito. Esposas como Priscila, madres como las de los hijos de Zebedeo, o de Marcos, o como la «dama elegida» de san Juan, o como Loida y Eunice, deben haber mantenido pura y dulce la atmósfera moral, y haber irradiado una preciosa luz en sus hogares y sobre la sociedad, corrompida como estaba hasta el fondo bajo la influencia del paganismo. Aprendemos por la historia de Timoteo qué y cómo enseñaban en sus hogares, y ello incluso bajo las más desventajosas circunstancias exteriores. Y aunque a este respecto es indudable que carecían de muchas de las oportunidades de que nosotros gozamos, había una grata práctica de religión familiar, que iba más allá de las oraciones prescritas, y que les posibilitaba enseñar a sus hijos desde los años más tiernos a entretejer la Palabra de Dios con su devoción y vida diaria. Porque era usual enseñar a un niño algún versículo de la Sagrada Escritura comenzando o terminando con precisamente las mismas letras que su nombre hebreo, y el niño insertaba a diario este texto natal o promesa guardiana en sus oraciones.[18] Estas palabras guardianas, familiares a su mente desde sus años más tiernos, y hecho querido a su corazón por los recuerdos más tiernos, se quedarían con el joven en las tentaciones de la vida, y volverían en el recuerdo entre el fragor de la batalla en la vida adulta. En verdad, bien se podía decir de los niños judíos así criados, instruidos y enseñados: «Mirad que no menospreciéis a uno de estos pequeños; porque os digo que sus ángeles en los cielos están viendo siempre el rostro de mi Padre que está en los cielos.»

18. *Kol Kore*, por R. El. Soloweycyk, pág. 184. Comparar *Taan.* 9, *a*.

X

EN LA MUERTE Y DESPUÉS
DE LA MUERTE

Difícilmente se puede dibujar una imagen más patética que la del moribundo rabí Jochanan ben Saccai, aquella «luz de Israel» inmediatamente antes y después de la destrucción del Templo, y durante dos años presidente del Sanedrín. Leemos en el Talmud (*Ber.* 28 *b*) que cuando sus discípulos acudieron a verle en su lecho de muerte, prorrumpió en llanto. Ante las atónitas preguntas de ellos acerca de por qué él, «la luz de Israel, la columna derecha del Templo, y su potente martillo», traicionaba tales sentimientos de temor, él contestó: «Si yo tuviera que comparecer ahora ante un rey terrenal, que vive hoy y muere mañana, cuya ira y cuyas cadenas no son eternas, y cuya sentencia de muerte no es siquiera a muerte eterna, que puede ser aplacado con argumentos, o quizá sobornado con dinero, temblaría y lloraría; ¡con cuánta más razón lo hago cuando estoy a punto de comparecer ante el Rey de reyes, el Santo, bendito sea Él, que vive y permanece para siempre, y cuyas cadenas son cadenas para siempre, y cuya sentencia de muerte mata para siempre, a quien no puedo aplacar con palabras ni sobornar con dinero! Y no sólo esto, sino que se abren ante mí dos caminos, uno al paraíso, y el otro al infierno, y no sé cuál de ambos caminos deberé tomar, si al paraíso o al infierno: ¿cómo, por tanto, no derramaré lágrimas?» Al lado de esto podemos poner el dicho opuesto del rabí Jehudah, llamado el santo, que, al morir, levantó sus dos manos al cielo, ¡declarando que ninguno de aquellos diez dedos había quebrantado la ley de Dios! Sería difícil decir cuál de estas dos actitudes es más contraria a la luz y a la libertad del Evangelio, si la absoluta desesperanza del primero o la aparente presunción del segundo.

Y, con todo, estos dichos nos recuerdan algo que aparece en el Evangelio. Porque también en él leemos acerca de dos caminos —el que va al paraíso, y el que lleva a la destrucción—, y de temer no a los que pueden destruir el cuerpo, sino más bien a Aquel que, después de haber destruido el cuerpo, tiene poder de arrojar al infierno. Y tampoco era la certeza de san Esteban, de Santiago o de san Pablo menos confiada que la de Jehuda, llamado el santo, aunque expresada de una manera muy diferente y descansando sobre una base totalmente distinta. Nunca son las voces de los rabinos más discordantes, y sus proclamaciones más contradictorias o poco satisfactorias, que con vistas a los grandes problemas de la humanidad: el pecado, la enfermedad, la muerte y el más allá. Con toda verdad expresó san Pablo, enseñado a los pies de Gamaliel en todas las tradiciones y sabiduría de los padres, la más íntima convicción de cada rabinista cristiano, de que es sólo nuestro Salvador Jesucristo que «sacó a luz la vida y la inmortalidad por medio del evangelio» (2 Ti. 1:10).

Cuando los discípulos le preguntaron a nuestro Señor, con respecto al «ciego de nacimiento»: «Rabí, ¿quién pecó, éste o sus padres, para que haya nacido ciego?» (Jn. 9:1, 2), nos damos cuenta de una manera vívida que estamos oyendo una pregunta estrictamente judía. Era del tipo de las que se podían suscitar, y expresaba con precisión la creencia judía. Era doctrina común que los hijos se beneficiaban o sufrían en conformidad al estado espiritual de sus padres. Pero ellos también mantenían que un niño no nacido podía contraer culpa, por cuanto la *Yezer ha-ra*, o mala disposición que estaba presente desde su más antigua formación, podía incluso entonces ser llevada a la actividad por circunstancias externas. Y la enfermedad era considerada por igual como el castigo y la expiación por el pecado. Pero nos encontramos también con declaraciones que nos recuerdan la enseñanza en He. 12:5, 9. De hecho, la cita apostólica de Pr. 3:15 se hace con exactamente el mismo propósito en el Talmud (*Ber.* 5 *a*), pero con un espíritu muy distinto, como aparecerá en el siguiente sumario. Parece que dos de los rabinos estaban en desacuerdo con respecto a qué era «la disciplina del amor», manteniendo uno, en base al Sal. 94:12, que era de tal tipo que no impedía que un hombre estudiara, infiriendo el otro por el Sal. 66:20 que era de tal tipo que no obstaculizaba la oración. Una autoridad superior decidió que ambas clases eran «disciplina de amor», respondiendo al mismo tiempo a la cita del Sal. 94 proponiendo su lectura no como «*lo* instruyes», sino «*nos* instruyes en tu ley». Pero que la ley enseña que la disciplina es de gran ventaja puede inferirse de esta manera: Si, según Éx. 21:26, 27, un esclavo obtenía la libertad debido al castigo que le había infligido su amo —un castigo que le afectaba sólo a uno de sus miembros—, ¿cuánto más efectuarán aquellos castigos que purifican todo el cuerpo del hombre? Además, como nos lo recuerda otro rabí, el «pacto» es mencionado en relación con la sal (Lv. 2:13), y también en relación con la disciplina (Dt. 28:58). «Tal como es el pacto», mencionado en relación con la sal, que da sabor a la comida, así es «el pacto» mencionado en relación con la disciplina, mediante la que se purifican todos los pecados de un hombre. En verdad, como dice un tercer rabí: «Tres buenos dones ha dado el Santo —¡bendito sea Él!— a Israel, y cada uno de ellos sólo mediante sufrimientos: la ley, la tierra de Israel, y el mundo venidero.» La ley, según Sal. 94:12; la tierra, según Dt. 8:5, lo que va inmediatamente seguido por el versículo 7, y el mundo venidero, según Pr. 6:23.

Como sucede con la mayor parte de otras cuestiones, los rabinos eran precisos y estrictos observantes de las leyes sanitarias, y sus normas estaban frecuentemente muy por delante de las prácticas modernas. Por muchas alusiones en el Antiguo Testamento inferimos que la ciencia de la medicina, que era practicada con una relativa gran perfección en Egipto, donde cada enfermedad tenía su propio especialista, era también cultivada en Israel. Así, el pecado de Asa, al confiar excesivamente en los médicos terrenos, es especialmente reprobado (2 Cr. 16:12). En los tiempos del Nuevo Testamento leemos acerca de la mujer que había gastado toda su hacienda, y sufrido mucho a manos de los médicos (Mr. 5:26), mientras que parece haber sido popularmente conocido el empleo de ciertos remedios, como el aceite y el vino, para el tratamiento de las heridas (Lc. 10:34). San Lucas era «médico» (Col. 4:14); y entre los funcionarios del Templo había un médico cuyo deber era asistir al sacerdocio que, al ministrar descalzos, deben haber tenido una especial susceptibilidad a ciertas enfermedades. Los rabinos ordenaban que cada ciudad tenía que tener al menos un médico, que estuviera también capacitado para la cirujía, o bien un médico y un cirujano. Algunos de los mismos rabinos se dedicaban a la medicina, y al menos en teoría cada profesional de la medicina debía poseer su licencia para ello. Emplear a un hereje o a un hebreo cristiano estaba especialmente prohibido, aunque sí se podía llamar a un pagano en caso necesario. Pero, a pesar de su patronazgo de esta ciencia, también aparecen unos dichos cáusticos. «Médico, cúrate a ti mismo» es verdaderamente un proverbio judío; «no vivas en una ciudad donde el que manda sea un médico» —se dedicará a los asuntos públicos y descuidará a sus pacientes—; «el mejor de los médicos se merece la Gehena» —por su mal tratamiento de unos y descuido de otros—. Sería prolijo entrar a considerar los remedios prescritos en aquellos tiempos, aunque, para juzgar por lo que se aconseja en tales casos, no es para asombrarse que la pobre mujer en el evangelio no fuera en absoluto ayudada, sino que más bien hubiera empeorado en manos de ellos (Mr. 5:26). Los medios recomendados eran bien generalmente higiénicos —y a este respecto los hebreos contrastan favorablemente incluso con nosotros— o puramente medicinales, o bien simpatéticos, y hasta mágicos. Las prescripciones consistían en *simples* o en *composiciones*, empleándose mucho más los vegetales que los minerales. Las compresas de agua fría, el empleo externo e interno del aceite y del vino, los baños (medicados y de otro tipo), y una cierta dieta, eran remedios especialmente indicados en ciertas enfermedades. La leche de cabra y las gachas de cebada se recomendaban en todas las enfermedades acompañadas por consunción. Los cirujanos judíos parecen haber incluso conocido cómo operar cataratas.

Generalmente, se esperaba que la vida fuera dilatada, y la muerte era considerada por un igual como el castigo y la expiación del pecado. Morir antes de los cincuenta era considerado ser cortado; antes de los cincuenta y dos, morir la muerte de Samuel el profeta; a los sesenta, se consideraba como muerte a manos del cielo; a los setenta, la muerte de un anciano; y a los ochenta, como la de la fortaleza. La muerte prematura era considerada como la caída de un fruto no maduro, o como la extinción de una vela. Partir sin tener un hijo era *morir*, y de otro modo era *dormir*. Esto último se consideraba haber sido el caso de David; lo primero, de Joab. Si una persona había acabado su tarea, su muerte era considerada la muerte de los justos, que era reunido con sus padres. La tradición (*Ber.* 8 *a*) infería, por un peculiar modo de exégesis, por una palabra en el Sal. 62:12, que había 903 clases de muerte. La peor de ellas era la *angina*, que se comparaba con arrancar un hilo de una pieza de lana; mientras que la forma más dulce y gentil, que se comparaba con sacar un cabello de la leche, era llamada «muerte con un beso». Esta última designación se originaba en Nm. 33:38 y Dt. 34:5, donde se dice, respectivamente, que Aarón y Moisés murieron «conforme al dicho de Jehová» —literalmente, «por la boca de Jehová»—. Se decía que sobre seis personas el ángel de la muerte[1] no había tenido poder: sobre Abraham, Isaac

---

1. Es a propósito que no entramos en las posturas rabínicas acerca del «ángel de la muerte». El Talmud Babilónico, sin embargo, tiene un curioso pasaje acerca de ungir los ojos de los moribundos con aceite.

y Jacob, por cuanto ellos habían visto su obra totalmente acabada; y sobre Miriam, Aarón y Moisés, que habían muerto con «el beso de Dios». Si la muerte prematura era el castigo del pecado, los justos morían porque otros debían entrar en su obra —Josué en la de Moisés, Salomón en la de David, etc.—. Pero cuando llegaba el momento de la muerte, cualquier cosa podía servir para su aplicación; o para expresarlo en lenguaje rabínico: «Oh Señor, todos éstos son tus siervos»; porque «allí adonde un hombre debía ir, allí sus pies lo llevarían».

También se señalaban ciertos signos en cuanto al tiempo y modo de morir. A la muerte repentina se la llamaba «ser tragado»; a la muerte después de un día de enfermedad, la de rechazo; después de dos días, la de desesperación; después de cuatro días, la de reprensión; después de cinco días, una muerte natural. De modo similar, se observaba cuidadosamente la posición del moribundo. Morir con una feliz sonrisa o al menos con una cara serena o mirando arriba, era un buen presagio; mirar abajo, parecer perturbado, llorar, o incluso volverse hacia la pared, eran malas señales.[2] Al recuperarse de una enfermedad se demandaba que se hicieran especiales acciones de gracias. Había una curiosa superstición (*Ber.* 55 *b*) de que si alguien anunciaba su enfermedad en el primer día en que aparecía, ello podía tender a empeorarlo, y que sólo al segundo día debían hacerse oraciones por él. Finalmente, con respecto a esto podemos mencionar, posiblemente echando luz sobre la práctica a que hace referencia Santiago (Stg. 5:14), que existía la costumbre de ungir a los enfermos con una mezcla de aceite, vino y agua, cuya preparación se permitía incluso en sábado (*Jer. Ber.* II. 2).

Cuando nuestro Señor mencionó la visitación de los enfermos entre las evidencias de aquella religión que soportaría el peso del día del juicio (Mt. 25:36), apelaba a un principio

---

2. Un relato de la manera de «poner en orden la casa» (2 S. 17:23; 2 R. 20:1) nos llevaría más allá de nuestro presente objetivo.

universalmente reconocido entre los judíos. El gran doctor judío Maimónides mantiene que este deber toma precedencia sobre todas las demás buenas obras, y el Talmud llega tan lejos como para afirmar que el que visite a los enfermos liberará su alma de la Gehena (*Ned.* 40 *a*). Por ello mismo, un rabí, que estaba considerando el sentido de la expresión «En pos de Jehová vuestro Dios andaréis» (Dt. 13:4), llega a la conclusión de que se refiere a imitar lo que leemos de sus acciones en la Escritura. Así, Dios había vestido a los desnudos (Gn. 3:21), y también deberíamos hacerlo nosotros; visitó a los enfermos (Gn. 18:1); consoló a los enlutados (Gn. 25:11) y sepultó a los muertos (Dt. 35:6), dejándonos en todo ello un ejemplo para que siguiéramos sus pisadas (*Sota* 14 *a*). Era posiblemente para alentar en el cumplimiento de este deber, o bien con referencia a los buenos efectos de la simpatía sobre los enfermos, que se nos dice que todo el que visita a un enfermo le quita una sexagésima parte de sus sufrimientos (*Ned.* 39 *b*). Y no debía detenerse ahí el servicio del amor; porque, como hemos visto, el enterramiento de los muertos era un deber tan urgente como la visitación de los enfermos. Al pasar la procesión funeral, se esperaba de cada uno, si le era posible, que se uniera a ella. Los rabinos aplicaban Pr. 14:32 y 19:17 a la observancia de esta instrucción, y Pr. 17:5 a su descuido (*Ber.* 18 *a*). De manera similar, se mostraba toda reverencia hacia los restos de los muertos, y los sepulcros se guardaban de todo tipo de profanación, e incluso de conversaciones ligeras.

La sepultura seguía tan pronto como fuera posible tras la muerte (Mt. 9:23; Hch. 5:6, 10; 8:2), e indudablemente en parte debido a razones sanitarias. Sin embargo, si había razones especiales (Hch. 9:37, 39), o en el caso de padres, podía transcurrir un período hasta de días. Los preparativos para el sepultamiento de nuestro Señor, mencionados en los evangelios —el ungüento con vistas a su sepultura (Mt. 26:12), las especias y ungüentos (Lc. 23:56), la mezcla de mirra y áloes—, encuentran su confirmación literal en lo que nos cuentan los rabinos de las costumbres de aquel período (*Ber.* 53 *a*). Hubo un tiempo en que los excesivos gastos relacionados con los funerales se hicieron tan pesados que envolvían en serias dificultades a los pobres, que no querían hacer menos que sus vecinos. Esta insensatez se extendía no sólo a los ritos funerarios, al uso de quemar especias ante el sepulcro, y al depósito de dinero y objetos valiosos en el sepulcro, sino incluso al lujo en los lienzos para envolver el cuerpo del muerto. Al final el rabí Gamaliel introdujo una reforma muy necesaria, dejando instrucciones de que a él se le sepultara en sencillas vestiduras de lino. Como reconocimiento de esto se vacía una copa en su memoria en las comidas funerarias hasta el día de hoy. Su nieto llegó a limitar el número de vestimentas funerarias a *un* vestido. El vestido funerario se hace con el lino más barato, y lleva el nombre de (*Tachrichin*) «envolturas», o bien «vestido de viaje». Actualmente es siempre blanco, pero anteriormente se podía elegir cualquier color, de lo que tenemos algunos curiosos ejemplos. Así, un rabí no quería ser enterrado de blanco, para no parecer que estaba feliz, ni de negro, para no parecer que se dolía, sino de rojo; mientras que otro ordenó un vestido blanco, para mostrar que no estaba avergonzado de sus obras; ¡y un tercero mandó que le incluyeran los zapatos, las medias y un bastón, para estar listo para la resurrección! Como lo sabemos por el evangelio, el cuerpo era envuelto en «vendas de lino», y su rostro envuelto en un sudario (Jn. 11:44; 20:5, 7).

Habiendo sido el cuerpo adecuadamente preparado, se efectuaban los ritos funerarios tal como se describen en los evangelios. Por el relato de la procesión funeraria en Naín, que el Señor de la vida detuvo (Lc. 7:11-15), se pueden aprender muchos detalles interesantes. *Primero*, los sepulcros se encontraban siempre *fuera* de las ciudades (Mt. 8:28; 27:7, 52, 53; Jn. 11:30, 31). No se permitía pasar por en medio de ellos ni cursos de agua ni caminos públicos, ni que pastaran allí las ovejas. Leemos acerca de sepulcros *públicos* y *privados*, estos últimos principalmente en huertos y cuevas. Era costumbre visitar los sepulcros (Jn. 11:31), en parte para llorar y en parte para orar. Era ilícito comer o beber, leer, o incluso andar irreverentemente entre ellos. La *cremación* era denunciada como una práctica puramente pagana, contraria a todo el espíritu de las enseñanzas del Antiguo Testamento. *Segundo*, sabemos que, como en Naín, el cuerpo era generalmente portado sobre una camilla o en un ataúd abierto, cambiándose frecuentemente los porteadores para dar oportunidad a muchos en una obra considerada meritoria. Los sepulcros en los campos o en terreno abierto eran frecuentemente señalados con pilares memoriales. Los niños de menos de un mes eran llevados a enterrar por sus madres; los de menos de doce meses eran llevados sobre una camilla. *Finalmente*, el orden en que la procesión parece haber salido de Naín concuerda exactamente con lo que sabemos de los usos de aquel tiempo y lugar. Fue fuera de la puerta que el Señor, con sus discípulos, se encontró con el triste grupo. Si hubiera sido en Judea, las plañideras y los plañideros profesionales hubieran precedido, junto con los músicos, el ataúd; en Galilea iban detrás. Primero venían las mujeres, porque, como lo explica un antiguo comentario judío, la mujer, que introdujo la muerte en nuestro mundo, debiera encabezar la procesión funeraria. Entre ellas nuestro Señor reconoció en el acto a la madre viuda, cuyo único tesoro debía quedar oculto para siempre de ella. Detrás de la camilla mortuoria seguía, en obediencia a la ley y costumbre judía, «un grupo considerable de la ciudad». Al ver el dolor de ella el Hijo del Hombre fue movido a compasión; la presencia de la muerte ponía su demanda sobre el poder del Hijo de Dios. Fue a ella sola a quien Él dirigió la palabra, diciéndole lo que en forma de pregunta le diría a la mujer que lloraría ante su propio sepulcro, ignorante del hecho de que la muerte había sido sorbida con victoria, y diciéndole lo que sigue diciéndonos ahora desde el cielo: «¡No llores!» No mandó a la procesión que se detuviera, pero al tocar la camilla mortuoria, los que llevaban al muerto en ella se detuvieron. Fue un espectáculo maravilloso el que se vio fuera de las puertas de Naín. El Rabí y sus discípulos debieran haberse unido reverentemente a la procesión; en lugar de ello, la detuvieron. Una palabra de poder penetró dentro de las compuertas del Hades, y volvió a fluir la corriente de la vida. «Entonces el muerto se incorporó y comenzó a hablar» —pero no se nos dice qué palabras de asombro—. Debe haber sido como un repentino despertar, que no deja en la consciencia ni la más mínima traza del sueño. Sus palabras no serían de aquel mundo, sino de éste, aunque sabía que había estado al otro lado, haciendo que su resplandeciente luz hiciera parecer oscuro el resplandor del sol sobre la tierra, de manera que la vida después debe haberle parecido como estar sentado sobre la camilla mortuoria, y los rostros y voces de la vida como los de la multitud que le seguía hacia su sepulcro.

Ante el sepulcro, de camino al cual la procesión se detenía en repetidas ocasiones, en las que se hacían ocasionalmente breves alocuciones, se hacía una oración funeraria. Si el sepulcro estaba en un cementerio público, debía al menos haber una separación de medio metro entre cada durmiente. Las cuevas, o sepulcros tallados en la roca, consistían en una antecámara en la que se depositaba la camilla mortuoria, y en una cueva interior, o más bien inferior, en la que se depositaban los cuerpos, en posición yacente, en nichos. Según el Talmud, estas moradas de los muertos tenían generalmente una longitud de 1,80 metros, una anchura de 2,75 metros, y unos 3 metros de altura. Había nichos para ocho cuerpos: tres a cada lado de la entrada, y dos enfrente de ella. En sepulcros más grandes cabían trece cuerpos. La entrada a los sepulcros estaba cerrada por una gran piedra o por una puerta (Mt. 27:66; Mr. 15:46; Jn. 11:38, 39). Esta estructura de los sepulcros explicará algunos de los puntos relacionados con la sepultura de nuestro Señor, cómo las mujeres, al llegar temprano ante la cueva, quedaron atónitas al ver la «gran piedra» «removida de la puerta del sepulcro», y entonces, cuando entraron en la cueva exterior, quedaron atemorizadas al ver «a un joven sentado en el lado derecho, vestido con una túnica blanca» (Mr. 16:4, 5). De manera similar, explica los acontecimientos que se registran sucesivamente en Jn. 20:1-12, cómo María Magdalena, «siendo aún oscuro», había ido al sepulcro, esperando en todos los sentidos que viniera la luz, pero incluso a tientas vio que la piedra había sido quitada, y se fue corriendo a decirle a los discípulos que alguien, pensaba ella, había quitado al Señor del sepulcro. Si sabía del sellado de aquella piedra y de la guardia romana, debe haber tenido el sentimiento de que el odio humano quería privarles a su amor incluso del sagrado cuerpo de su Señor. Y, sin embargo, en medio de todo ello, los corazones de los discípulos deben haber atesorado esperanzas que apenas si osaban confesarse a sí mismos. Porque aquellos otros dos discípulos, testigos de todas sus obras en la tierra, compañeros de su vituperio en le palacio de Caifás, estaban esperando también que rompiera el día —pero en casa, no como ella ante el sepulcro.— Y ahora, «corrían los dos juntos». Pero aquella mañana, tan cercana a la de la traición, «el otro discípulo corrió más aprisa que Pedro». La gris luz de la temprana primavera había desgarrado la pesada cortina de nubes y niebla, y un resplandor rojizo y dorado teñía el borde del horizonte. El huerto estaba silencioso, y el aire matutino agitaba los árboles que en la negra noche habían parecido montar guardia sobre los muertos, al entrar Juan por la desguarnecida entrada, al lado de la cual se encontraba «la piedra desmesuradamente grande» que había sido quitada, y «agachándose» para mirar dentro de la cueva interior, «vio los lienzos colocados en el suelo». «Luego llegó Simón Pedro», no para esperarse en la cueva exterior, sino para entrar en el sepulcro mismo, seguido allí entonces por Juan. Porque aquel sepulcro vacío no era un lugar para mirar, sino para entrar en él y creer. Aquella mañana había sido testigo de muchas maravillas, de maravillas que llevaron a la Magdalena a anhelar otras mayores, por la maravilla de las maravillas, el mismo Señor. Y no se vio desengañada. Aquel que únicamente podía dar plena respuesta a sus preguntas, y secar sus lágrimas, se dirigió primero a ella, que tanto había amado.

Así también cumplió nuestro mismo bendito Señor de una manera totalmente verdadera aquello sobre lo que ponían tanto el acento la ley y la tradición judías: consolar a los dolidos en su aflicción (comparar Stg. 1:27). En verdad, dice la tradición que había en el Templo una puerta especial por la que entraban los enlutados, para que todos los que los encontraran pudieran cumplir este deber de amor. Había la costumbre, que merece una imitación general, de que los enlutados no debían ser atormentados con palabras, sino que todos observaran silencio hasta que ellos se dirigieran a alguien. Después, para evitar observaciones carentes de sentido, se fijó una fórmula según la que, en la sinagoga el que dirigía las devociones, y en la casa alguno determinado, comenzaba preguntando: «Indaga las razones de la lamentación», ante lo cual uno de los presentes, si era posible un rabí, respondía: «Dios es un Juez justo», lo que significaba que Él había tomado a un pariente próximo. Luego, en la sinagoga, se pronunciaba una fórmula normativa fija de consolación, mientras que en la casa seguían amables expresiones de consolación.

Los rabinos distinguen entre el *Onen* y el *Avel* —el entristecido o sufriente, y el abatido, que se marchita, desolado—; la primera expresión se aplicaba sólo al día del funeral, y la última al período que seguía. Se sostenía que la ley de Dios sólo prescribía lamentación para el primer día, que era el de la muerte y sepultura (Lv. 22:4, 6), mientras que el otro período más largo de duelo que seguía era ordenado por los ancianos. En tanto que el cuerpo del muerto estuviera presente en la casa, estaba prohibido comer carne o beber vino, ponerse las filacterias o dedicarse al estudio. Todos los alimentos necesarios tenían que ser preparados fuera de la casa, y no debían consumirse, si era posible, en presencia del muerto. El primer deber era rasgarse las vestiduras, lo que podía hacerse con una o más de las prendas interiores, pero no con la prenda exterior. El desgarro se hace de pie y delante;

generalmente, es de un palmo de longitud. En el caso de los padres nunca se vuelve a coser; pero en el caso de otros, se zurce al día trigésimo. Inmediatamente después de que el cuerpo es sacado de la casa se ponen patas arriba todas las sillas y sofás, y los enlutados se sientan (excepto en sábado, y en viernes sólo por una hora) en el suelo o en banquetas bajas. Se hacía aquí una triple distinción. El duelo profundo debía durar siete días, de los que los primeros tres eran de «llanto». Durante estos siete días estaba prohibido, entre otras cosas, lavarse, ungirse, ponerse calzado, estudiar o dedicarse a cualquier negocio. Después de ello seguía un duelo más ligero de treinta días. Los hijos debían llevar duelo por sus padres por un año entero; y durante once meses (para no implicar que tenían que quedarse un año entero en el purgatorio) debían recitar la «oración por el muerto». Esto último, sin embargo, *no* contiene ninguna intercesión por el difunto. También debía observarse el aniversario del día de la muerte. Un apóstata de la fe judía no debía ser lamentado; al contrario, se debía vestir de blanco el día de su muerte, y se debían hacer otras exhibiciones de gozo. Es bien sabido bajo qué excepcionales circunstancias se permitía a los sacerdotes y al sumo sacerdote lamentar a los muertos (Lv. 21:10, 11; 1-4). En el caso del sumo sacerdote, era usual decirle: «¡Qué seamos nosotros tu expiación!» («Suframos nosotros lo que debiera haber caído sobre ti»), a lo que él replicaba: «Sed benditos del cielo» (*Sanh.* II. 1). Se señala que esta forma de dirigirse al sumo sacerdote tenía el designio de indicar la grandeza del afecto de ellos; y el erudito *Otho* sugiere (*Lexic. Rabb.*, pág. 343) que esto puede haber estado en la mente del apóstol cuando hubiera deseado ser él mismo *Anathema* por causa de sus hermanos (Ro. 9:3). Al volver del entierro, los amigos o vecinos preparaban una comida para los deudos del difunto, consistiendo en pan, huevos duros y lentejas, alimentos redondos y rústicos; redondos como la vida, que va rodando hacia la muerte. Se traían y servían en platos de barro cocido. Por otra parte, los amigos de los enlutados participaban de una comida funeraria en la que no debían vaciarse más de diez copas —dos antes de la comida, cinco durante ella, y tres después (*Jer. Ber.* III. 1)—. En nuestros tiempos el deber religioso de asistir a los moribundos, a los muertos y a los deudos es efectuado por una especial «santa hermandad», como se llama, a la que se unen muchos de los más religiosos judíos por causa de la obra piadosa a la que ello los dedica.

Añadimos lo siguiente, que puede ser interesante. Se permite de modo expreso (*Jer. Ber.* III. 1) ir más allá de los límites sabáticos, en sábado y festividades, y hacer todos los deberes necesarios para los muertos. Esto arroja considerable luz sobre el relato evangélico acerca de los oficios rendidos al cuerpo de Jesús en la víspera de la Pascua. Los principales ritos del duelo eran, desde luego, interrumpidos en los sábados y fiestas, y uno de los registros hebreos no bíblicos más interesante, y quizá el más antiguo, el *Megillath Taanith*, o rollo de ayunos, menciona un número de otros días en los que estaba prohibido el ayuno, siendo aniversarios de ocasiones gozosas. La Misná (*Moed K.* III. 5-9) contiene un número de normas y de limitaciones acerca de las observancias del duelo en fiestas grandes y menores, que no citamos por tener poco interés, excepto en cuanto a la casuística rabínica. La pérdida de esclavos no debía ser lamentada.

Pero, ¿qué después de la muerte y en el juicio? ¿Y qué de aquello que introdujo la muerte, y que le da un sentido tan terrible a ella y al juicio, el *pecado*? Sería ocioso y sólo penoso aquí detallar los varios y enfrentados dichos de los rabinos, algunos de los cuales, al menos, pueden admitir una interpretación alegórica. Sólo se sumarizará brevemente aquello que pueda ser útil para el estudioso del Nuevo Testamento. Tanto el Talmud (*Pes.* 54. *a; Ned.* 39 *b*) como el Targum enseñan que el paraíso y el infierno fueron creados antes que este mundo. Una cita del Targum de Jerusalén (sobre Gn. 3:24) lo demostrará suficientemente, y además exhibirá la corriente general de la enseñanza judía. «Dos mil años

antes que el mundo fuera hecho», leemos allí: «Dios creó la
Ley y la Gehena, y el Huerto del Edén. Hizo el Huerto del
Edén para los justos, para que comieran de sus frutos y se
deleitaran en ellos, porque en este mundo habían guardado
los mandamientos de la ley. Pero para los malvados preparó
la Gehena, que es como una afilada y destructora espada de
dos filos. Puso dentro de ella chispas de fuego y carbones
ardiendo, para castigar a los malvados en el mundo venidero,
porque no habían observado los mandamientos de la ley en
este mundo. Porque la ley es el árbol de la vida. El que la
observe vivirá y subsistirá como el árbol de la vida.»[3] Se
suponía que el paraíso y el infierno estaban contiguos, separados sólo —se decía quizá alegóricamente— por un palmo
de distancia. Pero aunque podemos encontrar aquí algún ligero parecido a la localización de la historia del rico y de
Lázaro (Lc. 16:25, 26), sólo los familiarizados con el pensamiento teológico de aquel tiempo pueden juzgar plenamente
la infinita diferencia que existe entre la histora en el Evangelio y las imágenes que se dan en la literatura coetánea. Testigo
de ello es el capítulo 22 del libro de Enoc, que, como muchos
otros pasajes provenientes de escritos pseudoepigráficos y
rabínicos, ha sido mutilado y mal citado con propósitos
hostiles al cristianismo.[4] Los rabinos parecen haber creído en
una multiplicidad de cielos, manteniendo la mayor parte de
ellos que había *siete*, así como también que había siete
departamentos en el paraíso, y otros tantos en el infierno.

---

3. Otros dichos rabínicos dicen que existían siete cosas antes del mundo:
la ley, el arrepentimiento, el paraíso, el infierno, el trono de Dios, el nombre
del Mesías, y el Templo. Al mismo tiempo, el lector observará que la cita
del Targum que se da en el texto intenta una interpretación alegórica, y por
ello racionalista, de la narración de Gn. 3:24.
4. Debemos aprovechar esta oportunidad para referirnos a un libro que ha
servido de fuente principal para algunos escritores, y que ha sido aceptado
demasiadas veces con descuido como una autoridad absoluta por parte de
aquellos que debieran haber comprobado por sí mismos la exactitud de las
citas. Aludimos a Gfrörer, *Gesch. d. Urchrist.*, donde el pasaje de Enoc
XXII está, desde luego, mal citado.

Parece que se sostenía también la doctrina de la preexistencia de las almas de toda la humanidad antes de su aparición sobre la tierra, e incluso la doctrina de la migración de las almas, ambas, sin embargo, probablemente como ideas principalmente especulativas, introducidas procedentes de fuentes extranjeras, no judías.

Pero todas éstas son cuestiones preliminares y externas, que sólo tocan de una manera indirecta los grandes problemas del alma humana acerca del pecado y de la salvación. Y aquí podemos, en este lugar, sólo afirmar que cuanto más profunda e intensa es nuestra convicción de que el lenguaje, el trasfondo y toda la atmósfera del Nuevo Testamento eran los de Palestina en el tiempo en que nuestro Señor pisó su tierra, tanto más asombroso aparece el contraste entre la enseñanza doctrinal de Cristo y de sus apóstoles y el de los rabinos. Por lo general, se puede decir que la enseñanza del Nuevo Testamento con respecto al pecado original y sus consecuencias no halla analogía en los escritos rabínicos de aquel período. En cuanto al modo de salvación, la doctrina de los rabinos puede ser ampliamente resumida bajo la designación de justicia por medio de las obras.

En vista de esto hay, hablando en sentido estricto, una inconsecuencia lógica en la intensidad con que los rabinos insisten en un arrepentimiento universal e inmediato, y en la necesidad de la confesión del pecado y de la preparación para otro mundo. Porque un paraíso en el que se *pudiera* entrar por los propios méritos, y que sin embargo debe ser buscado por todos por medio del arrepentimiento y medios similares, o que sólo puede ser obtenido pasando a través de una especie de purgatorio, constituye una acusación moral no poco importante contra la religión del rabinismo. Pero estas inconsecuencias pueden ser saludadas como llevando a la sinagoga, en otra dirección, más cerca de la verdad bíblica. En verdad, llegamos ocasionalmente a mucho que también aparece, aunque en un contexto muy diferente, en el Nuevo Testamento. Así, la enseñanza de nuestro Señor acerca de la inmortalidad de los justos estaba, naturalmente, bien concorde con la de los fariseos. De hecho, también ellos contendían que los santos difuntos eran llamados «vivientes» en las Escrituras (*Ber.* 18 *a*).[5] De manera similar, también era su doctrina (*Ber.* 17 *a*, y en varios otros pasajes), aunque no mantenida de uná forma plenamente coherente, la que era de nuestro Señor (Mt. 22:30), que «en el mundo venidero no hay ni comida ni bebida, ni feracidad ni aumento, ni oficio ni negocio, ni envidia ni aborrecimiento, ni pendencias; sino que los justos se sientan con sus coronas en sus cabezas, y se gozan en el esplendor de la Shekinah, como está escrito: "vieron a Dios, y comieron y bebieron" (Éx. 24:11)». Lo que sigue es tan similar en forma, pero tan diferente en espíritu a la parábola de los convidados a las bodas y a aquel sin el vestido de bodas (Mt. 22:1-14), que lo citamos íntegramente: «El rabí Jochanan, hijo de Saccai, propuso una parábola. Un cierto rey preparó un banquete, al que invitó a sus siervos, sin no obstante fijar el tiempo para ello. Los que entre ellos eran sabios se adornaron, y se sentaron a la puerta del palacio real, razonando así: ¿Puede haber carencia de algo en el palacio del rey? Pero los que entre ellos eran insensatos se fueron a su trabajo, diciendo: ¿Hay nunca una fiesta sin trabajo? Repentinamente, el rey llamó a sus siervos al banquete. Los sabios aparecieron adornados, pero los insensatos escuálidos. Entonces el rey se regocijó por los sabios, pero se airó mucho contra los insensatos, y dijo: Los que se han adornado se sentarán, comerán

5. Quisiera aquí citar mi artículo sobre «Sickness and Death» [Enfermedad y Muerte], en *The Bible Educator*, vol. IV, págs 330-333. En *Sanh.* 90 *b*, 91 *a* y *b*, tenemos unas dilatadas argumentaciones en las que se demuestran las doctrinas de la inmortalidad y de la resurrección en controversia, principalmente contra los saduceos, pero también contra los paganos, en base a la ley, a los profetas y a los hagiógrafos. Los pasajes citados son (en *Melchita*, Éx. 15:1, que se traduce «Entonces Moisés cantará»): Dt. 4:4; 11:21; 31:6; 32:39; Nm. 15:31; 18:28; Éx. 6:4; 15:1; Is. 26:19; 52:8; Cnt. 7:9; Sal. 72:16; 84:7 (haciéndose el tiempo en esta cita, como en otras, *futuro*). Razonamientos similares acerca de esta cuestión se encuentran en *Abod. S.* 18 *a; Pes.* 68 *a; Sanh.* 92 *b*; y en muchos de los *Midrashim*.

y beberán y serán dichosos; pero los que no se han adornado se pondrán aparte y lo contemplarán, como está escrito en Is. 65:13.» Una parábola algo similar, pero aún más judía en su forma dogmática, es la siguiente: «El asunto [del mundo venidero] es semejante a un rey terrenal que entregó las ropas reales al cuidado de sus siervos. Los sabios las doblaron y guardaron en los guardarropas, pero los descuidados se las pusieron, y se dedicaron a trabajar con ellas puestas. Después de ciertos días el rey les pidió que le devolvieran las ropas. Los sabios se las devolvieron tal como estaban, es decir, aún limpias; los insensatos también las devolvieron tal como estaban, es decir, ensuciadas. Entonces el rey se regocijó con los sabios, pero se airó mucho con los siervos descuidados, y les dijo a los sabios: Guardad las ropas en la tesorería, e id a casa en paz. Pero a los descuidados les mandó que dieran las ropas para que las lavaran, y que ellos mismos fueran echados a la cárcel, como está escrito de los cuerpos de los justos en Is. 57:2; 1 S. 25:29, pero de los cuerpos de los injustos en Is. 48:22; 57:21 y en 1 S. 25:29.» Del mismo tratado (*Shab* 152 *a*) podemos, como conclusión, citar lo siguiente: «El rabí Eliezer dijo: Arrepiéntete en el día antes que mueras. Sus discípulos le preguntaron: ¿Puede alguien saber la hora de su muerte? Él contestó: Por ello que se arrepienta hoy, no sea que muera mañana.»

Las citas acerca de éstas y otras consideraciones sobre temas relacionados podrían llevarnos más allá de nuestro presente propósito. Pero la segunda de las parábolas anteriormente citadas indica la dirección de las conclusiones finales a las que llegó el rabinismo. No se trata, como en el Evangelio, de perdón y paz, sino de trabajo con la «posibilidad» de recompensa. En cuanto al «más allá de la muerte», el paraíso, el infierno, la resurrección y el juicio, las voces son más discordantes que nunca, las opiniones más antiescriturísticas, y las descripciones más repelentemente fantasiosas. No es éste el lugar para examinar a fondo las posturas doctrinales de los rabinos, o intentar clasificarlas y seguirlas. La justicia por las obras y el estudio de la ley son la clave más cierta del cielo. Hay una especie de purgación, si no de purgatorio, tras la muerte. Algunos parecen haber mantenido la aniquilación de los malvados. Tomando las más amplias y generosas posturas de los rabinos, parecen poder recapitularse así: Todo Israel tendrá parte en el mundo venidero; los piadosos entre los gentiles también tendrán parte en él. Sólo los perfectamente justos entran en el acto en el paraíso. Todo el resto pasa a través de un período de purificación y de perfeccionamiento, que varía en su duración hasta un año. Pero los notorios violadores de la ley, y especialmente los apóstatas de la fe judía, y los herejes, no tienen esperanza alguna, ni aquí ni en el más allá. Ésta es la última palabra que la sinagoga tiene que decir a la humanidad.

No es esto lo que nos enseña el Mesías, el Rey de los judíos. Si aprendemos nuestra perdición, aprendemos también que «el Hijo del Hombre ha venido a buscar y a salvar lo que se había perdido». Nuestra justicia es la que Él nos otorga gratuitamente, Aquel que «fue herido por nuestras transgresiones, molido por nuestros pecados», «por sus llagas fuimos nosotros curados». La ley que obedecemos es la que Él ha puesto en nuestros corazones, por la que venimos a ser templos del Espíritu Santo. «Nos visitó un amanecer de sol desde lo alto» por la misericordia amante de nuestro Dios. El Evangelio ha sacado a la luz la vida y la inmortalidad, porque sabemos en quién hemos creído; y «el perfecto amor echa fuera el temor». Ni siquiera los problemas de la enfermedad, del dolor, del sufrimiento y de la muerte quedan sin ser observados. «Por la noche nos visita el llanto, pero a la mañana viene la alegría.» Las lágrimas de la noche del mundo cuelgan como gotas de rocío sobre la flor y el árbol, para resplandecer como diamantes en el sol de la mañana. Porque en aquella noche de noches Cristo mezcló el sudor del trabajo y del dolor humanos con la preciosa sangre de su agonía, e hizo que cayera sobre la tierra como dulce bálsamo para sanar sus heridas, suavizar sus dolores y quitar su muerte.

XI

PERSPECTIVAS JUDÍAS ACERCA DE LAS PROFESIONES, DE LOS PROFESIONALES Y DE LOS GREMIOS

Leemos en la Misná (*Kidd.* IV. 14) lo que sigue: «Dijo el rabí Meir: Que un hombre enseñe siempre a su hijo un oficio ligero y limpio; y que ore a Aquel cuyas son la abundancia y las riquezas; porque no hay oficio que no tenga tanto pobreza como riqueza, ni la pobreza proviene del oficio, ni la riqueza, sino todo conforme a los merecimientos de cada uno. El rabí Simeón, hijo de Eleazar, dijo: ¿Has visto tú alguna vez una bestia o un ave que tenga un oficio? Y sin embargo son alimentados, y ello sin cuidado lleno de ansiedad. Y si es así con ellos, que son creados sólo para servirme, ¿no debo yo esperar ser alimentado sin un ansioso cuidado, que he sido creado para servir a mi Hacedor? Sólo que si he sido malo en mis acciones, pierdo el derecho a ser sustentado.[1] Dijo Abba Gurjan de Zadjan, en nombre de Abba Gurja: Que nadie críe a su hijo para ser conductor de asnos, ni camellero, ni barbero, ni marinero, ni pastor, ni buhonero; porque sus ocupaciones son las de ladrones. En su nombre, dijo rabí Jehudah: Los conductores de asnos son generalmente malvados; los camelleros generalmente honrados; los mari-

---

1. El Talmud de Jerusalén sobre esta Misná más bien daña su belleza por los detalles.

neros generalmente piadosos; el mejor entre los médicos merece la Gehena, y el más honrado de los carniceros es compañero de Amalec. Dijo el rabí Nehorai: Yo dejo a un lado todo oficio de este mundo, y nada le enseño a mi hijo más que la Torá;[2] porque el hombre come de su fruto en este mundo (por así decirlo, vive sobre la tierra con el interés), mientras que el capital queda intacto para el mundo venidero. Pero lo sobrante en cada oficio (u ocupación mundana) no es así. Porque si alguien cae enfermo, o llega a la ancianidad o en problemas (disciplina), y no puede ya mantenerse con su trabajo, ¡he aquí, muere de hambre! Pero la Torá no es así, porque preserva al hombre del mal en la juventud, y en la vejez le da tanto un más allá como una esperanzada espera por ella. ¿Y qué dice ella de la juventud? "Los que esperan en el Señor renovarán su fortaleza". ¿Y qué de la vejez? "Darán aún fruto en su ancianidad". Y esto es lo que fue dicho de nuestro padre Abraham: "Y Abraham era viejo, y Jehová bendijo a Abraham en todas las cosas". Pero vemos que nuestro padre Abraham guardó toda la Torá —toda ella, incluso lo que no había sido aún dado—, como se dice: Porque Abraham obedeció mi voz, y mantuvo mi encargo, mis mandamientos, mis estatutos y mis leyes.»

Si esta cita ha sido larga, demostrará ser instructiva en muchos respectos; porque no sólo constituye un especimen favorable de la enseñanza de la Misná, sino que da un atisbo de los principios, del tipo de razonamiento y de las posturas de los rabinos. De entrada, el dicho del rabí Simeón —que, sin embargo, se debe recordar que fue pronunciado casi un siglo después que nuestro Señor estuvo en la tierra— nos recuerda sus propias palabras (Mt. 6:26): «Mirad las aves del cielo, que no siembran, ni siegan, ni recogen en graneros; y vuestro Padre celestial las alimenta. ¿No valéis vosotros mucho más que ellas?» Sería un pensamiento delicioso que

2. La ley de Dios.

nuestro Señor se hubiera valido así del mejor pensamiento y de los más elevados sentimientos en Israel; por así decirlo, pulimentó el diamante y lo hizo resplandecer, al levantarlo a la luz del reino de Dios. Porque ahí también es cierto que el Salvador no vino en ningún sentido a «destruir» sino a «establecer la ley». Todo alrededor de la escena de su ministerio terrenal la atmósfera es judía; todo lo que era puro, verdadero y bueno en la vida, enseñanza y dichos de la nación lo hizo suyo propio. En cada página de los Evangelios llegamos a aquello que parece suscitar ecos de voces judías; dichos que nos recuerdan de lo que hemos oído entre los sabios de Israel. Y es precisamente como debiéramos haber esperado, y lo que da una confirmación no pequeña de la fiabilidad de estas narraciones como registro de lo que había tenido lugar. No es una escena extraña en la que se nos introduce aquí; ni estamos tampoco entre actores extraños; ni es el trasfondo extraño. Por todo esto tenemos una imagen vital del período, en la que reconocemos a los oradores por los bosquejos que de ellos se dibujan en otros lugares, y con cuya forma de hablar estamos familiarizados por la literatura contemporánea. Los evangelios no podían dejar a un lado el elemento judío, ni lo podían excluir. De otra manera no habrían sido fieles a su período, ni al pueblo, ni a los escritores, ni a aquella ley de crecimiento y de desarrollo que siempre marca el progreso del reino de Dios. Sólo en un respecto todo es diferente. Los evangelios son principalmente judíos en su forma, pero mayormente antijudíos en su esencia: son el registro de la manifestación en medio de Israel del Hijo de Dios, el Salvador del mundo, como el «Rey de los Judíos».[3]

Esta influencia del trasfondo judío sobre las circunstancias de la historia evangélica tiene una gran importancia. Nos es de ayuda para darnos cuenta de lo que había sido la vida judía

---

3. El desarrollo y prueba de esto debe quedar para una obra que trate plenamente de la vida y tiempos de nuestro Señor.

en los tiempos de Cristo, y para comprender lo que pudieran parecer peculiaridades en la narración del evangelio. Así, para centrarnos en el tema de este capítulo, comprendemos ahora cómo tantos de los discípulos y seguidores del Señor se ganaban la vida con algún oficio; cómo en el mismo espíritu el mismo Señor condescendió a tomar el oficio de su padre adoptivo; y cómo el mayor de sus apóstoles se ganó siempre el pan con el trabajo de sus manos, probablemente siguiendo, como el Señor Jesús, el oficio de su padre. Porque era un principio que frecuentemente se exponía que si era posible «no se debía dejar el oficio del padre» —muy probablemente no meramente por consideraciones mundanas, sino debido a que podía aprenderse en la casa; quizá incluso por consideraciones de respeto a los padres—. Y lo que Pablo practicaba a este respecto, también lo predicaba. En ninguna parte se expone con más claridad la dignidad del trabajo y la varonil independencia de una actividad honrada que en sus Epístolas. En Corinto, su primera actividad parece haber sido buscar un trabajo (Hch. 18:3); y durante su vida constantemente se privó de su derecho de ser sustentado por la Iglesia, considerando que era su gran «galardón» «presentar gratuitamente el evangelio de Cristo» (1 Co. 9:18). Y citando su apasionado lenguaje, hubiera preferido morir de un trabajo intenso antes de que nadie le privara de esta su «jactancia». Y así actualmente en Éfeso «estas manos» servían no sólo a sus propias necesidades, sino también a los que estaban con él; y ello por la doble razón de sustentar a los débiles, y de seguir al Maestro, aunque fuera «de lejos», y de entrar en este gozo suyo: «Más bienaventurada cosa es dar que recibir» (Hch. 20:34, 35). Por así decirlo, hace bien al corazón, cuando se entra en contacto con aquella Iglesia que parecía más en peligro de una ensoñada contemplación, y de especulaciones poco prácticas, si no peligrosas, acerca del futuro, oír qué tono varonil y ferviente prevalecía también allí. ¡Aquí tenemos al mismo predicador! No un adulador de hombres, sino siervo de Dios; no halagador, ni codicioso, ni buscando su propia gloria, ni cortejando la autoridad, como los rabinos. ¿Qué, pues? Éste es el bosquejo que se dibuja de la vida en Tesalónica, de manera que cada uno de los que lo habían conocido tenía que reconocerlo: de lo más amante, como una madre que cría, que cuida a sus propios hijos, y en su ternura dispuesto a impartir no sólo el Evangelio de Dios, sino su propia vida. Y, con todo, sin blandenguería ni sentimentalidad; todo es una rígida y genuina realidad; y el mismo predicador está «trabajando noche y día» porque no quería ser una carga para ninguno de ellos mientras que les predicaba el Evangelio de Dios (1 Ts. 2:9). «Noche y día», un trabajo duro, inacabable, poco interesante, ¡que algunos pudieran haber denunciado o menospreciado como secular! Pero para Pablo no existía esta miserable distinción, invención como es de la moderna superficialidad. Porque para el espiritual nada hay secular, y para el secular nada es espiritual. Trabajar noche y día, y luego, como su reposo, gozo y premio, predicar en público y en privado las inescrutables riquezas de Cristo, que lo había redimido con su preciosa sangre. Y así su predicación, aunque una de sus principales cargas parece haber sido la segunda venida del Señor, no estaba en absoluto calculada para hacer de sus oyentes unos ensoñadores apocalípticos, que se dedicaran a discutir enrevesados puntos y visiones del futuro mientras que descuidaban deberes presentes como por debajo de ellos, en un nivel inferior. Hay un son de honrada independencia, de una sana y varonil piedad, de abnegada devoción a Cristo, y también de una vida práctica de santidad, en esta amonestación (1 Ts. 4:11, 12): «Que os esforcéis afanosamente por tener tranquilidad, y ocuparos en vuestros propios asuntos» (cada uno por sí mismo, sin mezclarse en los asuntos de otros), «y trabajar con vuestras manos de la manera que os hemos mandado, a fin de que os conduzcáis honradamente para con los de afuera, y no tengáis necesidad de nadie»[4] (sed independientes de

4. Así literalmente.

todos los hombres). Y, cosa muy significativa, esta llana y práctica religión es puesta en conjunción inmediata con la esperanza de la resurrección y de la segunda venida de nuestro Señor (versículos 13-18). La misma amonestación: «que trabajando sosegadamente, coman su propio pan», se repite otra vez, sólo que con un lenguaje más severo, en la segunda Epístola a los Tesalonicenses, recordándoles en esto su propio ejemplo, y de sus instrucciones cuando estaba con ellos, que si «alguno no quiere trabajar, tampoco coma», reprendiendo al mismo tiempo con severidad a «algunos que están andando desordenadamente, que no están en absoluto ocupados, excepto que se ocupan en las cosas de los demas».[5]

Ahora bien, no pretendemos, desde luego, encontrar un paralelo a san Pablo entre siquiera los mejores y más nobles de los rabinos. Pero Saulo de Tarso era judío, no meramente instruido a los pies del gran Gamaliel, «aquel sol en Israel», sino también profundamente imbuido del espíritu y usos judíos; hasta tal punto que mucho después, cuando está escribiendo acerca de los más profundos misterios del cristianismo, detectamos una y otra vez expresiones que nos recuerda de algo que aparece en el más temprano registro de aquella doctrina judía secreta, que era sólo comunicada a los más selectos de los selectos sabios.[6] Y este mismo amor al trabajo honrado, este mismo espíritu de varonil independencia y el mismo horror a traficar con la ley, y a emplearla bien «como corona o como azada», era ciertamente una característica de los mejores rabinos. También bien diferente a este respecto —tan alejados como lo eran los fines de sus vidas— eran los sentimientos de Israel de los de los gentiles alrededor. Los filósofos de Grecia y Roma denunciaban el trabajo manual

---

5. He intentado aquí reproducir el juego de palabras en el original.
6. Nos referimos al libro Jezirah. Es curioso que nunca se haya señalado esto. Las coincidencias no tienen lugar en lo sustancial, sino en modos de expresión.

como algo degradante e incompatible además con el pleno ejercicio de los privilegios de un ciudadano. Los romanos que no sólo se entregaban al soborno por sus votos sino que esperaban ser sustentados a cargo de los fondos públicos, no se rebajaban a la contaminación del trabajo. Los judíos tenían otro objetivo en la vida, otro orgullo y otra ambición. Es difícil dar una idea de los aparentes contrastes que convergían en ellos. De lo más aristocrático y exclusivista, menospreciativos del mero clamor de la plebe, pero al mismo tiempo de lo más demócratas y liberales; respetuosos de la ley, y con la mayor deferencia a la autoridad y al rango, y sin embargo con esta prevalente convicción en el fondo de que todo Israel eran hermanos, y que como tales se encontraban precisamente al mismo nivel, surgiendo las eventuales diferencias sólo de esto: de que la masa no vivía la verdadera vocación de Israel ni era consciente de cómo debía ser alcanzada, esto es, mediante la dedicación teórica y práctica a la ley, en comparación con lo cual todo lo demás era secundario y carente de importancia.

Pero esta combinación del estudio con la honrada actividad manual, lo uno para sustentar lo otro, no había sido siempre igualmente honrada en Israel. Distinguimos aquí tres períodos. La ley de Moisés evidentemente reconocía la dignidad del trabajo, y este espíritu del Antiguo Testamento apareció en los mejores tiempos de la nación judía. El libro de Proverbios, que contiene tantos bosquejos de lo que había sido un feliz y santo hogar en Israel, está lleno de encomio a la industria doméstica. Pero los apócrifos, especialmente Eclesiástico (38:24-31), suenan con un tono muy diferente. Analizando todos los oficios, uno por uno, se hace la menospreciativa pregunta: ¿Cómo este o aquel profesional «puede alcanzar sabiduría»? Esta «Sabiduría de Jesús el Hijo de Sirach» data de alrededor de dos siglos antes de nuestra era. No hubiera sido posible haber escrito, en la época de Cristo o después, en tales términos acerca de «el carpintero y artesano», de aquellos «que cortan y graban sellos», del «herrero» o del «alfarero», ni haber dicho de ellos: «No serán buscados en consejo público ni se sentarán altos en la congregación; no se sentarán en el estrado de jueces ni entenderán la sentencia de juicio: no pueden declarar justicia y juicio; y no serán hallados donde se pronuncian parábolas» (Eclo. 38:33). Porque, de hecho, y con pocas excepciones, todas las autoridades rabínicas principales trabajan en alguna actividad, hasta que vino a ser una moda dedicarse a una labor física dura, de manera que un rabí llevaba cada día su propia silla a la academia, mientras que otros arrastraban pesadas vigas o trabajaban en cosas similares.[7] Sin recargar estas páginas con nombres, vale la pena mencionar, quizá como ejemplo extremo, que en una ocasión un hombre fue realmente llamado de su oficio como cortador de piedra para asumir el cargo de sumo sacerdote. Desde luego, ello tuvo lugar en tiempos de revolución. Los sumos sacerdotes bajo la dinastía herodiana presentan un trágico interés, por su relevancia en cuanto al estado y suerte de la nación. Pero el gran Hillel era tallador de madera, y su rival Shammai, carpintero; y entre los célebres rabinos de tiempos posteriores encontramos a zapateros, sastres, carpinteros, alpargateros, herreros, alfareros, albañiles, etc.; en resumen, gente de todos los oficios. Y no se avergonzaban de su trabajo manual. Así, se registra de uno de ellos que tenía la costumbre de dirigirse a sus estudiantes desde un barril hecho por él, que llevaba a diario a la academia.

Y difícilmente podemos asombrarnos de esto, por cuanto era un principio rabínico que «todo aquel que no le enseña un oficio a su hijo hace lo mismo que si le enseñara a ser un bandido» (*Kidd.* 29). El Midrash da esta curiosa paráfrasis de Ec. 9:9: «He aquí, la vida con la mujer que tú amas»:[8]

7. Comparar el hermoso tratado del profesor Delitzsch, *Jüd. Handwerkerleben zur Zeit Jesu* (pág. 75), al que quisiéramos aquí en general reconocer nuestra obligación.
8. Así literalmente en hebreo.

Busca un oficio junto con el estudio divino que tú amas. «¡Cuánto ama los oficios el Hacedor del mundo!» es otro dicho. Aquí hay otros: «No hay nadie cuyo oficio Dios no lo adorne de belleza». «Aunque hubiera siete años de hambre, nunca llegará a la puerta de uno con oficio.» «No hay oficio al que tanto la pobreza como la riqueza no vayan unidas; porque nada hay más pobre, ni nada más rico, que un oficio.» «Ningún oficio desaparecerá nunca del mundo. Dichoso aquel cuyo maestro lo ha criado en un buen oficio; ay de aquel que ha sido introducido en uno malo.»[9] Quizá éstos sean dichos rabínicos comparativamente tardíos. Pero volvamos a la Misná misma, y especialmente a aquel tratado que profesa incluir la sabiduría y los dichos de los padres (*Aboth*). Shemaajah, el maestro de Hillel, tiene este cínico dicho (*Ab.* I. 10), que quizá fuera el resultado de su experiencia: «Ama el trabajo, odia el rabinato, y no apremies el ser conocido por parte de los que están en el poder.» Las posturas del mismo gran Hillel han sido citadas en un capítulo anterior. El rabí Gamaliel, hijo de Jehudá el Nasi, dijo (*Ab.* II. 2): «Bueno es el estudio de la ley, si va acompañado de una ocupación secular; dedicarse a ambas cosas es mantenerse alejado del pecado; mientras que el estudio que no está combinado con el trabajo debe al final ser interrumpido, y sólo trae pecado consigo.» El rabí Eleazar, hijo de Asarjah, dice, entre otras cosas: «Donde no hay sustento (literalmente, comida, harina) secular, no hay estudio de la ley; y donde no hay estudio de la ley, el sustento mundano carece de valor» (*Ab.* III. 21). Vale la pena añadir lo que sigue de inmediato en la Misná. Su parecido al símil acerca de la roca y de la edificación sobre ella, empleada por nuestro Señor (Mt. 7:24; Lc. 6:47), es tan notable, que lo citamos como ilustración de anteriores observaciones acerca de esta cuestión. Leemos lo siguiente:

9. Comparar Hamburguer, *Real. Encycl.* pág. 497, donde estos dichos son compulsados.

«Aquel cuyo conocimiento sobrepasa a sus obras, ¿a quién es parecido? Es como un árbol con muchas ramas pero con pocas raíces, y viene el viento, y desarraiga el árbol, y lo arroja sobre su rostro, como se dice (Jer. 17:6)... Pero aquel cuyas obras sobrepasan a su conocimiento, ¿a quién es semejante? A un árbol cuyas ramas son pocas, pero sus raíces muchas, e incluso si todos los vientos del mundo vinieran y batieran contra un tal árbol, no podrían moverlo de su sitio, como está escrito (Jer. 17:8).» Hemos dado este dicho en su forma más antigua. Incluso así, debería tenerse en cuenta que data de después de la destrucción de Jerusalén. Aparece en una forma aún más tardía en el Talmud de Babilonia (*Sanh.* 99 *a*). Pero lo que es más notable es que también aparece en otra obra, y en una forma casi idéntica a la que tiene en el Nuevo Testamento, hasta allí donde se trata del símil de la edificación. En esta forma es atribuido a un rabí que es estigmatizado como apóstata, y como el tipo de la apostasía, y que, como tal, murió bajo el anatema. La inferencia parece ser que, si no profesó alguna forma de cristianismo, había al menos derivado este dicho de su relación con los cristianos.[10] Pero, aparte de esto, hay dos cosas que quedan claras al comparar el dicho en su forma rabínica y en su forma cristiana. Primero, en la parábola empleada por nuestro Señor, todo es referido a Él; y la esencial diferencia depende en último término de nuestra relación con Él. La comparación aquí no tiene lugar entre mucho estudio y pocas obras, o poco conocimiento talmúdico y muchas obras, sino entre acudir a Él y oír estos dichos de Él, y luego ponerlos por obra o no. En

10. Elisha ben Abujja, llamado Acher, «el otro», debido a su apostasía. La historia de este rabí es, en suma, profundamente interesante. Sólo podemos hacernos esta pregunta: ¿Se trataba de un cristiano, o meramente de un caído en el gnosticismo? Esto último es lo que nos parece más probable. Sus errores son atribuidos por los judíos a su estudio de la Cábala.

segundo lugar, en el cristianismo nunca se presenta una alternativa como entre mucho conocimiento y pocas obras, por una parte, y por otra poco conocimiento y muchas obras, sino que en el cristianismo la diferencia vital reside entre obras y carencia de obras; entre vida absoluta y muerte absoluta; dependiendo todo de ello, si uno ha cavado hasta llegar al fundamento adecuado, y si ha edificado sobre la roca que es Cristo, o si ha tratado de edificar las paredes de su vida sin tal fundamento. Así, la misma similaridad del dicho en su forma rabínica expone con la mayor claridad la esencial diferencia y enfrentamiento espiritual existentes entre el rabinismo, incluso en su forma más pura, y la enseñanza de nuestro Señor.

La cuestión de la relación entre las mejores enseñanzas de los sabios judíos y algunos de los dichos de nuestro Señor es de una importancia tan vital que esta digresión no parecerá fuera de lugar. Pueden ser ahora apropiadas algunas citas adicionales tocantes a la dignidad del trabajo. El Talmud tiene una hermosa Haggadah que cuenta cómo, cuando Adán oyó esta sentencia de su Hacedor: «Espinos y cardos te producirá», prorrumpió en llanto. «¡Qué!», exclamó; «Señor del mundo, ¿tengo así que comer del mismo pesebre que el asno?» Pero cuando oyó las palabras adicionales: «Con el sudor de tu rostro comerás el pan», su corazón quedó consolado. Porque ahí reside (a decir de los rabinos) la dignidad del trabajo: que el hombre no está forzado a, ni es inconsciente de, su trabajo; sino que en tanto que viene a ser el siervo del suelo, consigue de él el precioso fruto de la dorada cosecha. Y así, aunque la labor pueda ser dura, y el resultado dudoso, como cuando Israel se encontró en la orilla del mar Rojo, sin embargo un milagro dividirá también estas aguas. Y sin embargo la dignidad del trabajo es grande en sí misma: refleja honra; alimenta y nutre al que se dedica a él. Por esta razón también castigaba la ley con una quíntuple restitución el robo de un buey, y sólo con una cuádruple el robo de una oveja;

porque lo primero era lo que empleaba el hombre para trabajar.[11]

Ciertamente san Pablo hablaba también como judío al amonestar a los efesios (Ef. 4:28): «El que hurtaba, ya no hurte más, sino que trabaje, haciendo con sus manos lo que es bueno, para que tenga qué compartir con el que padece necesidad.» «Haz un día de trabajo del sábado: pero no dependas de la gente», era un dicho rabínico (*Pes.* 112). «Desuella animales al lado del camino», leemos, «y cobra por ello, ¡pero no digas, soy un sacerdote; soy un hombre distinguido, y el trabajo es algo a lo que no estoy dispuesto!» Y hasta el día de hoy el común proverbio judío dice: «El trabajo no es ninguna *cherpah* (desgracia)»; o también: «*Melachah* es *berachah* (el trabajo es bendición).» Con tales perspectivas, podemos comprender lo universales que eran las actividades industriosas en los tiempos de nuestro Señor. Aunque es indudablemente cierto, como lo expresa el proverbio rabínico, que cada uno tiene la peor opinión de su propio oficio, sin embargo la opinión pública asignaba un valor distinto a diferentes oficios. Algunos eran evitados debido a lo desagradables que eran, como el de curtidor, tintorero y minero. La Misná establece como un principio que un hombre no debía enseñar a su hijo un oficio que demandase una constante relación con el otro sexo (*Kidd.* IV. 14). Éstos incluirían, entre otros, el de joyero, fabricante de molinos de mano, perfumista, y tejedor. Este último oficio parece haber estado expuesto a tantos problemas como si los tejedores de aquel tiempo se hubieran visto obligados a servir a una moderna y sofisticada dama. El dicho era: «Un tejedor debe ser humilde, o su vida quedará acortada por la excomunión»; esto es, debe someterse a cualquier cosa para vivir. O, como lo decía un común proverbio (*Ab. S.* 26 *a*): «Si un tejedor no

---

11. Todos éstos son dichos rabínicos. Comparar las referencias en *Tendlau Sprüchw. u. Redensarten*, pág. 263.

es humilde, su vida queda acortada por un año.» Este otro dicho, de un tipo similar, nos recuerda la estimación que tienen los escoceses de —o más bien su poco respeto hacia— los tejedores: «Hasta un tejedor es señor en su propia casa.» Y ello no sólo en su propia opinión, sino también en la de su mujer. Porque tal como lo dice el proverbio rabínico, «aunque un hombre fuera sólo un peinador de lana, su mujer lo llamaría a la puerta de la casa, y se sentaría a su lado»; tan orgullosa se siente de él. Quizá a la vista de los rabinos había algo de orgullo femenino en esta consideración por el crédito de su marido, porque dicen que «aunque un hombre tuviera sólo el tamaño de una hormiga, su mujer intentaría que se sentara entre los grandes».

Por lo general, se expresan las siguiente sanas posturas en el Talmud (*Ber.* 17 *a*). «El rabí de Jabne dijo: Soy simplemente un ser como mi prójimo. Él trabaja en el campo, y yo en la ciudad. Los dos nos levantamos temprano para acudir al trabajo; y no hay causa para que uno se ponga por encima del otro. No pienses que el uno hace más que el otro; porque se nos ha enseñado que hay tanto mérito en hacer lo pequeño como lo que es grande, siempre que el corazón esté en buen estado.» Y así se cuenta una historia de cómo uno que cavaba cisternas y hacía baños (para la purificación) se acercó al gran rabí Jochanan con las palabras: «Yo soy tan grande hombre como tú»; por cuanto, en su propia esfera, él servía las necesidades de la comunidad tanto como el más erudito maestro de Israel. En el mismo espíritu otro rabí amonestó a una estricta diligencia, porque en un sentido todo trabajo, por humilde que fuera, era realmente trabajo para Dios. No se pueden abrigar dudas de que el profesional judío que trabajara con tal espíritu sería a la vez feliz y capaz.

Tiene que haber sido un gran privilegio estar dedicado en cualquier trabajo relacionado con el Templo. Se mantenía a una gran cantidad de trabajadores constantemente empleados allí, preparando lo necesario para el servicio. Quizá fuera sólo un punto de celos de los de Jerusalén contra los alejandrinos lo que llevó a tradiciones rabínicas como la de que cuando los alejandrinos intentaron componer el incienso para el Templo, la columna de humo no ascendió recta del todo; cuando repararon el gran mortero en el que se molía el incienso, y también el gran címbalo con el que se daba la señal para comenzar el servicio musical del Templo, en cada caso su trabajo tuvo que ser deshecho por trabajadores de Jerusalén, a fin de conseguir la mezcla adecuada o evocar los anteriores dulces sones. Pero no se puede negar, sin embargo, y a pesar de los prejuicios palestinos, que había excelentes artesanos judíos en Alejandría; y abundancia de ellos también, como sabemos por su organización en gremios en la gran sinagoga. Cualquier artesano pobre sólo tenía que acudir a su gremio, y era sustentado hasta que encontrara empleo. Se nos informa que el gremio de caldereros tenía allí, como emblema, un delantal de cuero; y cuando sus miembros iban al exterior, solían llevarse consigo una cama que podía desmontarse. En Jerusalén, donde este gremio estaba organizado bajo su Rabban, o jefe, poseía una sinagoga y cementerio propios.[12] Pero los artesanos palestinos, aunque se apoyaban entre sí, no tenían gremios exclusivos, siendo que el principio de «libertad de trabajo» prevalecía entre ellos. Los bazares y las calles llevaban sus nombres. Los artesanos de Jerusalén se distinguían especialmente por sus dotes artísticas. Todo un valle, el de Tiropeón, estaba ocupado por industrias de derivados de la leche; de ahí su nombre de «valle de los queseros». Hasta en Is. 7:3 leemos de «el campo de los bataneros», que se encontraba «al extremo del acueducto de arriba en el camino» de Jope. Hay en el Talmud todo un conjunto de dichos expresamente designado como «los proverbios de los bataneros».

Por su amor a la edificación y al esplendor, los príncipes herodianos deben haber mantenido a muchos artesanos en

12. Véase Delitzsch, ref. 7 anterior, pág. 204.

constante actividad. Cuando se reedificó el Templo, no menos de dieciocho mil personas fueron empleadas en varias actividades, involucrando algunas de ellas una gran pericia artística. Incluso antes de esto, se dice'que Herodes el Grande empleó una gran cantidad de los más experimentados artesanos para enseñar a los mil sacerdotes que debían construir el santuario mismo. Porque en la construcción de aquella sección del Templo no se emplearon laicos. Como sabemos, no se empleó ni martillo, ni hacha, ni cincel, ni ninguna herramienta de hierro dentro del recinto sagrado. La razón de ello se explica en la Misná cuando describe cómo todas las piedras para el altar fueron excavadas de la tierra virgen, sin emplearse ninguna herramienta de hierro en su prepración: «El hierro es creado para cortar la vida del hombre; pero el altar para dilatarla. Por ello, no es propio emplear aquello que acorta para aquello que prolonga» (*Midd.* III. 4). Los que conocen la magnificencia y el esplendor de aquella casa santa serán los que mejor podrán juzgar cuál debe haber sido la pericia que sus varias partes tienen que haber precisado. Puede ser de interés un caso debido a su relación con el más solemne hecho de la historia del Nuevo Testamento. Leemos en la Misná (*Shek.* VIII. 5): «El rabí Simeón, el hijo de Gamaliel, dijo en nombre del rabí Simeón, el hijo del (anterior) Sagán (asistente del sumo sacerdote): El velo (del Lugar Santísimo) era de un palmo de grosor, y tejido con setenta y dos pliegues retorcidos; cada pliegue consistía de veinticuatro hilos» (según el Talmud, seis hilos de cada uno de los cuatro colores del Templo: blanco, escarlata, azul y oro). «Tenía una longitud de cuarenta codos, y veinte de anchura (18 por 9 metros), y hecho de ochenta y dos miríadas» (el significado de esto en la Misná no está claro). «Se hacían dos de estos velos cada año, y se precisaba de trescientos sacerdotes para sumergir uno» (antes de su uso). Estas declaraciones, naturalmente, tienen que ser consideradas como «números redondos»; pero son muy interesantes para ayudarnos a darnos cuenta no sólo cómo fue rasgado el gran velo del Templo cuando el Señor de aquel Templo murió en la cruz, sino también cómo este acontecimiento pudo haber sido ocultado de la masa de la población.

Pasando a otro tema, es curioso constatar en cuántos respectos no ha habido un verdadero cambio de tiempos y circunstancias. Los antiguos patronos judíos que empleaban obreros parecen haber tenido los mismos problemas de que tanto se quejan muchos en nuestros propios tiempos. Tenemos a este fin una enfática advertencia: que nos cuidemos de comer pan fino y de dar pan negro a los obreros o siervos; que no durmamos sobre plumas, y demos sacos de paja a los otros, y más especialmente si se trata de correligionarios, porque, se añade, ¡quien obtiene un esclavo hebreo tiene en él su amo! Es posible que algo de esto estuviera en la mente de san Pablo cuando escribió este tan necesario precepto (1 Ti. 6:1, 2): «Todos los que están bajo el yugo como esclavos, tengan a sus propios amos por dignos de todo honor, para que no sea blasfemado el nombre de Dios y la doctrina. Y los que tengan amos creyentes, no los tengan en menos por ser hermanos, sino sírvanles mejor, por cuanto son creyentes y amados los que se benefician de su buen servicio.» Pero realmente no hay nada «nuevo bajo el sol». En las asociaciones de muleteros y de marineros aparece algo como las estipulaciones de una mutualidad de seguros, que se comprometía a reemplazar un animal o una nave que se hubiera perdido por causas ajenas a la negligencia de parte del dueño. Y podemos incluso seguir este mismo espíritu de gremialismo en el expreso permiso que da el Talmud (*Bab. B.* 9) a los profesionales para que se combinen para trabajar sólo uno o dos días a la semana para poder dar suficiente empleo a todos los profesionales en un lugar. Cerramos con otra cita en el mismo sentido, que servirá también para ilustrar el modo peculiar de comentario rabínico sobre las palabras de la Escritura: "No hace daño a su vecino" —¡esto se refiere a un artesano no interfiriendo con la actividad de otro!»

XII

EL COMERCIO

El notable cambio que hemos observado en las posturas de las autoridades judías, desde un menosprecio al trabajo manual hasta casi una afectación por él, desde luego no pudo ser arbitrario. Pero como aquí no podemos observar ningún motivo religioso, podemos sólo explicarlo como debido a la alteración de las circunstancias sociales y políticas. En tanto que el pueblo fuera, al menos nominalmente, independiente y poseyera su propia tierra, la dedicación constante a un oficio señalaría probablemente a una clase social inferior, implicando una preocupación bien voluntaria, bien forzada, en las cosas de este mundo que perecen con el uso. La situación era diferente al estar Judea en manos de extraños. Entonces el honrado trabajo ofrecía el medio, y el único medio, de una independencia varonil. La dedicación al trabajo sólo en lo suficiente para conseguir este resultado, de «no tener necesidad de nadie», de poder mantener la cabeza erguida ante amigos y enemigos, de dar a Dios el sacrificio moral de la inclinación natural, de la fuerza y del tiempo, a fin de poder darse libre e independientemente al estudio de la ley divina, constituía una noble resolución. Y llevaba con ella su propia recompensa. Si por una parte se consideraba saludable la alternación de la labor física y mental, por la otra, y éste había sido el principal propósito, nunca habían sido los hombres más francos para expresar sus posturas, más despreocupados en cuanto a las meras personalidades o en cuanto a las consecuencias, más independientes en pensamiento y palabra que estos rabinos. Podemos comprender el agostador escarnio de san Judas (Jud. 16) para con aquellos que se dedican a «adular a las personas», literalmente, «admirando rostros» —expresión mediante la que la LXX traduce el «respeto» o «consideración» de personas (el *nasa panim*) que se menciona en Lv. 19:15; Dt. 10:17; Job 13:10; Pr. 18:5, y muchos otros pasajes—. También a este respecto, como en tantas ocasiones, san Pablo escribía como un verdadero judío al decir (Gá. 2:6): «Pero de parte de los que parecían ser algo (lo que eran entonces nada me importa; Dios no hace acepción de personas)...»

La Misná, desde luego, no nos informa de manera expresa acerca de cómo tuvo lugar el cambio a que nos hemos referido en el sentimiento público. Pero hay una multitud de indicaciones para conducirnos en ciertas breves y cáusticas sentencias que serían inexplicables, a no ser que sean leídas a la luz de la historia de aquella época. Así, como se ha dicho en el anterior capítulo, Shemaajah amonestaba: «Ama el trabajo, odia el rabinato, y no apremies el ser conocido por parte de los que están en el poder.» De manera similar, Avataljon advertía a los sabios que fueran cuidadosos en sus palabras, por temor a incurrir en el destierro para sí mismos y para sus seguidores (*Ab*. I. 10, 11). Y el rabí Gamaliel II decía (II. 3): «Ten cuidado con los poderes establecidos, porque ellos sólo buscan relación con las personas para la propia ventaja de ellos. Se muestran como si te amaran, cuando les conviene, pero en la hora de la necesidad no están al lado de nadie.» En la misma categoría de dichos para los tiempos podemos colocar éste del rabí Matithja: «Da a cada uno un saludo de paz, y prefiere ser cola de león que cabeza de zorro.» Es innecesario multiplicar las citas de este tipo, todas ellas expresivas de un intenso deseo de una honorable independencia por medio del esfuerzo personal.

Las posturas rabínicas con respecto al comercio eran bien diferentes que las que tenían con respecto a los oficios, como veremos de inmediato. De hecho, la general adopción de los negocios, que con tanta frecuencia ha sido hecha objeto de escarnio contra Israel, señala a otro estado social y a una terrible necesidad social. Cuando Israel fue dispersado por unidades, cientos o incluso miles, pero siendo aún una mísera, vencida, débil y errante minoría entre las naciones de la tierra —evitada, pisoteada y a merced de las pasiones populares— no le quedaba ninguna otra salida que la de dedicarse al comercio. Incluso si un judío con talento se hubiera podido identificar con los intereses de los gentiles, ¿le hubiera estado abierta la vida pública, no digamos que en los mismos, sino en cualesquiera términos? O, descendiendo otro peldaño, ¿podrían los profesionales judíos haber competido con los demás, excepto en aquellos oficios que fueran peculiarmente suyos? ¿Se les habría permitido entrar en los registros? Además, les era necesario para su propia defensa —casi para su misma existencia— que lograran influencia. Y en sus circunstancias la influencia sólo podía ser lograda mediante la posesión de la riqueza, y el único camino abierto para ello era el comercio.

No puede haber duda alguna de que, en el propósito divino, Israel no estaba señalado para ser una nación comercial. Las muchas restricciones impuestas a la relación entre los judíos y los gentiles que la ley de Moisés presenta en todo lugar, hubieran sido suficientes para impedirlo. Luego había una prohibición expresa de tomar interés en los préstamos (Lv. 25:36, 37), lo que hubiera imposibilitado las transacciones comerciales, aunque fuera relajada con referencia a los que vivían fuera de los límites de Palestina (Dt. 23:20). Luego, la ley del año sabático y la del jubileo habrían provocado un parón sobre todo tipo de comercio extendido. Y la tierra no era apropiada en absoluto para las demandas del comercio. Cierto es que poseía una amplia costa marítima, fueran cuales fueran las capacidades naturales de sus puertos. Pero toda la costa, con los puertos de Jope, Jamneh, Ascalón, Gaza y Acco o Tolemaida, permaneció, a excepción de breves períodos, en posesión de los filisteos y de los fenicios. Incluso cuando

Herodes el Grande edificó el noble puerto de Cesarea, fue casi exclusivamente empleado por extranjeros (Josefo, *Guerras*, III. 9:1). Y toda la historia de Israel en Palestina señala a lo mismo. Sólo en una ocasión, durante el reinado de Salomón, encontramos algo semejante a un intento de dedicarse a empresas mercantiles a gran escala. La referencia a «los mercaderes del rey» (1 R. 10:28, 29; 2 Cr. 1:16), que importaban caballos y tejidos de lino, ha sido considerada como indicativa de la existencia de una especie de real compañía de comercio, o de un monopolio real. Una inferencia aún más curiosa podría casi llevarnos a describir a Salomón como el primer gran «Proteccionista». Las expresiones en 1 R. 10:15 señalan a los derechos pagados por los importadores al por menor y al por mayor, indicando las palabras, literalmente traducidas, una fuente de ingresos por las contribuciones «de los mercaderes y del tráfico de los comerciantes»; estas dos palabras señalan en su derivación al comercio internacional, y distinguiendo probablemente entre al por menor y al por mayor.[1] Aquí podemos observar que además de estos derechos y los tributos de reyes «protegidos» (1 R. 9:15), los ingresos de Salomón son descritos (1 R. 10:14) como ascendiendo, en todo caso, a la enorme suma de seiscientos sesenta y seis talentos de oro anuales[2] [alrededor de 22 toneladas de este precioso metal]. Parte de ello puede haber provenido del comercio internacional del rey. Porque sabemos (1 R. 9:26, etc.; 2 Cr. 8:17, etc.) que el rey Salomón construyó una flota en Ezyón-géber, en el mar Rojo, puerto que David había conquistado. Esta flota comerciaba con Ofir, en sociedad con los fenicios. Pero como esta tendencia de la política del rey Salomón era opuesta al propósito divino, no fue duradera. El posterior intento del rey Josafat de reavivir el comercio

---

1. Véase Leyrer en Herzog, *Real-Ecycl.* V., pág. 509; y Keil, *Commentary*, sobre este pasaje.
2. La Vulgata traduce «Cada año».

exterior fracasó rotundamente: «Porque [las naves] se rompieron en Ezyón-géber» (1 R. 22:48; 2 Cr. 20:36, 37), y poco después el puerto de Ezyón-géber volvió de nuevo a ser posesión de Edom (2 R. 8:20).

Con esto termina la historia bíblica del comercio judío en Palestina en el sentido estricto del término. Pero nuestra referencia a lo que puede recibir el nombre de indicaciones escriturales en contra de la prosecución del comercio nos conduce a un tema relacionado para el que, aunque desde luego es una digresión, pedimos atención, debido a su gran importancia. Los más superficialmente familiarizados con la moderna controversia teológica son conscientes de que ciertos opositores a la Biblia han dirigido sus ataques especialmente contra la antigüedad del Pentateuco, aunque no han concordado aún entre sí acerca de qué partes del Pentateuco fueron escritas por diferentes autores, ni por cuántos, ni por quiénes, ni en qué tiempos, ni cuándo, ni por quién fueron finalmente recogidas en un libro. Ahora bien, lo que es nuestra contención acerca de esto es que la legislación del Pentateuco ofrece evidencias de su redacción antes de que el pueblo estuviera asentado en Palestina. Llegamos a esta conclusión de la siguiente manera: Supongamos un código de leyes e instituciones que fuera recopilado por un legislador práctico —porque es indudable que las tales existían en Israel—; mantenemos, entonces, que ningún legislador humano hubiera promulgado asuntos para una nación asentada como las que encontramos en el Pentateuco. El mundo ha visto muchas constituciones especulativas de la sociedad preparadas por filósofos y teóricos, desde Platón a Rousseau y Owen. Ninguna de éstas hubiera sido apropiada, y ni aun posible, para un estado social establecido. Pero ningún filósofo hubiera siquiera imaginado ni pensado en leyes como algunas de las estipuladas en el Pentateuco. Seleccionando sólo unas pocas, casi al azar, que piense el lector acerca de aplicar, por ejemplo a Inglaterra, estipulaciones como la de que todos los varones debían aparecer tres veces al año en el lugar que el Señor escogiera, o aquellas relacionadas con los años sabáticos y del jubileo, o aquellas que regulan las esquinas de los campos, o las que prohíben cobrar intereses, o las relacionadas con las ciudades levíticas. Y que entonces uno se pregunte seriamente: ¿Podrían estas instituciones haber sido propuestas o introducidas por un legislador en tiempos de David, o de Ezequías, o de Esdras? Cuanto más pensamos en el espíritu y en los detalles de la legislación mosaica, tanto más intensa se hace nuestra convicción de que estas leyes e instituciones sólo hubieran podido ser introducidas antes que el pueblo se estableciera realmente en la tierra. Hasta donde podamos saber, esta línea argumental no ha sido propuesta antes; y sin embargo parece necesario que nuestros oponentes afronten esta dificultad preliminar y, pensamos, insuperable, para su teoría, antes que se nos pueda pedir que consideremos sus objeciones críticas.

Pero volvamos a nuestro tema. Pasando desde los tiempos bíblicos, o al memos desde los tiempos del Antiguo Testamento, a los tiempos posteriores, nos encontramos con que el antiguo sentimiento popular en Palestina acerca de la cuestión del comercio seguía en pie. Por una vez Josefo expresa aquí correctamente la opinión de sus compatriotas. «En cuanto a nosotros mismos», escribe él (*Contra Apión*, I. 12), «ni habitamos en un país marítimo, ni nos deleitamos en mercadear, ni en mezclarnos con otros hombres, como es la consecuencia de ello; sino que las ciudades en que vivimos están alejadas del mar, y teniendo un país feraz para nuestra morada, nos afanamos en cultivar esto sólo». No diferían de esto las opiniones de los rabinos. Sabemos la poca estima que tenían las autoridades judías por los buhoneros. Pero incluso el comercio no era considerado mucho más favorablemente. Se ha dicho rectamente que «en los sesenta y tres tratados de los que se compone el Talmud, difícilmente se encuentra una palabra honrosa para el comercio, pero muchas que indican los peligros de hacer dinero». «La sabidruría», dice el rabí Jochanan en explicación de Dt. 30:12, "no está en el cielo" —es decir, no se encuentra con los que son orgullosos–; ni se encuentra "más allá del mar" —esto es, no se encontrará entre comerciantes ni mercaderes» (*Er.* 55 *a*). Aún más atinadas son las estipulaciones de la ley judía con respecto a los que prestaban dinero por interés o tomaban usura. «Los siguientes», leemos en *Rosh Hash.* I. 8, «están incapacitados para dar testimonio: el que juega con los dados (un jugador); el que presta con usura; el que amaestra palomas (bien para apuestas, bien como reclamos); los que comercian en productos del año séptimo, y los esclavos». Aún más punzante es esto, que casi nos recuerda la glosa rabínica: «Del calumniador dice Dios: "No hay lugar en el mundo para él y para Mí"»— «El usurero saca a mordiscos un trozo de un hombre, porque le quita lo que no le ha dado» (*Bab. Mez.* 60 *b*). Se pueden citar unos cuantos dichos similares a continuación: «Dijo el rabí Meir: Sé parco (haciendo poco) en negocios, pero activo en la Torá» (*Ab.* IV. 2). Entre las cuarenta y ocho cualificaciones para asimilar la Torá, se menciona «poco negocio» (VI. 6). Finalmente, tenemos lo siguiente de Hillel, concluyendo con un noble dicho, digno de ser preservado para todos los tiempos y en todos los idiomas: «El que se dedica mucho a los negocios no puede llegar a ser sabio; y en un lugar en él no hay hombres, lucha tú por ser un hombre.»

Se habrá quizá observado que, con las cambiantes circunstancias del pueblo, las opiniones en cuanto al comercio sufrieron también un lento proceso de modificación, siendo ahora el principal objeto restringir tales ocupaciones, y especialmente regularlas en conformidad a la religión. Las inspecciones de pesos y medidas son relativamente recientes en nuestro propio país. Los rabinos, en esto como en muchos otros aspectos, estaban ahí mucho tiempo antes que nosotros. Designaron inspectores regulares, el deber de los cuales era ir de mercado en mercado, y más que esto, fijar los actuales precios de mercado (*Baba B.* 88). Los precios de cada producto eran en último término determinados por cada comunidad. Pocos mercaderes se someterían a la interferencia con lo que se llama la ley de la oferta y la demanda. Pero las leyes talmúdicas contra la compra de grano y su retirada del mercado, especialmente en tiempos de escasez, son sumamente estrictas. De manera similar, se prohibía elevar artificialmente los precios, especialmente de los productos alimenticios. Se consideraba un engaño cargar un margen superior al dieciséis por ciento. En general, algunos mantenían que en Palestina nadie debía sacar provecho de los artículos necesarios para la vida. El engaño en el comercio era considerado como merecedor de mayor castigo que una violación de algunos de los otros mandamientos morales. Porque esto último, se decía, podía rectificarse con el arrepentimiento. Pero el que engañaba en el comercio no defraudaba meramente a una o a varias personas, sino a todo el mundo, ¿y cómo podía esto nunca ser rectificado? Y todos eran amonestados a recordar que «Dios castiga incluso allí donde el ojo de un juez terreno no puede penetrar».[3]

Nos hemos referido a una modificación gradual de las posturas rabínicas con las cambiantes circunstancias de la nación. Esto probablemente se pone más claramente de manifiesto en el consejo del Talmud (*Baba M.* 42) de dividir el dinero propio en tres partes: dedicar una a la compra de tierra, invertir la segunda en mercancía, y guardar la tercera a disposición como líquido. Pero había siempre esta consolación, que Rab enumeraba entre las bendiciones del mundo venidero: que en él no habría comercio (*Ber.* 17 *a*). Y por lo que a este mundo concernía, el consejo era dedicarse al comercio, a fin de que con los beneficios se pudiera ayudar a los sabios a dedicarse a sus intereses, así como Sabua, uno de los tres hombres ricos de Jerusalén, había asistido al gran Hillel. De lo que se ha dicio, se inferirá que los puntos de vista expresados con respecto a los judíos de Palestina, e incluso de Babilonia, no se aplicaban a los de «la dispersión» entre las varias naciones de los gentiles. Para ellos, como ya

---

3. Comparar Hamburguer, *Real-Encycl.* pág. 494.

se ha visto, el comercio sería una necesidad, y, de hecho, el gran recurso para su existencia. Si esto se puede decir de todos los judíos de la dispersión, se aplica especialmente a aquella comunidad que era la más rica e influyente entre ellos: los judíos de Alejandría.

Pocas fases, incluso en la siempre cambiante historia del pueblo judío, son más extrañas, de interés más variado o más patéticas que las relacionadas con los judíos de Alejandría. La emigración de los judíos a Egipto comenzó incluso antes del cautiverio babilónico. Naturalmente, aquel acontecimiento hizo que los números aumentaran mucho, y después debido al asesinato de Gedalías. Pero el verdadero éxodo comenzó bajo Alejandro Magno. Aquel monarca concedió a los judíos de Alejandría los mismos derechos de que gozaban sus habitantes griegos, y por ello se vieron en el rango de las clases privilegiadas. Desde entonces su número e influencia fueron aumentando bajo sucesivos gobernantes. Los encontramos mandando ejércitos egipcios, influenciando profundamente el pensamiento y las investigaciones egipcias, impregnándolo en parte con la traducción de las Sagradas Escrituras al griego. No tenemos espacio aquí para referirnos al llamado Templo de Onías en Leontópolis, que rivalizaba con el de Jerusalén, y a la magnificencia de la gran sinagoga en Alejandría. No se puede dudar de que en la providencia de Dios la presencia de tantos judíos en Alejandría, y la influencia que ejercieron en lo intelectual, tenían el propósito de ayudar a la difusión del Evangelio de Cristo por el mundo educado de habla y pensamiento griegos. Para esto fue de gran ayuda la traducción griega del Antiguo Testamento. Y, humanamente hablando, habría sido difícilmente posible sin ella. En tiempos de Filón, el número de judíos en Egipto era no inferior al millón. En Alejandría ocupaban dos de los cinco barrios de la ciudad, que eran llamados con las cinco letras del alfabeto. Vivían bajo gobernantes propios, casi en un estado de plena independencia. A ellos pertenecía el barrio Delta, en la costa. La supervisión de la navegación, tanto por mar como fluvial, les había sido entregada plenamente a su cuidado. De hecho, el gran comercio de exportación, especialmente de cereales —y Egipto era el granero del mundo— estaba totalmente en sus manos. El aprovisionamiento de Italia y del mundo era el negocio de los judíos. Es una curiosa circunstancia, ilustrativa de lo poco que cambia la historia del mundo, que durante los problemas en Roma los banqueros judíos de Alejandría pudieron, por medio de sus corresponsales, obtener noticias más temprano y más de fiar que nadie acerca de la situación política.[4] Esto hizo posible que se declararan oportunamente a favor de César y de Octavio, y que consiguieran los plenos resultados políticos y financieros consiguientes a tal política, de la misma manera que las grandes casas bancarias judías al comienzo de este siglo[5] pudieron aprovecharse de manera similar de la recepción de noticias más frescas y fiables que las que podía obtener el público general.

Pero ningún bosquejo del comercio entre los antiguos judíos, por breve que sea, sería completo sin unos comentarios adicionales tanto acerca de la naturaleza del comercio que se hacía como de las normas legales que lo regían. El negocio del buhonero, naturalmente, se restringía al intercambio de los productos de un distrito por los de otro, a la compraventa de artículos nacionales o a la introducción de las últimas novedades del extranjero para aquellos que en los distritos rurales intentaban seguir la moda y deseaban artículos de lujo. Las importaciones del extranjero eran, con excepción de madera y metales, principalmente de artículos de lujo. Pescado de España, manzanas de Creta, queso de Bitinia; lentejas, alubias y calabazas de Egipto y Grecia; platos de Babilonia, vino de Italia, cerveza de Media, vasijas domésticas de Sidón, cestas de Egipto, vestidos de la India, sandalias de Laodicea, camisas de Cilicia, velos de Arabia,

4. Hausrath, *Neutest. Zeitg.* vol. I, pág. 57.
5. Esto es, comienzos del siglo xix. (*N. del T.*)

eran algunos de los artículos de importación. Por otra parte, las exportaciones de Palestina consistían en productos como trigo, aceite, bálsamo, miel, higos, etc., siendo el valor de las exportaciones y de las importaciones casi igual, y la balanza de pagos, si la había, en favor de Palestina.

Con respecto a las leyes regulando el comercio, eran tan minuciosas que casi nos recuerdan las observaciones del Salvador acerca de la puntillosidad farisaica. Varios tratados de la Misná van llenos de determinaciones acerca de estas cuestiones. «El polvo de las balanzas» es estrictamente una idea y frase judía. La ley iba hasta tan lejos como para determinar que un vendedor al por mayor debía limpiar las medidas que usaba una vez al mes, y un vendedor al por menor dos veces a la semana; que todos los pesos debían ser lavados una vez a la semana, y las balanzas limpiadas cada vez que se hubieran empleado. Para tener una certeza total, el vendedor tenía que dar algo más de una onza de más por cada diez libras, si el artículo era un fluido, o media, si se trataba de sólidos (*Baba B*. V. 10, 11). Aquí tenemos algunas de las principales ordenanzas relacionadas con el comercio:[6] Un compromiso no se consideraba cerrado hasta que ambas partes hubieran tomado posesión de sus respectivas propiedades. Pero cuando uno de ellos hubiera recibido el dinero, se consideraba deshonroso y pecaminoso que el otro se echara atrás. En caso de un margen excesivo, o mayor que el lícito, el comprador tenía derecho a devolver el artículo o a reclamar la devolución del exceso, siempre que no lo solicitara después de un intervalo mayor del necesario para mostrar los artículos a otro mercader o a un pariente. De manera similar, también el vendedor estaba protegido. Los cambistas tenían permitido aplicar un descuento fijo por monedas pequeñas, o devolverlo dentro de un período fijo, si estaban por debajo del peso al que las hubieran tomado. A un mercader no se le podía apre-

6. Véase mi *History of the Jewish Nation*, pág. 305, etc.

miar a que citara el precio más bajo, a no ser que el indagador quisiera realmente comprar; tampoco se le podía nunca recordar un sobrecargo excesivo anterior para inducirlo a rebajar sus precios. Los artículos de diferentes calidades no podían mezclarse, aunque los artículos añadidos fueran de mayor valor. Para protección del público, se prohibía a los agricultores vender en Palestina vino mezclado con agua, excepto en lugares donde ésta fuera la costumbre conocida. Un rabí llegó a censurar a los mercaderes que daban pequeños presentes a los niños a fin de atraer a sus padres como clientes. Es difícil imaginar lo que hubieran dicho de la moderna práctica de dar descuentos a los criados. Todos estaban de acuerdo en reprobar como engaño todo intento de dar una mejor apariencia a un artículo expuesto para la venta. Las compras de cereal no podían efectuarse hasta que se hubiera fijado el precio general del mercado.

Pero más allá de esto, se consideraba que todo tipo de especulación era semejante a la usura. Con la delicadeza característica de la ley rabínica, los acreedores tenían expresamente prohibido emplear nada perteneciente a un deudor sin pagar por ello, enviarlo a un recado, o incluso aceptar un presente de alguien que hubiera solicitado un adelanto. Tan puntillosos eran los rabinos en evitar la apariencia de usura, que una mujer que tomaba prestada una hogaza de pan de su vecina debía fijar su valor entonces, ¡no fuera que un repentino encarecimiento de la harina hiciera que la hogaza devuelta valiera más que la prestada! Si una casa o un campo eran alquilados, se podía cobrar algo más si no se pagaba el dinero por adelantado, pero no en caso de una compra. Se consideraba como una especie de especulación impropia prometerle a un mercader la mitad de los beneficios de las ventas que hiciera, o adelantarle dinero, y luego dejarle la mitad de los beneficios de sus transacciones. En ambos casos, se pensaba, el mercader estaría expuesto a más tentación. Por la ley tenía sólo derecho a una comisión y a una compensación por el tiempo y esfuerzo dedicados.

Igualmente estrictas eran las normas que afectaban al deudor y al acreedor. Los adelantos eran conseguidos legalmente mediante documentos legales, extendidos a cargo del deudor y firmados por testigos, acerca de cuyas firmas se dan minuciosas instrucciones. Para prevenir errores, la suma prestada se marcaba en la parte superior, así como en el cuerpo del documento. No se tomaba una persona como garantía de otra una vez que el préstamo hubiera sido efectivamente concluido. En referencia a los intereses (que entre los romanos se calculaban mensualmente), con respecto a prendas, y en el trato con los deudores insolventes, jamás se ha igualado la suavidad de la ley judía. Era legítimo, bajo ciertas restricciones, tomar una prenda, y en caso de impago venderla; pero la vestimenta, la cama, el arado y todos los artículos necesarios para la preparación de la comida quedaban exceptuados. De manera similar, era ilegítimo, bajo cualquier circunstancia, tomar una prenda de una viuda o vender lo que le pertenecía a ella. Éstas son sólo algunas de las estipulaciones por las que no sólo se guardaban los intereses de todas las partes, sino que también se trataba de dar un tono religioso más elevado a la vida ordinaria. Los que están familiarizados con el estado de cosas en las naciones circundantes, y con las crueles exacciones de la ley romana, apreciarán mejor también la diferencia a este respecto entre Israel y los gentiles. Cuanto más se estudia el código rabínico, tanto mayor será nuestra admiración de sus provisiones, caracterizadas como lo están por la sabiduría, la amabilidad y la delicadeza, que, nos aventuramos a decir, van muy por encima de ninguna legislación moderna. No era sólo la historia del pasado, los presentes privilegios y la esperanza relacionada con las promesas lo que apegaba a un judío a su pueblo, sino también la familia y la vida social y pública que encontraba entre sus hermanos. Sólo una cosa faltaba —pero ésta era, ¡ay!, «la cosa necesaria»—. Porque, en palabras de san Pablo (Ro. 10:2), «yo les doy testimonio de que tienen celo de Dios, pero no según el perfecto conocimiento».

XIII

ENTRE EL PUEBLO, Y CON LOS FARISEOS

Hubiera sido difícil ir lejos tanto por Galilea como por Judea sin entrar en contacto con un peculiar y notable tipo de individuo, diferente de todos los que le rodeaban, y que en el acto llamaría la atención. Así era el fariseo. Halagado o temido, evitado o adulado, considerado con reverencia o ridiculizado, era igualmente un poder en todas partes, tanto eclesiástica como políticamente, como perteneciente a la fraternidad más influyente, más celosa y más estrechamente relacionada, y que en la prosecución de sus fines no ahorraba ni tiempo ni esfuerzos, no temía a ningún peligro ni evitaba las consecuencias. Por familiar que suene el nombre a los lectores del Nuevo Testamento y a los estudiosos de la historia judía, no hay tema acerca del que se tengan conceptos más inexactos y carentes de rigor que acerca del fariseísmo, ni ninguno que, rectamente entendido, dé una mejor indicación del estado del judaísmo en tiempos de nuestro Señor, o que ilustre mejor sus palabras y sus acciones. Contemplemos primero al fariseo mientras que con aparente calma se mueve en medio de la multitud, que o bien le abre paso respetuosamente, o bien lo mira con curiosidad.

Es probable que no hubiera ninguna ciudad ni pueblo habitado por los judíos que careciera de fariseos, aunque es natural que se reunieran preferentemente alrededor de Jerusalén con su Templo; y lo que, quizá, debe haber sido más querido para el corazón de un fariseo genuino: sus cuatrocientas ochenta sinagogas, sus sanedrines (grandes y pequeños), y sus escuelas y academias. No sería difícil reconocer al tal. Andando detrás de él lo más probable era que pronto se detuviera para pronunciar sus oraciones prescritas. Si había llegado el tiempo fijado para ellas, se detendría en medio del camino, recitaría quizá una sección de las oraciones, se adelantaría, recitaría otra sección, y así, hasta que, por mucho que se pudiera estar indeciso acerca de otras cosas, no pudiera haber duda de ningún tipo acerca de lo conspicuo de su devoción en el mercado o en las esquinas de las calles. Allí se quedaría de pie, como le enseñaba la ley tradicional, pondría los pies bien juntos, arreglaría su cuerpo y vestimenta, y se inclinaría tanto «que cada vértebra de su espalda se quedaría separada», o al menos hasta que «la piel sobre su corazón cayera en pliegues» (*Ber.* 28 *b*). El obrero dejaría caer sus herramientas, el mozo de cuerda su carga; si alguien tenía ya un pie en el estribo, lo sacaría. Había llegado la hora, y no se podía dejar que nada le interrumpiera o perturbara. La misma salutación de un rey, se afirmaba, debía quedar sin respuesta; incluso si una serpiente se enroscaba alrededor del talón, no se debía prestar atención a ello. Y no eran sólo las ocasiones prescritas para la oración las que así demandaban sus devociones. Al entrar en un pueblo, y al dejarlo, debía pronunciar al menos una o dos bendiciones; lo mismo al pasar por una fortificación, al afrontar cualquier peligro, al encontrarse con cualquier cosa nueva, extraña, hermosa o inesperada. Y cuanto más tiempo orara, tanto mejor. En opinión de los rabinos esto tenía una doble ventaja: porque «la mucha oración será seguramente oída», y «la oración prolija prolonga la vida». Al mismo tiempo, como cada oración empezaba y terminaba con una bendición del Nombre Divino, había un especial mérito religioso en el mero número, y un centenar de «bendiciones» pronunciadas en un día era una especie de medida de gran piedad.

Pero al ver a un fariseo cara a cara podía aún dudarse

menos acerca de su identidad. Su porte de autosatisfacción, o bien de aparente modestia u ostentosamente manso, lo traicionaría, incluso con independencia de su altanería hacia los demás, de su evitación de todo contacto con personas o cosas que él consideraba impuras, y de sus extravagantes exhibiciones religiosas. Estamos, naturalmente, refiriéndonos a la clase, o más bien al partido, como tal, y a sus tendencias, y no a *todos* los individuos que lo componían. Además, había, como veremos, varios grados entre ellos, desde el más humilde fariseo, que era simplemente miembro de la fraternidad, sólo iniciado en el más bajo escalón, o quizá incluso un novicio, hasta el más avanzado *chasid*, o «pietista». Este último, por ejemplo, presentaría cada día una ofrenda por la culpa, en caso de que hubiera cometido alguna ofensa de la que tuviera dudas. Los extremos a los que llegaba la puntillosidad de esta clase, en la observancia de las leyes de la pureza levítica, pueden colegirse de un rabí que no quería permitir que su hijo se quedara en la estancia mientras él estaba en manos del cirujano, para que no se contaminara con el contacto del miembro amputado, que, naturalmente, estaría por ello mismo muerto. Otro *chasid* iba hasta tal punto en su celo en la observancia del sábado que no quería reconstruir su casa porque había pensado acerca de ello en sábado; y era incluso considerado por algunos cosa impropia confiar una carta a un gentil, ¡por si acaso fuera a entregarla en un día santo! Éstos son casos reales, pero en absoluto extremos. Porque un rabí contemporáneo de los apóstoles se vio realmente obligado a denunciar, como incompatibles con la permanencia de la sociedad, las fantasías de los llamados «Chasid Shoteh», o pietistas memos. Lo que se significaba por esto se verá de casos como ¡el de rehusar salvar a una mujer de ahogarse por miedo a tocar una hembra, o de esperar a quitarse las filacterias antes de extender una mano para rescatar a un niño de ahogarse en el agua!

Los lectores del Nuevo Testamento recordarán que la vestimenta misma de los fariseos difería de la de los demás.

Por sencillo que sea el atavío de los orientales, no se debe creer que en aquellos tiempos no se distinguieran tanto, si no más, el rango, la riqueza y el lujo que en nuestros días. Es indudable que el refinado griego, el cortesano herodiano, el rico saduceo, así como muchas de las damas patrocinadoras de los fariseos (Josefo, *Antigüedades*, XVII. 2:4), habrían sido fáciles de reconocer. En todo caso, los escritos judíos nos dan tales descripciones de su atavío que casi podemos transportarnos en la imaginación a la sociedad selecta de Tiberias, Cesarea, Jerusalén, o entre los de «la dispersión» que residían en Alejandría o en las ricas ciudades de Babilonia.

Parece que en total se precisaba de dieciocho prendas para totalizar un atavío elegante. El material, color y corte distinguían al que lo vestía. Mientras que los pobres empleaban el manto exterior como cubierta para la noche, los ricos llevaban vestidos del blanco más fino, con bordados, o incluso vestidos de púrpura, con cintos de seda ricamente ornamentados. Era alrededor de esta vestidura exterior que se llevaban «los flecos» que los fariseos «alargaban» (Mt. 23:5). A éstos nos referiremos más adelante. Por el momento seguiremos con nuestra descripción. La prenda interior iba hasta los talones. El tocado consistía en un sombrero puntiagudo, o en una especie de turbante, de material más o menos exquisito, y cuidadosamente arrollado, cuyos extremos frecuentemente colgaban graciosamente por detrás. Los guantes se empleaban generalmente sólo como protección. En cuanto a las damas, además de las diferencias de vestido, la antigua acusación de Isaías (3:16-24) en contra de las hijas de Jerusalén podría ser repetida con un décuplo énfasis en los tiempos del Nuevo Testamento. Leemos acerca de tres clases de velos. Los árabes caían desde la cabeza, dejando a su portadora libre para verlo todo a su alrededor. El velo era una especie de mantilla, echado graciosamente alrededor de toda la persona y cubriendo la cabeza; mientras que los egipcios se parecían al velo de las orientales actuales, cubriendo el pecho, el cuello, la barbilla y el rostro, y dejando sólo los ojos al descubierto. El cinto, que era ceñido más abajo que en el caso de los hombres, era frecuentemente de un tejido muy costoso y recamado con piedras preciosas. Las sandalias eran sencillamente suelas de cuero atadas a los pies; pero las damas llevaban también costosas zapatillas, algunas veces bordadas, o adornadas con piedras preciosas, y hechas de tal manera que la presión del pie emitía un delicado perfume. Es cosa bien sabida que los perfumes y ungüentos estaban muy en boga, y que a menudo eran muy caros (Mt. 26:7). Los ungüentos eran preparados con aceite y perfumes nacionales o extranjeros, guardándose los más caros en costosos recipientes de alabastro. Sin embargo, la actividad del perfumista era considerada con menosprecio, no sólo entre los judíos, sino también entre las naciones. No obstante, en la sociedad en general la unción iba combinada con el lavamiento, como tendente a la comodidad y al refrescamiento. Se ungían la cabeza, la barba, la frente y el rostro, e incluso las guirnaldas que se llevaban en las fiestas. Pero el lujo iba mucho más allá de esto. Algunas damas empleaban cosméticos, pintándose las mejillas y ennegreciéndose las cejas con una mezcla de antimonio, zinc y aceite. El cabello, que era considerado un punto principal de la belleza, era objeto de un cuidado especial. Los jóvenes lo llevaban largo; pero en los hombres hubiera sido considerado como una señal de afeminamiento (1 Co. 11:14). La barba era cuidadosamente recortada, ungida y perfumada. A los esclavos no se les permitía llevar barba. Las muchachas campesinas se recogían el cabello con un sencillo nudo; pero las judías elegantes se lo rizaban y trenzaban, adornando las trenzas con adornos de oro y perlas. El color favorito era una especie de pardo rojizo, para producir el cual se teñía el cabello, o bien se esparcía en él polvo de oro. Leemos incluso acerca de pelucas (*Shab.* VI. 3), así como también que en Judea se llevaban dientes postizos. Desde luego, como a este respecto tampoco no hay nada nuevo bajo el sol, tampoco nos sorprende encontrar menciones de agujas de cabello y de elegantes peinetas, ni leer que algunos *esnobs* judíos iban regularmente a que les arreglaran el cabello. Sin embargo, el negocio de peluquero no era considerado como muy respetable, al igual que el de perfumista.[1] En cuanto a los adornos, los caballeros llevaban generalmente un sello, bien en el dedo anular, bien colgando del cuello. Algunos de ellos llevaban también brazaletes por encima de la muñeca (generalmente en el brazo derecho), hechos de marfil, oro o piedras preciosas. Naturalmente, las damas elegantes se adornaban de manera similar, añadiendo a los brazaletes anillos para los dedos, anillas en los tobillos, aros en la nariz, pendientes, hermosos tocados, collares, cadenas y dijes. Como puede ser de interés general, añadimos unas descripciones. El pendiente era o bien sencillo, o bien tenía insertados una gota, un colgante o una campanita. El aro de la nariz, que la ley tradicional mandaba que debía ser quitado en sábado, colgaba graciosamente sobre el labio superior, pero de modo que no estorbara el saludo con una amistad privilegiada. Se llevaban dos clases de collares: uno ajustado, y el otro, frecuentemente consistiendo de piedras preciosas o perlas, colgando sobre el pecho, a menudo hasta tan abajo como el cinto. La dama elegante llevaría dos o tres cadenas, con las que iban botellitas de perfume y varios ornamentos, incluso «amuletos» paganos. Del tocado, que a veces se levantaba como una torre, o que iba arrollado en graciosas espirales serpentinas, descendían pendientes de oro. Las anillas de los tobillos estaban hechas de tal manera que al andar sonaran como campanillas. Algunas veces las anillas de los dos tobillos estaban encandenadas entre sí, lo que obligaría

---

1. El erudito Lightfoot (*Horae Hebr.* págs. 498 y 1081) ha expresado dudas acerca de si el nombre «Magdalena» debe ser traducido «de Magdalá» o «la peluquera». Hemos señalado en un capítulo anterior que los habitantes de Magdalá se dedicaban a estas y similares ocupaciones. Pero los pasajes rabínicos a los que se refiere Lightfoot no son satisfactorios, por cuanto están evidentemente dictados por un ánimo especial en contra de Cristo y del cristianismo.

a su hermosa poseedora a caminar con pasos pequeños y afectados. Si a esto añadimos las agujas de oro y diamantes, y decimos que nuestra descripción se basa estrictamente en fuentes coetáneas, el lector tendrá alguna idea de la apariencia de la sociedad elegante.[2]

El bosquejo que se acaba de dar será de cierta utilidad si nos es de ayuda para ser más plenamente conscientes del contraste que presentaba con todo ello la apariencia del fariseo. Sea que fuera rígidamente severo, suavemente gentil o celosamente fervoroso, evitaría cuidadosamente todo contacto con uno que no perteneciera a la fraternidad, o incluso con aquellos que ocuparan en ella un grado inferior, como veremos más adelante. Sería también reconocible por su misma vestimenta. Porque, en palabras de nuestro Señor, los fariseos «ensanchaban sus filacterias» y «alargaban los flecos de sus mantos». Esta última observancia, al menos por lo que atañía a llevar franjas memoriales en los bordes de los vestidos (no el agrandamiento conspículo de estas franjas), se apoyaba realmente en una ordenanza divina (Nm. 15:37; Dt. 22:12). En la Escritura se prescribe que estas franjas deben ser azules, el color simbólico del pacto; pero la Misná admite también que sean blancas (*Men.* IV. 1). No se hace frecuente referencia a ellas en el Nuevo Testamento (Mt. 9:20; 14:36; 23:5; Mr. 6:56; Lc. 8:44). Como ya se ha dicho, se llevaban en el borde de la vestidura exterior, práctica que indudablemente era seguida por todo israelita piadoso. Posteriormente, el misticismo judío descubrió en estos flecos del borde profundas referencias a la forma en que la *Shekiná* se envolvió en la creación, y llamaba la atención de cada israelita al hecho de que si leemos en Nm. 15:39 (en hebreo): «Miraréis sobre él y recordaréis», este cambio de género (porque la palabra hebrea para «flecos» es femenino) indicaba: «que si tú lo haces así, es lo mismo que si vieras el trono de la Gloria, que es como azul». Y así creyéndolo, el piadoso judío se cubría

2. Comparar mi *History of the Jewish Nation*, págs. 315-318.

la cabeza con esta misteriosa prenda con flecos, en marcado contraste con lo cual san Pablo declara, en cambio, que todas estas supersticiosas prácticas son deshonrosas (1 Co. 11:4).[3]

Si la práctica de llevar bordes con flecos tenía autoridad escritural, estamos bien convencidos de que no se podía decir lo mismo de las llamadas «filacterias». La observancia surgió de una interpretación literal de Éx. 13:9, que no está justificada ni siquiera por la posterior instrucción de Dt. 6:8. Esto se ve incluso en su repetición en Dt. 11:18, donde se indica de inmediato el sentido y propósito espiritual de la instrucción, y en la comparación de expresiones similares, que evidentemente no podían ser tomadas literalmente, como Pr. 3:3; 6:21; 7:3; Cnt. 8:6; Is. 49:16. El mismo término empleado por los rabinos para las filacterias, «tephillin», filetes de oración, tiene un origen relativamente reciente, por cuanto no aparece en el Antiguo Testamento hebreo. Los samaritanos no las reconocían como de obligación mosaica, como tampoco lo admiten los judíos karaítas, y hay, por lo que nos parece a nosotros, evidencia suficiente de que en tiempos de Cristo las filacterias no eran de uso universal, ni siquiera por parte de los sacerdotes mientras oficiaban en el Templo. Aunque las palabras de nuestro Señor parecen sólo condenar de un modo expreso el ensanchamiento de las filacterias, con propósitos de ostentación religiosa, es difícil creer que Él mismo las llevara. En todo caso, en tanto que un israelita ordinario sólo se las pondría para la oración o en ocasiones solemnes, los miembros de la fraternidad farisaica las llevaban todo el día. La práctica misma, y las posturas y ordenanzas relaciona-

---

3. La práctica de los modernos judíos es algo diferente de la de tiempos antiguos. Sin entrar en detalles, es suficiente aquí decir que llevan debajo de sus vestidos un pequeño cuadrado, con flecos, llamado el pequeño *tallith* (de «talal», echar sombra encima, o cubrir), o el «arbah canphoth» (cuatro «esquinas»), mientras que durante la oración se envuelven en el gran *tallith*, el llamado manto de oración.

das con ella, son tan características de este partido, que añadiremos unos cuantos particulares más acerca de ello.

Las «tephillin» se llevaban en el brazo izquierdo, hacia el corazón, y en la frente. Consistían —en una descripción aproximada—, en unas cápsulas que contenían, en pergamino (y en la de la cabeza, en cuatro pergaminos diferentes), estos cuatro pasajes de la Escritura: Éx. 13:1-10; 13:11-16; Dt. 6:4-9 y 11:13-21. Las cápsulas eran atadas con correas de cuero negro, alrededor del brazo y de la mano (siete veces alrededor del primero y tres veces alrededor de la segunda), o bien se colocaban en la frente de una manera prescrita y místicamente significativa. Su portador no podía pasar desapercibido. Pero con respecto a su valor e importancia a los ojos de los rabinos, sería imposible exagerarlos. Eran tan reverenciadas como las Escrituras, y, lo mismo que ellas, podían ser rescatadas de las llamas en día de sábado, aunque no podían ser llevadas en aquel día porque ¡constituían una «carga»! Se decía que Moisés había recibido la ley acerca de su observancia de parte de Dios en el monte Sinaí; que las «tephillin» eran más sagradas que la placa de oro en la frente del sumo sacerdote, por cuanto esta última inscripción tenía sólo una vez el nombre de Jehová, en tanto que la escritura en el interior de las «tephillin» lo contenía nada menos que veintitrés veces; que el mandamiento de llevarlas igualaba a todos los otros mandamientos juntos, y otras extravagancias similares.[4] Hasta qué punto podía llegar la profanidad de los rabinos a este respecto se ve por la circunstancia de que supo-

4. No podemos recomendar nada mejor, para los que hayan oído que las enseñanzas del Nuevo Testamento se derivan de las de los rabinos, que comparar los repulsivos detalles acerca de esta cuestión, así como las relacionadas con la oración, en *Ber.* 23 *a* a 25 *b*; o bien que estudien sus interpretaciones de sueños, o detalles, como *Ber.* 62 *a b*. A los que se les ha dicho que Hillel pudiera ser comparado con Jesús, les recomendamos la lectura de lo que a veces ocupaba la enseñanza del gran rabí judío, por ejemplo en *Ber.* 23 *a*.

nían al mismo Dios llevando filacterias (*Ber.* 6 *a*). Este hecho lo deducían de Is. 62:8, donde «la mano derecha» por la que Jehová jura se supone que hace referencia a la ley, según la última cláusula de Dt. 33:2, mientras que la expresión «fuerza de su brazo» se aplicaba a las «tephillin», por cuanto el término «fuerza» aparece en el Sal. 29:11 en relación con el pueblo de Dios, y era a su vez explicado con referencia a Dt. 28:10. Porque «la fuerza» del pueblo de Dios (Sal. 29:11) es lo que haría a todos temer a Israel (Dt. 28:10); y esto último se debería a *ver* que Israel era «llamado por el nombre de Jehová», siendo posible esta demostración ocular por medio de las «tephillin». Ésta era la evidencia que el tradicionalismo aportaba en favor de una proposición tan monstruosa.

Lo anterior puede ser útil como muestra a la vez de la exégesis rabínica y de sus inferencias teológicas. Será también de ayuda para comprender cómo en un sistema así podrían echarse a un lado las objeciones indeseadas, que surgieran del sentido llano de las Escrituras, exaltando las interpretaciones de los hombres por encima de las enseñanzas de la Biblia. Esto nos lleva directamente a la acusación de nuestro Señor en contra de los fariseos (Mr. 7:13) de que «anulaban la Palabra de Dios» con su «tradición». Este hecho, tan terrible como es, quizá no quede más claramente patente en ninguna otra ocasión que en relación con estas mismísimas «tephillin». Leemos en la Misná (*Sanh.* XI. 3) literalmente lo que sigue: «Es más digno de castigo actuar en contra de las palabras de los escribas que en contra de las Escrituras. Si alguien fuera a decir: "No existe cosa alguna como los tephillin, a fin de actuar en contra de las palabras de la Escritura, no debe ser tratado como un rebelde." Pero si dijera: "Hay cinco divisiones en los filetes de oración" [en lugar de las cuatro en las de la frente, como enseñaban los rabinos], a fin de añadir a las palabras de los escribas, es culpable.» Desde luego, difícilmente podría encontrarse un ejemplo más señalado de «enseñar como doctrinas los mandamientos de hombres», e incluso, en base a ellos mismos, de «dejar el mandamiento de Dios» a fin de «aferrarse a las tradiciones de los hombres» (Mr. 7:7, 8).

Antes de apartarnos de este tema, puede que sea conveniente explicar el significado del término griego «filacterias» para estas «tephillin», e ilustrar la aptitud del término. Se admite hoy día casi universalmente que el verdadero significado de las filacterias es equivalente al de amuletos o talismanes. Y como tales los rabinistas realmente los consideraban y trataban, por mucho que negaran toda relación con las posturas paganas. Con relación a esto no vamos a entrar en el desagradable tema de sus supersticiones paganas, como las que trataban de dónde encontrar, cómo detectar y por qué medios librarse de los malos espíritus, o cómo conjurar la presencia de demonios —tal como se indican en el Talmud—. Considerando el estado de la civilización en aquel tiempo, y la general prevalencia de la superstición, no debiéramos quizá sorprendernos por todo esto, si no fuera por las pretensiones que hacían los rabinos a la autoridad divina y por el terrible contraste evidente entre sus enseñanzas, y no diremos ya la del Nuevo Testamento, sino la del Antiguo. Con referencia a las «filacterias», incluso el lenguaje de Josefo (*Antigüedades*, IV. 8:13) tiene un regusto de creencia en su eficacia mágica, aunque en esta cuestión él es fiel a sí mismo, mostrándonos, al mismo tiempo, que ciertas posturas de gratitud estaban ya en boga en su época. Porque, al escribir acerca de las filacterias, que, mantiene él, los judíos llevaban como recuerdo de su anterior liberación, observa él que la expresión de su gratitud «servía no sólo a guisa de agradecimiento por el pasado, sino también a guisa de invitación de futuros favores». Se podrían citar muchos ejemplos de las ideas mágicas que seguían a estos «amuletos», pero las siguientes serán suficientes. Se dice que cuando un cierto rabí abandonó la audiencia de un cierto rey, le dio la espalda al monarca. Por esta razón los cortesanos habrían dado muerte al rabí, pero se detuvieron al ver que las correas de sus «tephillin» resplandecían como bandas de fuego a su alrededor, con lo que se verificó la promesa en Dt. 28:10 (*Jer. Ber.* V. 1). En verdad, se afirma de manera expresa en un antiguo Targum judío (sobre Cnt. 8:3) que las «tephillin» impedían a todos los demonios hostiles hacer daño a ningún israelita.

Lo dicho hasta ahora preparará en cierta medida al lector para investigar la historia e influencia de los fariseos en los tiempos de Cristo. Se debe mantener presente que el patriotismo y la religión se combinaron por un igual para elevarlos en la estimación popular. Lo que hizo de Palestina una tierra separada y distinta de las naciones paganas alrededor, entre las que las familias gobernantes hubieran querido asimilarlos, fue aquel elemento judío que los fariseos representaban. Su mismo origen como partido se remontaba a la gran lucha nacional que había liberado el suelo de Palestina del dominio sirio. A su vez los farieos habían dejado a aquellos Macabeos a los que habían primero dado su apoyo, y afrontaron la persecución y la muerte cuando los descendientes de los Macabeos cayeron en la pompa mundana y en las formas de hacer griegas, y quisieron combinar la corona regia de David con la mitra sumosacerdotal. Y ahora, fuera quien fuera que sintiera temor de Herodes y su familia, los fariseos al menos no iban a contemporizar ni a comprometer sus principios. ¿No eran ellos los representantes de la ley de Dios, no sólo de la dada a Israel en el monte Sinaí, sino de aquellas ordenanzas más secretas que fueron sólo oralmente comunicadas a Moisés, en explicación de/y adición a la Ley? Si ellos habían hecho «una valla» alrededor de la ley, era sólo con vistas a la seguridad de Israel, y para su mejor separación de todo lo que era impuro, así como de los gentiles. En cuanto a ellos mismos, estaban obligados por votos y obligaciones de la clase más estricta. Sus tratos con el mundo exterior a su fraternidad, sus ocupaciones, sus prácticas, su porte, su mismo vestido y apariencia entre aquella abigarrada multitud, bien descuidada, alegre y helenizada, o bien autocondenada por una práctica en triste discordancia con la profesión y principios judíos que pretendían, les ganarían la distinción de las estancias superiores en las fiestas, y de los principales asientos en las sinagogas, y saludos en los mercados, y el ser llamados por los hombres rabí, rabí («mi grande, mi grande»), en lo que tanto se deleitaban sus corazones.

En verdad, representaban mayormente, en uno u otro grado de su orden, lo que de fervor y celo religioso quedaba en la tierra. El nombre de ellos —probablemente no elegido por ellos mismos al principio— había venido a ser para algunos un refrán oprobioso, y para otros un nombre de partido. Y tristemente habían decaído de su tendencia original, al menos en la mayor parte de los casos. No eran necesariamente «escribas» ni «doctores de la ley», ni siquiera «maestros de la ley». Tampoco se trataba de una secta en el sentido usual del término. Pero sí que eran una fraternidad, que consistía de varios grados, para la que había un noviciado regular, y que estaba ligada por unos votos y unas obligaciones especiales. Esta fraternidad era, por así decirlo, hereditaria; de manera que san Pablo podía referirse en verdad a sí mismo como «fariseo de fariseos» —«fariseo hijo de fariseos»—. Es suficientemente conocido que sus principios generales llegaron a ser los dominantes, y que ellos dieron su distintividad tanto a la enseñanza como a la práctica de la sinagoga. Pero lo tremendo de la influencia que deben haber tenido se verá mejor en el simple hecho, que aparentemente ha sido muy pasado por alto, de sus números increíblemente exiguos. Según Josefo (*Ant.* XVII. 2, 4), el número de la fraternidad ascendía en tiempos de Herodes sólo a alrededor de seis mil miembros. Pero ¡esta minoría inconsiderable pudo conformar el judaísmo en su molde, y para un tan gran mal dar su dirección definitiva a la nación! De cierto que los impulsos de un movimiento así deben haber alcanzado el mismo corazón de la vida religiosa judía. Los que éstos fueran y cómo afectaron a toda la comunidad, es un asunto que merece y demanda no un mero examen de pasada, sino una atención especial y cuidadosa.

XIV

LA «FRATERNIDAD» DE LOS FARISEOS

Para considerar el estado de la sociedad religiosa en tiempos de nuestro Señor, se debe tener siempre en mente el hecho de que los fariseos eran una «orden» regular, y que había muchas de estas «fraternidades» en gran medida derivadas de los originales fariseos. Porque el Nuevo Testamento simplemente nos transporta entre escenas y actores coetáneos, dando por supuesto, por así decirlo, el estado de cosas entonces existente. Pero el hecho al que se hace referencia explica muchas circunstancias aparentemente extrañas, y arroja una nueva luz sobre todo. Así, si —para escoger una ilustración— nos preguntamos cómo pudieron encontrarse tan poco después como la mañana después de la larga discusión en el Sanedrín, que tiene que haber ocupado una parte considerable del día, «más de cuarenta hombres» que «tramaron un complot» bajo un anatema de no comer ni beber «hasta que hubiesen dado muerte a Pablo» (Hch. 23:12, 21), y más aún, si nos preguntamos cómo tal «complot» o «conjuración», que, por su misma naturaleza, debía ser guardada como un profundo secreto, pudo ser conocido por «el hijo de la hermana de Pablo» (v. 16), las circunstancias del caso dan una explicación suficiente. Los fariseos eran profesamente una «Chabura», esto es, una fraternidad o «corporación» —y ellos, o algunas de sus fraternidades asociadas, podrían dar el personal adecuado para tal «banda», para los que este «voto» adicional no sería nada nuevo ni extraño, y, por asesino que sonara, sólo parecería un cumplimiento adicional de los principios de su «orden»—. Además, por cuanto la esposa y todos los hijos de un «chaber», o miembro, eran *ipso facto* miembros de la «Chabura», y el padre de Pablo había sido un «fariseo» (v. 6) la hermana de Pablo también pertenecería, por su nacimiento, a la fraternidad, incluso con independencia de la probabilidad de que, según los principios del partido, se hubiera casado en el seno de una familia farisea. Y tampoco tenemos que asombrarnos de que la rabia de todo el «orden» contra Pablo hubiera llegado a un extremo que el celo judío ordinario podía apenas explicar. El día antes, la excitación de la discusión en el Sanedrín había ocupado su atención, y en cierta medida la había apartado de Pablo. La observación apologética que se hizo entonces (v. 9): «¿Qué, si un espíritu le ha hablado, o un ángel? ¡No luchemos contra Dios!», viniendo inmediatamente después de la observación (v. 8) de que los saduceos decían «que no hay... ni ángel ni espíritu», puede indicar que los fariseos estaban tan ansiosos por una victoria dogmática sobre sus oponentes como para estar dispuestos a echar el escudo de la «fraternidad» sobre uno de sus profesos miembros. Pero con la noche vinieron otros pensamientos más calculadores. Bien estaba defender a uno de su orden en contra de los saduceos, pero era intolerable tener a tal miembro en la fraternidad. Apenas si se podía concebir un mayor ultraje sobre cada principio y voto —sobre la misma razón de ser de la «Chabura»— que la conducta de san Pablo y aquellas posturas por las que él abogaba. Incluso considerándolo como un simple israelita, la multitud que llenaba el Templo sólo había podido ser refrenada por los paganos, el día antes, de llevar a cabo la venganza sumaria sobre él de «muerte por apalizamiento del rebelde». ¡Cuánto más verdaderamente era ésta la convicción del partido, y no meramente el clamor de un populacho excitado: «¡Quita de la tierra a tal hombre, porque no conviene que viva!» Pero mientras que comprendemos así la conducta de los fariseos, tampoco debemos sentir ninguna aprensión por las consecuencias para aquellos «más de cuarenta hombres» por su temerario voto. El Talmud de Jerusalén (*Avod. Sar.* 40 *a*) nos da aquí la siguiente curiosa ilustración que casi parece un comentario: «Si un hombre hace un voto de abstenerse de comida, ¡ay de él si come, y ay de él si no come! Si come, peca contra su voto; si no come, peca contra su vida. ¿Qué debe entonces hacer él? Que se presente delante de "los sabios", y ellos le absolverán de su voto.» En relación con todo este asunto es una coincidencia muy curiosa, por decir lo mínimo, que en la misma época en que el partido tomó esta acción contra san Pablo, o inmediatamente después, fueran promulgadas tres nuevas normas por Simeón, el hijo de Gamaliel (el maestro de Pablo), que se ajustarían de manera exacta al caso de san Pablo. La primera de ellas ordenaba que en el futuro los hijos de un «Chaber» no lo serían necesariamente, sino que ellos mismos precisarían de una especial recepción en el «orden»; la segunda, que debería considerarse la conducta anterior del candidato antes de admitirlo en la fraternidad; mientras que la tercera ordenaba que cualquier miembro que hubiera dejado el «orden», o que se hiciera publicano, nunca podía volver a ser recibido.

Tres palabras de sentido moderno, que últimamente se han hecho excesivamente familiares, probablemente nos serán de más ayuda para comprender todo el estado de cosas que unas explicaciones más prolijas. Están relacionadas con aquel sistema eclesiástico que en tantos respectos parece la contrapartida del rabinismo. El ultramontanismo es una dirección del pensamiento religioso. Los ultramontanos son un partido. Y los jesuitas constituyen no sólo su mayor expresión, sino que constituyen un «orden» que, originándose en un avivamiento del espíritu del papado, dan origen a los ultramontanos como partido, y, en la más amplia difusión de sus principios, al ultramontanismo como tendencia. Bien, todo esto se aplica igualmente a los fariseos y al fariseísmo. Para completar la analogía, el orden de los jesuitas consiste también de cuatro grados,[1] cosa curiosa, ¡el número exacto de los de la fraternidad de «los fariseos»! Como el orden de los jesuitas, el de los fariseos se originó en un período de una gran reacción religiosa. Ellos mismos se deleitaban en remontar su historia hasta la época de Esdras, y puede que hubiera una verdad sustancial, si bien no literal, en sus pretensiones. Porque leemos en Esd. 6:21; 9:1; 10:11 y Neh. 9:2 acerca de los «Nivdalim», o aquellos que se habían «separado» «de las inmundicias de los gentiles», mientras que en Neh. 10:29 encontramos que entraron en una solemne protesta y juramento, con unos votos y obligaciones definidos. Y es cosa cierta que la palabra aramea «Perishuth» también significa «separación», y que los «Perushim», o fariseos, de la Misná son, por lo que respecta al significado del término, «los separados» o los «Nivdalim» de su período. Pero aunque podían de esta manera, no sólo lingüística sino históricamente, remontar sus orígenes a aquellos que se habían «separado» en los tiempos de Esdras y Nehemías, no eran sus sucesores en espíritu; y la diferencia entre las designaciones «Nivdalim» y «Perushim» señala también a la mayor diferencia interna posible, aunque pueda haber venido a ser así gradualmente en el curso del desarrollo histórico. Todo esto quedará más clarificado a continuación.

En tiempos de Esdras, como ya se ha señalado, hubo un gran avivamiento religioso entre aquellos que habían regresado a la tierra de sus padres. La profesión que había de antiguo caracterizado sólo a individuos en Israel (Sal. 30:4; 31:23; 37:28) fue ahora asumida por el pueblo del pacto como un todo: vinieron a ser los «Chasidim» o «piadosos». Como

1. Cuando se hace referencia a los cuatro grados en el orden de los jesuitas, se hace referencia a los que se profesan. Estamos naturalmente al tanto de los llamados *professi trium votorum*, de los que nada concreto se sabe realmente en el mundo exterior, y a los que podemos considerar como «los jesuitas secretos», y de los «coadjutores» laicos y clérigos, cuyos servicios y votos son temporales.

«Chasidim», se resolvieron a ser «Nivdalim», o «separados de todas las inmundicias del paganismo» alrededor. Lo primero representaba, por así decirlo, lo positivo en su religión, y lo segundo lo negativo. Es sumamente interesante señalar cómo el anterior fariseo (o «separado») Pablo tuvo esto a la vista al presentar la vida del cristiano como la del verdadero «chasid» y por tanto «Nivdal» —en oposición a los fariseos del externalismo— en pasajes como 2 Co. 6:14–7:1, terminando su amonestación a limpiarnos «de toda contaminación[2] de carne y de espíritu, perfeccionando la santidad en el temor de Dios». Y así la anterior vida y pensamiento de san Pablo parecen haberle servido como el tipo de realidades espirituales de su nuevo estado.[3]

Dos puntos en la historia judía atraen aquí nuestra especial atención, sin intentar desentrañar la red algo enrevesada de acontecimientos. El primero es el período inmediatamente después de Alejandro Magno. Uno de los objetivos del imperio que había fundado era helenizar el mundo; y este propósito fue totalmente proseguido por sus sucesores. Por ello, encontramos un círculo de ciudades griegas surgiendo a lo largo de la costa, desde Anthedon y Gaza al sur, y hacia el norte a Tiro y Seleucia, y hacia el este a Damasco, Gadara, Pella y Filadelfia, rodeando completamente la tierra de Israel. Así el movimiento fue avanzando hacia el interior, tomando cabezas de puente en Galilea y Samaria, y suscitando un partido con una creciente influencia y mayores números entre el pueblo. Fue así bajo estas circunstancias que los

---

2. La palabra griega para «inmundicia» aparece sólo en este pasaje, pero el verbo del que se deriva parece tener una alusión ceremonial en los tres pasajes en que se emplea: 1 Co. 8:7; Ap. 3:4; 14:4.
3. Si san Pablo fue originalmente un fariseo, los relatos dados por la tradición más antigua (Eusebio, *Hist. Ecl.* II. 23), comparados con los de Josefo (*Antigüedades* XX, 9:1), casi nos llevarían a creer que Santiago era un «Chasid». Tanto más significativo sería entonces el papel que tuvo al remover el yugo de la ley de los conversos gentiles (Hch. 15:13-21).

«Chasidim» como partido se levantaron para detener el torrente que amenazaba con abrumar por un igual la religión y la nacionalidad de Israel. Pronto vino el verdadero enfrentamiento, y con él el segundo gran período de la historia del judaísmo. Alejandro Magno había muerto en julio del 323 a.C. Alrededor de un siglo y medio después, los «Chasidim» se habían reunido alrededor de los Macabeos por el Dios de Israel y por Israel. Pero el celo de los Macabeos pronto dejó paso a las ambiciones y proyectos mundanos. Cuando estos líderes unieron en su persona la dignidad sumosacerdotal con la regia, el partido de los «Chasidim» no sólo los abandonó, sino que se pasó a una oposición activa. Les exigieron que abandonaran el sumo sacerdocio, y se mostraron dispuestos a sufrir el martirio, como sucedió con muchos de ellos, por sus convicciones manifiestas. Desde entonces, los «Chasidim» del primer tipo desaparecen como clase. Ya habían dejado su lugar como partido a los fariseos, los modernos «Nivdalim», y cuando volvemos a encontrarlos son sólo un más elevado orden o rama de los fariseos, habiéndose transformado «los piadosos» de antaño, por así decirlo, en «pietistas». La tradición (*Men.* 40) distingue expresamente entre «los primeros Chasidim» (harishonim) de «los posteriores» (acheronim). Es indudable que son algunos de sus principios, aunque teñidos con una coloración posterior, los que son transmitidos como características de los «chasid» en dichos de la Misná como: «Lo que es mío es tuyo, y lo que es tuyo permanece asimismo tuyo» (*P. Ab. V.* 10); «Difícil de airar, pero fácil de reconciliar» (11); «Dando limosna, e induciendo a otros a hacer lo mismo» (13); «Yendo a la casa de estudio, y al mismo tiempo haciendo buenas obras» (14).

La más antigua mención de los fariseos tiene lugar en la época de los Macabeos. Como «fraternidad» los encontramos por primera vez bajo el gobierno de Juan Hircano, el cuarto de los Macabeos desde Matatías (135-105 a.C.); aunque Josefo habla de ellos ya dos reinados antes, en tiempos de Jonatán (*Antigüedades*, XIII, 5:9). Puede que lo haya hecho por anticipación, o aplicando términos posteriores a circunstancias anteriores, porque no pueden abrigarse muchas dudas de que los esenios, a los que nombra al mismo tiempo, no tenían entonces una existencia organizada. Sin poner en tela de juicio, para emplear un término moderno, que la «tendencia» existía en tiempos de Jonatán,[4] podemos señalar a un acontecimiento determinado con el que se relaciona el origen de «la fraternidad» de los fariseos. Sabemos por escritos judíos que en tiempos de Hircano se estableció una comisión para indagar por toda la tierra acerca de cómo era observada la ley divina de las contribuciones religiosas por parte del pueblo.[5] El resultado de ello fue que en tanto que la «therumah»,[6] u «ofrenda mecida» sacerdotal, era dada con regularidad, no se pagaban ni el primer diezmo, el levítico, ni el llamado «segundo», o «diezmo de los pobres», como la ley ordenaba. Pero tal transgresión involucraba pecado mortal, por cuanto implicaba el uso personal de lo que realmente pertenecía al Señor. Fue entonces que se tomaron las siguientes disposiciones. Todo lo que «la gente del campo» (am ha-aretz) vendiera debía ser considerado «demai» —una palabra que se deriva del griego para «pueblo», revelando así el tiempo de su introducción, pero realmente implicando que era «dudoso» que hubiera sido diezmado—. En tales casos el comprador tenía que considerar que la «therumah» y «el diezmo de los pobres» se debían aún en el momento de la compra. Por otra

---

4. Como prueba de esto, se puede decir que antes de la institución formal del «orden», el rabí José, hijo de Joezer, declaró «inmundos» todos los vasos de vidrio extranjeros, y el mismo suelo de las tierras de los gentiles, «separando» así a Israel de toda posible relación con los gentiles.
5. Puede que Josefo haga referencia a los decretos entonces promulgados por Hircano (*Antigüedades* XIII. 10:6), cuando se refiere a su «abolición» después que Hircano rompiera con el partido fariseo.
6. No puedo entrar aquí en explicaciones de la «therumah», pero debo remitir al lector a mi libro sobre *El Templo y sus servicios*, capítulo XIX.

parte, los fariseos constituyeron una «Chabura», o fraternidad, en la que cada miembro, «Chaber», o «compañero», se
comprometía a pagar estos diezmos antes de su uso o venta.
Cada «Chaber» era considerado un «neeman» o «acredi-
tado», siendo sus productos comprados y vendidos libremente por el resto de los «Chaberim».[7] Naturalmente, la carga de
gastos adicionales que esto involucraba para cada uno que no
fuera «chaber» era muy grande, por cuanto tenía que pagar
«therumah» y diezmo sobre todo lo que compraba o usaba,
mientras que el fariseo que compraba de otro fariseo estaba
libre. Uno no puede dejar de sospechar que esto, en relación
con normas similares, que gravitaban muy pesadamente sobre la masa popular, mientras que dejaban «al fariseo» incó-
lume, puede subyacer en la acusación de nuestro Señor (Mt.
23:4): «Atan cargas pesadas y difíciles de llevar, y las ponen
sobre los hombros de los hombres; pero ellos ni con un dedo
quieren moverlas.»
    Pero el riguroso cumplimiento de los diezmos era sólo una
parte de las obligaciones de un «Chaber». La otra parte consistía en una sumisión igualmente rigurosa a todas las leyes
de la pureza levítica tal como entonces se entendían. Y las
varias cuestiones en cuanto a lo que era, o a lo que hacía,
«limpio», dividía al «orden» de los fariseos en miembros de

----

7. Es a disgusto que disiento de una autoridad como el canónigo Lightfoot.
Pero no puedo considerar la referencia a *Niddah*, 33 *b*, en su admirable
ensayo sobre los esenios (*Commentary on the Epistle to the Colossians*,
pág. 130), como concluyente en cuanto al hecho de que un saduceo, e
incluso un samaritano, pudiera ser un «Chaber». Naturalmente, hay una
aplicación general del término «Chaber» a cualquier clase de asociación.
Pero todo el pasaje *Niddah*, 33 *b*, que se origina en una discusión acerca
de la comida sobre la que el rabí Papah se muestra muy reacio a entrar,
expone que ni el término «samaritano» ni tampoco el de «Chaber» pueden
ser apremiados en su sentido primario. En todo caso, la declaración de que,
bajo ciertas circunstancias, «todo Israel debe ser considerado *Chaberim*»,
sería decisiva de que no se debe atribuir valor histórico a las expresiones
del rabí Papah.

varios grados. Se mencionan cuatro grados en seguimiento de un creciente rigor en la «purificación». Llevaría mucho tiempo explicar esta cuádruple gradación en sus detalles. Será suficiente con decir que, generalmente hablando, un miembro del primer grado era llamado un «Chaber» o «Ben hacheneseth», «hijo de unión», un fariseo ordinario; los otros tres grados eran agrupados bajo el nombre genérico de «Teharoth» (purificaciones). Estos últimos eran probablemente los «Chasidim» del período posterior. El «Chaber», o fariseo ordinario, sólo se obligaba al diezmo y a la evitación de toda impureza levítica. Los grados más altos, por otra parte, hacían votos crecientemente estrictos. Cualquiera podía ingresar en «el orden» si hacía, ante tres miembros, el solemne voto de observar las obligaciones de la fraternidad. Pero era necesario un noviciado de un año (que fue después abreviado). La mujer o la viuda de un «Chaber», y sus hijos, eran considerados como miembros de la fraternidad. Los que entraran en la familia de un «fariseo» tenían que solicitar la admisión al «orden». Las obligaciones generales de un «Chaber» para con los que estaban «fuera» de la fraternidad eran las siguientes: No debía ni comprar ni vender nada al mismo, ni en estado sólido ni líquido; no debía ni comer a su mesa (por cuanto podría con ello participar de lo que no había sido diezmado), ni admitirlo a la suya, a no ser que se hubiera puesto los vestidos de un «Chaber» (por cuanto los suyos pudieran haber contraído contaminación); tampoco debía ir a ningún sepulcro; no debía dar «therumah» ni diezmos a ningún sacerdote que no fuera miembro de la fraternidad; ni hacer nada en presencia de un «am ha-aretz», o no «Chaber», que suscitara temas relacionados con las leyes de la purificación, etc. En un período posterior se añadieron otras ordenanzas a éstas, en parte de carácter ascético. Pero lo que es especialmente destacable es que no sólo se precisara de un noviciado para los grados más elevados, similar al de entrada al orden, sino que, así como la vestidura de un no «Chaber» contaminaba a un «Chaber» del primer grado, así la de éste contaminaba al del segundo grado, y así sucesivamente.[8]

Para recapitular, la fraternidad de los fariseos estaba ligada por estos dos votos: el del diezmo, y el que trataba de las purificaciones. Como aquí se suscitarían las cuestiones más variadas en la práctica, y que ciertamente no recibían respuesta en la ley de Moisés, se hicieron necesarias las «tradiciones», que se suponía que explicaban y suplementaban la ley de Dios. De hecho, los rabinos hablan de ellas en este sentido, y las describen como «una valla» alrededor de Israel y de su ley. Que estas tradiciones debían remontarse a comunicaciones orales dadas a Moisés en el monte Sinaí, y también deducidas por ingeniosos métodos del texto de la Escritura, era simplemente una necesidad del caso. El resultado fue un sistema puramente externo, que a menudo contravenía el espíritu de aquellas mismas ordenanzas cuya letra era servilmente adorada. Hasta qué punto llevaba frecuentemente a la hipocresía aparece en los escritos rabínicos casi tanto como en el Nuevo Testamento. Podemos comprender cómo estos «guías ciegos» constituían frecuentemente un problema tan grande para su propio partido como para otros. «La plaga del fariseísmo» era una expresión no infrecuente, y esta plaga religiosa es puesta al mismo nivel que «un pietista memo, un pecador astuto, y una mujer farisea» como constituyendo «los problemas de la vida» (*Sot.* III. 4). «¿Nos detendremos a explicar las opiniones de los fariseos?», pregunta un rabí, con un supremo desdén por «el orden» como tal. «Es una tradición entre los fariseos», leemos (*Ab. de R. Nathan*, 5), «atormentarse en este mundo, y sin embargo no ganarán nada en el venidero». Los saduceos sugerían que «los fariseos

---

8. Es imposible reproducir aquí los pasajes talmúdicos que dan evidencia de ello. Pero las dos obligaciones de «hacer puro» y de «diezmar», junto con la clasificación de los fariseos en varios grados, son cuestiones a que se hace referencia incluso en la Misná (*Chag.* II. 5, 6, y *Demai* II. 2, 3).

llegarían a someter al mismo globo del sol a sus purificaciones». Por otra parte, se citan oraciones casi epicúreas entre sus pronunciamientos, como: «Apresúrate, come y bebe, porque el mundo en que estamos es como una fiesta de bodas»; «Si posees algo, alégrate con ello; porque no hay placeres debajo de la tierra, y la muerte no da respiro... Los hombres son como las flores del campo; algunos florecen, mientras que otros se marchitan.»

«¡Como las flores del campo!» ¡Qué lejos están de éstas las enseñanzas que estas palabras nos recuerdan de otro Rabí a quien ellos rechazaron! Y cuando de las palabras de ellos pasamos al reino que Él vino a fundar, podemos comprender claramente el esencial antagonismo de naturaleza entre ambas cosas. Desde luego, ha sido una afirmación temeraria pretender relacionar en forma alguna el origen de las características del cristianismo con los rabinos. Y, sin embargo, cuando traemos la imagen del fariseísmo tal como aparece en los escritos rabínicos al lado del bosquejo que nos da el Señor de lo mismo, nos llama la atención no sólo la semejanza vital, sino la selección de características distintivas del fariseísmo presentada en sus represiones. En verdad, podríamos casi seguir la historia del fariseísmo en los pasajes del Nuevo Testamento. El «diezmo de la menta, del eneldo y del comino», junto con su descuido de las cosas más importantes de la ley, y «la purificación» de lo exterior, estas dos obligaciones de los fariseos, «valladas», como lo estaban, por un tradicionalismo que anulaba el espíritu de la ley, y que se manifestaba en una burda hipocresía y jactancia religiosa, ¿no es precisamente lo que acabamos de seguir en la historia del «orden»?

XV

RELACIÓN DE LOS FARISEOS CON LOS SADUCEOS Y LOS ESENIOS, Y CON EL EVANGELIO DE CRISTO

Al echar una mirada retrospectiva del fariseísmo tal como lo hemos descrito, hay un dicho de nuestro Señor que a primera vista parece casi imposible de entender. Pero es claro y enfático. «Así, que todo lo que os digan que guardéis, guardadlo y hacedlo» (Mt. 23:3). Pero si los primeros discípulos no debían romper en el acto y para siempre con la comunidad judía, esta instrucción era totalmente necesaria. Porque, aunque los fariseos eran sólo un «orden», el fariseísmo, como el moderno ultramontanismo, no sólo había llegado a ser la principal dirección del pensamiento teológico, sino que sus principios eran solemnemente proclamados, y en base a ellos se actuaba universalmente, y esto último incluso por parte de sus opositores, los saduceos. Un saduceo en el Templo o en el estrado de un tribunal se vería obligado a actuar y a decidir exactamente como si fuera fariseo. No se debía ello a que el partido no hubiera tratado de llevar sus peculiares ideas a una posición predominante. Pero se vieron batidos en toda regla, y se dice que ellos mismos destruyeron los libros de las ordenanzas saduceas, que habían redactado en el pasado. ¡Y los fariseos celebraban cada victoria dogmática con una fiesta! El que es quizá el más antiguo libro hebreo postbíblico, el «Megillath Taanith», o «rollo de los ayunos», es principalmente un calendario fariseo de autoglorificación, en el que los aniversarios de las victorias dogmáticas son proclamados días en los que se prohíbe el ayuno, e incluso a veces el duelo. Así, fueran cuales fueren las posturas dogmáticas de los saduceos, y por mucho que pudieran, cuando les era posible, permitirse prejuicios personales, sin embargo ambos partidos, en el desempeño de cargos oficiales, actuaban como fariseos. Y desde luego que se vigilaban celosamente. Cuando un sumo sacerdote saduceo, en la Fiesta de los Tabernáculos, derramó el agua en el suelo en lugar de echarla en el embudo de plata del altar, apenas si escapó con vida, a pesar de que era un rey macabeo, y a partir de entonces resonó siempre el clamor desde todos los rincones del Templo: «Levanta la mano», al ejecutar el sacerdote cada año esta parte del servicio. Los saduceos sostenían que en el Día de la Expiación el sumo sacerdote debería encender el incienso antes de entrar materialmente en el Lugar Santísimo. Como ello era contrario a la posición de los fariseos, éstos se tomaban cuidado de comprometerlo con un juramento en el sentido de que observaría sus costumbres rituales antes de permitirle oficiar en absoluto. En vano aducían los saduceos que los sacrificios diarios no debían ir a cargo de la tesorería pública, sino de contribuciones especiales. Tuvieron que someterse, y además unirse en una especie de fiesta baja que la jubilosa mayoría inscribió en su calendario para perpetuar la memoria de la decisión. Los fariseos mantenían que el tiempo entre Pascua y Pentecostés debía ser contado desde el segundo día de la fiesta; los saduceos insistían en que la cuenta debía comenzar con el «sábado» literal después del día festivo.[1] Pero, a pesar de los argumentos, los saduceos tenían que unirse a la procesión solemne cuando ésta salía por la tarde de la fiesta para ir a cortar la «primera gavilla», y contar Pentecostés como lo hacían sus oponentes.

1. Remito, aquí, al lector que quiera más detalles acerca de los relatos de las fiestas y servicios en el Templo, a mi libro *El Templo.*

Nos hemos referido a sólo unas pocas de las diferencias de ritual entre las posturas de los saduceos y de las de los fariseos. El principio esencial de ellos residía en esto: que los saduceos hubieran querido seguir la simple letra de la ley, sin hacer ni más ni menos, tanto si las consecuencias de ello era la toma de decisiones más severas o más livianas. Este mismo principio lo aplicaban a sus concepciones jurídicas y doctrinales. Nos llevaría mucho espacio explicar lo primero. Pero el lector comprenderá cómo esta literalidad los llevaría, como norma, a tomar unas decisiones judiciales (o más bien sus proposiciones en cuanto a ellas) mucho más estrictas que las de los fariseos, mediante una rígida aplicación literal del principio de «ojo por ojo; diente por diente». Lo mismo sucede con respecto a las leyes de la purificación, y con las que reglamentaban la herencia. Los puntos de vista doctrinales de los saduceos son sufientemente conocidos por el Nuevo Testamento. Es bien cierto que en su oposición a los puntos de vista saduceos, como la no existencia de otro mundo y la resurrección, los fariseos alteraron la anterior fórmula del Templo para que dijera: «Bendito sea Dios de mundo a mundo» (de generación en generación; o «por los siglos de los siglos»), para mostrar que después de la presente vida había otra de bienaventuranza y castigo, de gozo y dolor. Pero el Talmud declara expresamente que el verdadero principio de los saduceos no era que no hubiera resurrección, sino que no podía ser demostrado por medio de la Torá, o de la Ley. De ahí había, naturalmente, un paso muy pequeño a la negación integral de la doctrina; y es indudable que así fuera por parte de la inmensa mayoría del partido. Pero aquí nos encontramos otra vez con el principio de ellos de una literalidad estricta, que subyacía incluso en el más extremo de sus errores.

Este principio era totalmente necesario para su misma existencia. Hemos seguido a los fariseos no sólo hasta un período definido, sino a un acontecimiento especial; y hemos podido explicar a la perfección el nombre de ellos como «los separados». No que opinemos que se lo habían dado ellos a sí mismos, porque ninguna secta o partido adopta nunca un nombre; todos pretenden no precisar de un título distintivo porque sólo ellos representan genuina y fielmente a la verdad misma. Pero cuando fueron llamados fariseos, es indudable que los «Chaberim» aceptaron benignamente la designación popular. Era para ellos, a guisa de ilustración, lo que el nombre «Puritanos» fue para un partido muy diferente y opuesto en la Iglesia. Pero el nombre «saduceo» es tan oscuro como el mismo origen del partido. Intentemos arrojar algo de luz sobre ambas cosas, sólo con la premisa de que las comunes derivaciones de su nombre, tanto si del sumo sacerdote Sadoc como si de un rabí llamado Sadoc, cuyo principio fundamental de no buscar recompensa en la religión ellos hubieran malentendido y malaplicado, o de la palabra hebrea «zaddikim», los justos, son todas insatisfactorias, aunque puedan sin embargo contener elementos de verdad.

No puede dudarse que la «secta» de los saduceos se originó como reacción en contra de los fariseos. Si éstos añadieron a la ley sus propias glosas, interpretaciones y tradiciones, los saduceos tomaron su posición sobre la letra lisa y llana de la ley. No estaban dispuestos a aceptar ninguna de las adiciones y supererogaciones; no estaban dispuestos a ser justos en demasía. Para ellos era suficiente practicar «zedakah», «la justicia». Podemos comprender cómo este *shibbolet* de ellos llegó a ser, en boca de la gente, el apodo del partido, algunos empleándolo irónicamente, y otros con aprobación. Al cabo de un tiempo es indudable que el partido lo aceptaría benignamente, como los fariseos habían aceptado también su designación. Así, por ahora estamos de acuerdo con la derivación del título de los saduceos de «zaddikim». Pero, ¿a qué se debe el cambio, gramaticalmente inexplicable, de «zaddikim» a «zaddukim»? ¿No podría deberse a que la simple pero significativa alteración de una letra se hubiera originado en sus oponentes, como si hubieran dicho: «¿Vosotros "zaddikim"? No, sino más bien "zaddukim"», del arameo «zadu» (desolación), significando que no eran sustentadores, sino destructores de la justicia? Este origen del nombre no sería en absoluto inconsecuente con los últimos intentos del partido de remontar su historia bien al sumo sacerdote Sadoc, o a uno de los padres del tradicionalismo judío, cuyo lema ellos adoptaran de manera ostentosa. La historia registra no pocos casos similares de intentos de remontar el origen de un partido religioso. Sea como sea, podemos comprender cómo los partidarios de las opiniones saduceas pertenecían principalmente al partido rico, lujoso y aristocrático, incluyendo a las familias sacerdotales ricas, mientras que, según el testimonio de Josefo, que es corroborado por el Nuevo Testamento, las masas populares, y especialmente las mujeres, veneraban y apoyaban al partido farisaico. Así, el «orden» de los «Chaberim» vino a ser gradualmente un partido popular, como los ultramontanos. Finalmente, como por su naturaleza el fariseísmo dependía de la sabiduría tradicional, ésta vino a ser no sólo la dirección dominante del estudio teológico judío, sino que el «Chaber» poco a poco se combinó con el rabí, con el «sabio» o «discípulo de los sabios», mientras que el no «Chaber», o «am ha-aretz», venía a ser la designación de la ignorancia de la sabiduría tradicional, y del descuido de sus ordenanzas. Éste fue especialmente el caso cuando la disolución de la nación judía hizo casi imposibles las obligaciones de la «fraternidad». Bajo estas circunstancias cambiadas, el viejo fariseo histórico sería con frecuencia un inconveniente no pequeño para los líderes del partido, como sucede frecuentemente con los adherentes y seguidores originales de una secta en la que el progreso irresistible del tiempo necesariamente ha producido cambios.

El curso de nuestras investigaciones ha evidenciado que ni los fariseos ni los saduceos eran una secta en el sentido de separarse del Templo o de la sinagoga; y también que los judíos como tales no estaban divididos entre fariseos y saduceos. El pequeño número de profesores fariseos (seis mil) en tiempos de Herodes, las descripciones del Nuevo Testamento e incluso la curiosa circunstancia de que Filón nunca mencione el nombre de «fariseo», confirman el resultado de nuestras indagaciones históricas, de que los fariseos fueron primero un «orden» que dieron nombre a un partido, y que finalmente representaron una tendencia del pensamiento teológico. El Nuevo Testamento no habla más que de estos dos partidos. Pero Josefo y Filón hacen mención de los «esenios». Va más allá de nuestro objeto describir sus principios y prácticas, o siquiera considerar la compleja cuestión del origen de su nombre. Por su propia naturaleza, este partido no ejerció una gran influencia, y tuvo poca duración. Parecen haber combinado una especie de fariseísmo exacerbado con posiciones e incluso prácticas devocionales derivadas del misticismo oriental, y más particularmente de la religión medopersa. El hecho de que el objetivo principal de todas sus instituciones era alcanzar una mayor pureza puede ser considerado como evidencia de lo primero. Lo último se hace evidente con el cuidadoso estudio de sus concepciones, tal como nos han sido preservadas, y de su comparación con el sistema de Zoroastro. Y hay abundantes indicaciones de que «Palestina estaba rodeada de influencias persas».[2]

Como secta, los esenios nunca llegaron a más de cuatro mil; y como vivían aparte del resto, ni mezclándose en su

2. Canónigo Lightfoot, *Commentary on Colossians*, pág. 151. La magistral consideración del profesor Lightfoot acerca de los esenios, tan repleta de la más sólida erudición y tan serena en su juiciosa recapitulación, puede decirse que casi ha abierto una nueva era en el estudio de la secta de los esenios, sacándolo de las especulaciones a menudo desenfrenadas e introduciéndolo en el campo de la investigación histórica. No entra dentro de los propósitos de este libro ni considerar de una manera científica las posturas doctrinales de los fariseos y saduceos, ni entrar en las de los esenios. Esto debe reservarse para otra ocasión. Pero, a la vista de los resultados del profesor Lightfoot, se me permitirá referirme, no sin satisfacción, a la circunstancia de que yo había llegado a unas conclusiones algo similares a las suyas en mi *History of the Jewish Nation*. Véase mi tratamiento de los esenios y sumario de la *Cábala*, págs. 433-461.

sociedad ni en su culto, y —como norma general— absteniéndose del matrimonio, pronto se extinguieron. Los escritos rabínicos aluden a una buena cantidad de lo que podría bien describirse como sectarios, todos ellos perteneciendo de una manera más o menos clara a la rama mística y ascética del fariseísmo. Aquí mencionamos primero a los «Vathikin», o «fuertes», que hacían sus oraciones con el más temprano amanecer; en segundo lugar, los «Toble Shachrīth», o «bautistas matutinos», que se bañaban antes de la oración de la mañana, a fin de pronunciar el Nombre Divino sólo en estado puro; en tercer lugar, los «Kehala Kadisha», o «santa congregación», que pasaban un tercio del día en oración, un tercio en estudio, y un tercio en trabajo; en cuarto lugar, los «Banaim», o «edificadores», que, además de buscar la mayor pureza, se ocupaban en estudios místicos acerca de Dios y el mundo; en quinto lugar, los «Zenuim», o «píos secretos», que además mantenían sus doctrinas y escritos secretos; en sexto lugar, los «Nekije hadaath», «hombres de una mente pura», que eran realmente separatistas de sus hermanos; en séptimo lugar, los «Chashaim», o «misteriosos»; y, en último lugar, los «Assiim», «ayudadores» o «sanadores», que profesaban poseer la correcta pronunciación del sagrado Nombre de Jehová, con todo lo que ello implicaba.[3]

Si en cualquiera de las ciudades de Judea uno se hubiera encontrado con la extraña aparición de un hombre totalmente vestido de blanco, con unas sandalias y ropas que quizá demostraban ser viejas, pero que estaban escrupulosamente limpias, este hombre era un esenio. Los transeúntes se detendrían un momento y lo observarían con una mezcla de reverencia y curiosidad. Porque raras veces se los veía por las poblaciones, fueran ciudades o aldeas, habiéndose separado la comu-

3. Comparar Hamburguer, *Real-Enc. für Bibel u. Talmud*, vol. II, pág. 173. Hegesipo (en Eusebio, *Historia Eclesiástica*, II) habla de siete sectas hebreas; pero su información es evidentemente de segunda mano.

nidad del resto del pueblo, y habiendo establecido su residencia en lugares desiertos, especialmente en las cercanías del mar Muerto; y el carácter del «orden» en su ascetismo y negación propia, así como en su pureza, era universalmente conocido. Por muy estrictamente que observaran el sábado, lo hacían en sus propias sinagogas; y aunque enviaban dones al altar, ni asistían al Templo ni ofrecían sacrificios, en parte porque consideraban que sus disposiciones no tenían una pureza levítica suficiente, y en parte porque llegaron a considerar su propia mesa como un altar, y sus comidas comunes como un sacrificio. Constituían un «orden» bajo los más estrictos votos, pronunciados bajo terribles juramentos, y estaban sujetos a la más rigurosa disciplina. Los miembros de este «orden» se abstenían de vino, de carne y de aceite, y la mayor parte de ellos también del matrimonio. Practicaban la comunidad de bienes; estaban comprometidos a la pobreza, a la castidad y a la obediencia a sus superiores. Se ordenaba la pureza moral, especialmente con respecto a decir la verdad. Estaba prohibido tomar un juramento, y también tener esclavos. El orden tenía cuatro grados; el contacto con uno de un grado inferior siempre contaminaba al de un grado superior. El noviciado duraba dos años, aunque al final del primero el candidato era aceptado a una comunión más estrecha. El gobierno estaba en manos de los «ancianos», que tenían el poder de admisión y de expulsión —siendo esto último casi equivalente a muerte por inanición, por cuanto el esenio estaba ligado por un terrible juramento a no asociarse con otros—. Su día comenzaba con la salida del sol, cuando acudían a la oración. Antes de esto, no se podía hablar de nada secular. Después de la oración, se dedicaban a tareas agrícolas —porque no tenían permitido guardar manadas ni rebaños— o a obras de caridad, especialmente a la curación de enfermos. A las once se bañaban, se cambiaban los vestidos y se reunían entonces para la comida común. Un sacerdote daba una oración al comenzarla y después al terminarla. Se sentaban en orden de edad y de dignidad; los más ancianos se dedicaban a una conversación seria, pero en un tono tan quedo que no fueran oídos fuera. Los jóvenes servían. A cada uno se le daba pan y sal, y también otro plato; a los ancianos se les permitía el condimento del hisopo y el lujo del agua caliente. Después de la comida se quitaban la ropa y volvían al trabajo hasta el atardecer, cuando tenía lugar otra comida en común, seguida por himnos y danzas de carácter místico, para simbolizar el estado de mente arrebatado y extático.

Es innecesario proseguir más este tema. Lo que se ha dicho —con independencia de su separación del mundo, de su puntillosa observancia sabática y de sus posturas acerca de la purificación; la oposición que mostraban a los sacrificios, y especialmente su rechazo de la doctrina de la resurrección— es ya suficiente para demostrar que no tuvieron relación con el origen del cristianismo.

Las declaraciones de este tipo son a la vez asombrosas para el sereno estudioso de la historia, y penosas para el cristiano. Pero no puede haber dudas acerca de que entre estas sectas místicas se preservaban creencias acerca del Ser Divino, del Mesías y de su reino, y de doctrina relacionadas con ello, que después aparecieron en la llamada «tradición secreta» de la sinagoga, y que, como derivadas del estudio de los escritos de los profetas, contienen maravillosos ecos de la verdad cristiana. Pero acerca de esta cuestión no podemos tratar ahora.[4]

¡Cristo y el Evangelio entre fariseos, saduceos y esenios! Podemos ahora contemplar la escena y comprender las mutuas relaciones. Las comunidades existentes, las tendencias religiosas, el espíritu de la época, desde luego no ofrecían un punto al que aferrarse, sino sólo una total y absoluta oposi-

---

4. Acerca del tema de los esenios, su origen, naturaleza, doctrinas, y las alegaciones de su relación con el origen del cristianismo, véase «Qumrán», en Vila-Escuain, *Nuevo Diccionario Bíblico Ilustrado* (CLIE, Terrassa 1985), págs. 975-988. (*N. del T.*)

ción esencial al reino de los cielos. El «preparador del camino» no podía resultar atrayente para ninguno de ellos; su voz sólo clamaba «en el desierto». Mucho más atrás del origen de los fariseos, saduceos y esenios, tenía que señalar de vuelta a la original consagración pascual de Israel como aquello que ahora iba a ser exhibido en su realidad: «He aquí el Cordero de Dios, que quita el pecado del mundo.» Si el primer gran milagro del cristianismo fue el derribo de la pared intermedia de separación, el segundo —quizá hubiéramos debido ponerlo primero, para ver el simbolismo de los dos milagros en Caná— era que no encontró nada análogo en las comunidades religiosas alrededor, nada consonante con ella, absolutamente ningún tallo en el que injertar la nueva planta, sino que fue literalmente «como raíz de tierra seca», acerca de la que tanto el fariseo como el saduceo y el esenio dirían: «No hay apariencia en él, ni hermosura como para que le miremos, ni atractivo como para que nos deleitemos en él.»

XVI

LAS SINAGOGAS: SU ORIGEN, ESTRUCTURA Y DISPOSICIÓN EXTERNA

Era un hermoso dicho del rabí Jochanan (*Jer. Ber.* V. 1) que aquel que ora en su casa la rodea y fortifica, por así decirlo, con un muro de hierro. Sin embargo, parece contradicho de inmediato por lo que sigue a continuación. Porque se dice que esto sólo es cierto cuando un hombre está solo, pero que donde hay una comunidad, la oración debe ser hecha en la sinagoga. Podemos comprender fácilmente cómo, después de la destrucción del Templo y el cese de su culto simbólico, el excesivo valor que se daba a la mera asistencia a la sinagoga crecería rápidamente en la estimación pública, hasta que sobrepasara todos los límites de la moderación y de la razón. Así, se aplicaron a ello dichos escriturales como Is. 55:6; 66:20 y Sal. 82:1. El Talmud de Babilonia va incluso más lejos. Allí se nos dice (*Ber.* 6 *a*) que la oración que ofrezca un hombre solo tiene efectos apropiados si se ofrece en la sinagoga; que si un individuo, acostumbrado a frecuentar cada día la sinagoga, deja de ir una vez, Dios le pedirá cuenta por ello; que si el Eterno ve a menos de diez personas reunidas, se enciende su ira, como está escrito en Is. 50:2 (*Ber.* 6 *b*); que si una persona tiene una sinagoga en su propia ciudad, y no acude a ella para la oración, debe ser llamado un vecino malvado, y atrae el exilio tanto sobre sí mismo como sobre sus hijos, como está escrito en Jer. 12:4; mientras que, por otra parte, la práctica de acudir temprano a la sinagoga daría longevidad a las personas (*Ber.* 8 *a*). Echando a un lado estas extravagancias, no puede ponerse en duda, sin embargo, que mucho antes del período talmúdico la institución, de la sinagoga se había extendido, no sólo entre los judíos de Palestina, sino también entre los de la dispersión, y que se sentía como una creciente necesidad, tanto por causas internas como externas.

Los lectores del Nuevo Testamento saben que en los tiempos de nuestro Señor había sinagogas por toda la tierra; que en ellas Moisés había sido leído «desde generaciones antiguas» (Hch. 15:21); que estaban bajo el gobierno de ciertas autoridades, que asimismo ejercían la disciplina; que los servicios estaban regulados de una manera definida, aunque existía mucha libertad, y que parte de ellos consistía en la lectura de los profetas, lo que iba generalmente seguido por una «exhortación» (Hch. 13:15) o un discurso (Lc. 4:17). La palabra «sinagoga» se deriva del griego, naturalmente, y significa «reunión congregada» —para propósitos religiosos—. Los términos rabínicos correspondientes, «chenisah», «cheneseth», etc., «zibbur», «vaad» y «kahal», pueden ser generalmente tomados como equivalentes. Pero es interesante señalar que tanto el Antiguo Testamento como los rabinos dan matices distintivos, bien conocidos en el moderno debate teológico. Empezando con el Antiguo Testamento, se emplean dos términos para denotar a Israel como congregación: «edah» y «kahal», de los que el primero parece referirse principalmente a Israel en su organización externa como congregación —lo que los modernos designarían como la Iglesia visible—, mientras que «kahal» indica más bien su relación interior o espiritual. Incluso la LXX parece haber preservado esta distinción. La palabra «edah» aparece ciento treinta veces, y siempre es traducida «sinagoga» en la LXX, nunca como «ecclesia» (iglesia); en cambio, «kahal» se traduce en setenta lugares como «ecclesia», y sólo en treinta y siete como «sinagoga». De manera similar, la Misná emplea el término «kahal» sólo para denotar a Israel como un todo, mientras que el término «zibbur», por ejemplo, se emplea por un igual para iglesias y para la Iglesia, esto es, para denotar congregaciones individuales, y para la Iglesia como un todo.

El origen de la sinagoga se pierde en la oscuridad de la tradición. Naturalmente, como sucede con tantas instituciones, los rabinos la remontan a los patriarcas. Así, tanto el Targum de Jonatán como el Targum de Jerusalén presentan a Jacob como asistente a la sinagoga, y a Rebeca acudiendo a ella para recibir consejo cuando sintió dentro de ella la innatural lucha entre sus dos hijos. No hay razón para considerar en serio estas afirmaciones. Porque cuando en 2 R. 22:8 leemos acerca de que «el libro de la ley» fue descubierto por Safán el escriba en «la casa de Jehová», ello implica que durante el reinado del rey Josías no podían haber existido sinagogas en la tierra, por cuanto su principal objeto era asegurar la lectura semanal —y naturalmente la preservación—, de los libros de Moisés (Hch. 15:21). Nuestra versión Reina-Valera, desde luego, traduce el Sal. 74:8 «han quemado todas las sinagogas de Dios en la tierra». Pero hay buenas razones para poner en tela de juicio esta traducción, e incluso en caso de admitirla, no resolvería la cuestión acerca de cuál fue el tiempo verdadero en que se originaron las sinagogas. Por otra parte, no hay ninguna traza de culto sinagogal ni en la ley ni en los profetas; y esto, por sí mismo, debiera ser decisivo al contemplar la importancia de la cuestión. Además, se puede decir que no había lugar para tales reuniones bajo la dispensación del Antiguo Testamento. En él todo el culto era típico, siendo los servicios sacrificiales la manera en que Israel se allegaba a Dios, y constituyendo la vía por la que Él comunicaba la bendición a su pueblo. Las reuniones para la oración y comunión con el Padre pertenecen, por lo que respecta a la Iglesia como un todo, a la dispensación del Espíritu Santo. Queda dentro de este principio general que cuando fueron suscitados hombres llenos del Espíritu de Dios en ciertas ocasiones, los que anhelaban un mayor conocimiento y más estrecha comunión con el Señor se reunieran alrededor de ellos en los sábados y lunas nuevas, como la piadosa mujer de Sunem recurría a Eliseo (2 R. 4:23), y como otros indudablemente solían hacer si tenían a su alcance a los «profetas» o a sus discípulos. Pero el estado de cosas vino a ser muy diferente durante el cautiverio de Babilonia. Privados de los servicios del Templo, vino a ser necesario algún tipo de reunión religiosa, para que el pueblo no cayera en un paganismo práctico, un peligro que desde luego, y a pesar de las amonestaciones de los profetas y de la perspectiva de la liberación anunciada, no fue totalmente evitado. La institución de las sinagogas parecía necesaria y deseable también con vistas a la preservación del vínculo nacional que conectaba a Israel, además de su continuada existencia religiosa. De hecho, el lector atento de los libros de Esdras y Nehemías descubrirá en el período posterior al regreso de Babilonia los inicios de la sinagoga. Sólo que aún muy rudimentaria, y principalmente con el propósito de instruir a aquellos que habían regresado ignorantes y semipaganos; pero constituyó un punto de partida. Luego vino el tiempo de la terrible opresión y persecuciones de parte de Siria, y la rebelión de los Macabeos. Podemos comprender cómo bajo tales circunstancias se iría desarrollando la institución de la sinagoga, asumiendo gradualmente las proporciones y el significado que después alcanzó. Porque se debe tener presente que en aquella proporción en que se perdió de vista el sentido espiritual de los servicios del Templo y que el judaísmo vino a ser un asunto de ordenanzas externas, de sutiles distinciones y de discusión lógica, la sinagoga crecería en importancia. Y así vino a suceder que en tiempos de Cristo no había ninguna colonia de judíos en el extranjero sin una o más sinagogas, siendo la de Alejandría, de la que ambos Talmudes hablan con un lenguaje tan exagerado, especialmente hermosa, mientras que había una espesa red de ellas en Palestina. Es sólo a estas últimas a las que podemos por ahora dar nuestra atención.

266

Ninguna ciudad, ni tampoco una aldea, si tenía tan sólo diez hombres que pudieran o quisieran darse totalmente a las cosas divinas,[1] dejaba de tener una o más sinagogas. Si se pregunta por qué se fijaba así el número diez como el más pequeño que podía constituir una congregación, la contestación era que, según Nm. 14:27, la «malvada congregación» consistía de los espías que habían traído un informe negativo, y que eran diez, después de restar de ellos, naturalmente, a Josué y a Caleb. Las ciudades grandes tenían varias sinagogas, y algunas de ellas muchas. Por Hch. 6:9 sabemos que así era en Jerusalén, encontrando también en la tradición una referencia a la sinagoga de «los alejandrinos», a cuya clase de judíos debe haber pertenecido Esteban por su nacimiento o educación, principalmente en base a lo cual debió dirigirse a ellos. Los rabinos dicen que en la época de la destrucción de Jerusalén aquella ciudad tenía no menos de 480 sinagogas, o como mínimo 460. A no ser que el número 480 fuera determinado simplemente como un múltiplo de números simbólicos (4 x 10 x 12), o con un propósito místico semejante, sería, naturalmente, una crasa exageración. Pero un extraño que entrara en una ciudad o en un pueblo no encontraría difícil hallar la sinagoga. Si no tenía, como nuestras iglesias, una torre como señalando a los hombres al cielo, al menos se seleccionaba para ella el punto más elevado de la población, para simbolizar que sus actividades sobrepasaban a todas las demás, y en recuerdo del dicho profético de que la casa del Señor sería exaltada «sobre los collados» (Is. 2:2). Si no se podía lograr este emplazamiento, se trataba de situarla «en las esquinas de las calles» o en la entrada de las principales plazas, en seguimiento de lo que era considerado como una instrucción significativa en Pr. 1:21. Es posible que nuestro Señor tuviera esto presente también cuando se refirió a aquellos que gustan de orar «en pie en las sinagogas y en las esqui-

1. Los llamados «Batlanim». El sentido exacto del término ha suscitado muchas discusiones eruditas.

nas de las plazas» (Mt. 6:5), siendo una práctica muy común en aquellos tiempos orar al entrar en una sinagoga. Pero si no se podía conseguir ningún lugar destacado, se debía al menos plantar un asta sobre el tejado, que fuera más alta que la casa más alta. Una ciudad en la que la sinagoga estuviera más baja que las otras moradas era considerada como en peligro de destrucción.

Acerca de la arquitectura de las sinagogas ordinarias, podemos tener una idea correcta de las mismas no sólo por las más antiguas aún existentes, sino también gracias a las recientes excavaciones en Palestina. En su interior eran simplemente edificios rectangulares o redondos, con un peristilo simple o doble, y más o menos adornado con tallas. Por fuera tenían generalmente algún símbolo sagrado tallado en los dinteles, por lo general el candelero de siete brazos, o quizá el vaso de maná.[2] Hay un ejemplo notable del empleo de este último emblema, demasiado importante para que lo pasemos por alto. En Capernaum, «la ciudad del Señor» (Mt. 9:1), había sólo una sinagoga: la edificada a expensas del piadoso centurión. Porque aunque las antiguas traducciones (RV y RVR) traducen así el encomio de los ancianos judíos: «nos edificó una sinagoga» (Lc. 7:5), el original tiene el artículo determinado, bien traducido en la RVR77: «Nos ha edificado *la* sinagoga», lo mismo que inferimos que en Nazaret había sólo una sinagoga (Mt. 13:54). El emplazamiento

---

2. «Del tabernáculo en el que estaba el arca en Siló, desde la época de Josué hasta la de Samuel, no quedan, naturalmente, ningunos vestigios. Pero en la cumbre de una loma encontramos los restos de lo que fue una sinagoga judía, empleada después como iglesia, y posteriormente como mezquita. En el dintel sobre el portal, entre dos guirnaldas de flores, se ve la talla de un vaso, con la forma de una ánfora romana. Se parece tanto al tipo convencional del «vaso de maná» que se ve en monedas y en las ruinas de la sinagoga en Capernaum, que indudablemente formaba parte del edificio original. No es improbable la conjetura de que la sinagoga fuera edificada en el sagrado emplazamiento que durante tantas generaciones constituyó el centro del culto judío». (*Those Holy Fields.*)

de la antigua Capernaum había sido desconocido hasta tiempos relativamente recientes. Pero su identificación con la moderna Tell Hum es ahora tan satisfactoria que pocos estarían dispuestos a ponerla en tela de juicio. Lo que es más interesante, las mismas ruinas de aquella sinagoga que el buen centurión había edificado han sido exhumadas; y, como para hacer imposible toda duda, su arquitectura es evidentemente la del período herodiano.[3] Y aquí aparece una confirmación incidental pero total de la narración del evangelio. Recordamos cómo, antes, el Señor había multiplicado, con su palabra de bendición, la escasa provisión de ellos, traída, quizá accidentalmente, por un muchacho en toda la multitud de cinco mil que se habían agolpado para escuchar al Señor, de manera que hubo suficiente no sólo para sus necesidades, sino para que cada uno de los apóstoles llenara su espuerta con los fragmentos sobrantes de lo que el Salvador había dispensado. Aquel día de provisión milagrosa había sido seguido por una noche de una liberación igualmente maravillosa. Sus discípulos estaban cruzando el lago, y se vieron ahora azotados por una de aquellas frecuentes tormentas que tan a menudo se abaten sobre él desde los montes. En el acto, y para su perplejidad, vieron al Maestro caminando sobre el mar y aproximándose a la barca. Al caer la luz de la luna sobre aquella bien conocida forma, y al aproximarse, arrojando su sombra creciente sobre las aguas que, obedientes, sostenían sus pies, temieron. Era una visión maravillosa, casi demasiado maravillosa para creer que fuera realidad, y demasiado atemorizadora para soportarla si lo fuera. Y, así, parece que lo dudaron antes de recibirlo en la barca.[4] Pero su voz y presencia pronto les tranquilizaron, y Él entró en la barca, «la

3. Señalado por el canónigo Williams, el erudito autor de *The Holy City*. Véase *The Bible, as Illustrated by Modern Science and Travel; Papers read before the Church Congress at Dublin* (1868), págs. 31, 32.
4. Ésta es, al menos, la impresión comunicada a mi mente por Jn. 6:21, en comparación con los versículos 19 y 20.

cual llegó en seguida a la tierra adonde iban». Aquella tierra era la ribera de Capernaum. El siguiente día rompió con la usual calma y belleza de la primavera en el lago. Ya se veían blancas velas extendidas sobre sus plácidas aguas, denunciando la llegada de muchos desde la otra ribera del lago que, echando en falta al «Profeta», a quien, con el característico entusiasmo de los habitantes de aquel distrito, hubieran querido hacer rey, ahora seguían a través del lago. No tuvieron dificultad para encontrarlo «en su ciudad», la ciudad de Pedro y de Andrés (Mr. 1:21, 29). Pero ninguna casa ordinaria habría dado cabida a toda la multitud que ahora se agolpaba en torno a Él. Así que imaginamos que la multitud se dirigió a la sinagoga. De camino a ella, suponemos, tuvieron lugar las preguntas y respuestas que encontramos en Jn. 6:25-28. Ahora habían llegado a la entrada de la sinagoga; y el siguiente discurso fue pronunciado por el Señor en la sinagoga misma, como se nos dice de modo expreso en el versículo 59: «Estas cosas les dijo en la sinagoga, enseñando en Capernaum.» Pero lo que es tan destacable es que se ha descubierto el mismo dintel de esta sinagoga, y que el emblema que se halla en él tiene una referencia tan estrecha con la pregunta que los judíos le hicieron a Jesús que casi nos los podemos imaginar señalando arriba con el dedo cuando entraban en la sinagoga, y diciendo: «Nuestros padres comieron el maná en el desierto, como está escrito: Pan del cielo les dio a comer» (Jn. 6:31). Porque, en palabras del canónigo Williams, «el dintel yaciendo en medio de las ruinas de la sinagoga del buen centurión tiene una talla representando el vaso de maná. Lo que es más destacable es que este dintel está ornamentado además con una cenefa de hojas de vid y racimos de uvas, otro emblema del misterio acerca del que el Señor habló tanto en esta sinagoga».

Antes de abandonar este tema tan interesante, podemos poner al lado del Maestro, por así decirlo, a los dos representantes de su Iglesia, a un gentil y a un judío, ambos relacionados con esta sinagoga. Dice así el canónigo Williams acerca de su constructor, el buen centurión: «Las ricas y elaboradas tallas en las cornisas y entablamientos, de columnas y capiteles y nichos, siguen dando testimonio del espíritu con que el generoso militar romano hizo esta ofrenda.» En cuanto al principal de esta misma sinagoga, sabemos que se trataba de Jairo, cuyo clamor angustiado y lleno de fe hizo ir a Jesús a su casa para pronunciar sus palabras dadoras de vida, «Talita cumí», sobre aquella hija única, justo traspasando el umbral de la pubertad, que yacía muerta en aquella cámara, mientras que la multitud en la calle y los plañideros profesionales hacían lamentaciones estridentes y discordantes.

Hasta ahí en cuanto al aspecto externo de las sinagogas. Su disposición interna parece haber seguido las líneas del Templo, o quizá incluso del Tabernáculo. Al menos, la sinagoga más antigua que aún está en pie, la de los judíos cirenaicos en la isla de Gerbe, tiene, según la descripción de un misionero —el doctor Ewald— una disposición tripartita, según el modelo del Atrio, del Lugar Santo y del Lugar Santísimo. Y en todas las sinagogas la sección del edificio con el espacio a su alrededor que se reserva a las mujeres, representa el Patio de las Mujeres, en tanto que el lugar más interior y elevado, con el arca detrás, conteniendo los rollos de la Ley, representa al mismo santuario. A su vez, la sinagoga parece haber sido adoptada como el modelo de las más antiguas iglesias cristianas. Por ello, no sólo la estructura de la «basílica», sino el mismo término «bema», ha quedado incorporado al lenguaje rabínico.[5] Y así es como hubiera sido de esperar, considerando que los más antiguos cristianos eran de nacionalidad judía, y que el paganismo no podía ofrecer tipo para el culto cristiano. Volviendo a nuestro tema, por lo que respectaba a los adoradores, se consideraba un error orar detrás de una sinagoga sin volver el rostro hacia ella; y se cuenta una historia (*Ber.* 6 *b*) acerca de Elías apareciendo en forma de mercader árabe, y castigando a uno que se había hecho

5. Este tema es considerado plenamente por Vitringa, *Synag.* págs. 444-456.

culpable de este pecado. «Tú estás en pie delante de tu Señor como si hubiera dos Poderes [o Dioses]», dijo el supuesto árabe; y con estas palabras «desenvainó su espada, y lo mató». Una idea aún más curiosa prevalecía, de que era preciso avanzar la distancia de al menos «dos puertas» dentro de una sinagoga antes de disponerse para la oración, lo que se justificaba con referencia a Pr. 8:34 (*Ber. 8 a*). La inferencia es peculiar, pero no más que la de algunos modernos críticos, y ciertamente no más extraña que la del mismo Talmud, que, en una página precedente, cuando se refiere a la precisa duración de la ira del Todopoderoso, concluye que la única persona en saberlo exactamente había sido Balaam, ¡por cuanto se escribe acerca de él (Nm. 24:16) que «conocía la ciencia del Altísimo»! Otra instrucción dada por el Talmud era la de abandonar la sinagoga con pasos lentos, pero entrar en ella tan rápidamente como fuera posible, por cuanto estaba escrito (Os. 6:3, tal como los rabinos arreglaban este versículo): «persigamos conocer al Señor». El rabí Seira nos dice cómo, en un tiempo, se había quedado escandalizado al ver a los rabinos corriendo en sábado —cuando se ordenaba el reposo corporal— para asistir a un sermón; pero que, cuando comprendió cómo se aplicaba Os. 11:10 a la enseñanza de la Halachah, él mismo se unió a la carrera de ellos. Y así concluye el rabí Seira, algo cáusticamente a nuestro parecer: «La recompensa de un discurso es el apresuramiento» con el que el pueblo acude a él, sin importar, por lo que parece, si entraban para oírlo o si había nada en el discurso que valiera la pena de ser oído.

Como norma, las sinagogas eran edificadas a cargo de la congregación, aunque quizá con la ayuda de vecinos ricos. A veces, como sabemos, eran levantadas a cargo de personas privadas, lo que se suponía que involucraba un especial mérito. En otros casos, más particularmente cuando el número de judíos era pequeño, se ponía aparte una gran estancia en una casa privada con este propósito. Esto también sucedía en la Iglesia primitiva, como deducimos de Hch. 2:46; 5:42. Es así que comprendemos la expresión apostólica de «la iglesia en la casa» (Ro. 16:3, 5; 1 Co. 16:19; Col. 4:15; Flm. 2), como implicando que en éstos y otros casos se había separado una estancia en una casa privada, en la que los cristianos se reunían con regularidad para su culto. Las sinagogas eran consagradas mediante oración, aunque, incluso así, no se consideraba completada la ceremonia hasta que alguien hubiera ofrecido las oraciones ordinarias, aunque se tratara de un extraño que estuviera de paso. Se ordenaban normas de decoro a los asistentes a la sinagoga análogas a las que estaban en vigor en el Templo. Se prescriben la decencia y la limpieza en el vestido, el silencio y la reverencia en el porte, con detalles y distinciones casi fatigantes. Las colectas sólo debían hacerse para los pobres o para la redención de los cautivos. Si el edificio estaba en una peligrosa condición de ruina, la sinagoga podía ser derribada, siempre y cuando se edificara otra tan rápido como fuera posible en su lugar. Pero, con todo ello, permanecía la santidad del lugar, y las ruinas de una sinagoga no podían convertirse en un lugar de duelo, ni ser empleadas como lugar de paso, ni se podían tender ropas ni redes ni frutos para secar. El principio de la santidad se aplicaba, naturalmente, a todos los usos análogos a los que pudieran haber sido puestas tales ruinas. El dinero recogido para la reconstrucción de una sinagoga podía usarse, en caso de necesidad absoluta, para otros propósitos de la congregación. Pero si se habían comprado piedras, vigas, etc., para el edificio, no se podían volver a vender, sino que eran consideradas como dedicadas. La sinagoga de una ciudad era considerada absolutamente inenajenable; las de los pueblos podían ser enajenadas bajo la dirección del Sanedrín local, siempre que el local no fuera después a ser empleado como baño público, lavandería, curtidería o estanque. El dinero conseguido con la venta debía ser dedicado a algo más sagrado que la mera piedra y mortero de una sinagoga: digamos que para la compra del arca donde se guardaban las copias de la ley. Diferentes de las sinagogas, aunque dedicados a propósitos semejantes, eran los llamados «oratorios» o «lugares de oración» (Hch. 16:13). Por lo general se hallaban fuera de las ciudades, y cerca de agua corriente o del mar (Josefo, *Antigüedades*, XIV. 10:23), para facilitar los lavamientos rituales relacionados con la oración (Filón, II. 535).

La separación de sexos, que se observaba incluso en el Templo en tiempos de Cristo, era estrictamente observada en las sinagogas, haciéndose tal división por medio dè una partición en forma de tabique con rejas, y a la que había un acceso separado. Esta práctica parece estar simplemente acorde con las maneras y usos orientales de pensar. Pero los rabinos, que buscan una justificación escritural para cada disposición, por trivial que sea, encuentran en este caso su justificación en Zac. 12:11-14, donde «las mujeres» son mencionadas cinco veces como «por sí» en su lamentación en oración. La sinagoga estaba dispuesta de tal manera que, al entrar en ella, los adoradores tuvieran el rostro dirigido hacia Jerusalén, no teniendo la mera «orientación», como ahora se llama, significado alguno en el culto judío. Más allá de la mitad de la sinagoga se levantaba el estrado, o «bema», como se le llamaba en tiempos antiguos, o «almmeor», como se conoce en la actualidad. Los que eran llamados allí para leer subían por el lado más cercano y descendían por el más alejado a sus asientos en la sinagoga. Sobre este «bema» había un púlpito, o más bien un atril, el «migdal ez», «torre de madera» de Neh. 8:4, desde donde se leían las porciones prescristas de la ley y de los profetas, y se pronunciaban los discursos. El lector estaba de pie; el predicador estaba sentado. Así vemos (Lc. 4:20) que, después de la lectura de una sección del profeta Isaías, nuestro Señor, «enrollando el volumen, lo devolvió al asistente, y se sentó», antes de pronunciar su discurso en la sinagoga de Nazaret. La oración se hacía también de pie, aunque en el Templo los adoradores se postraban, práctica que se mantiene en algunas de las más solemnes ocasiones. El púlpito o atril —«migdal» (torre), «chisse» y «churseja» (silla o trono), o «pergulah» (del latín «pergula», probablemente elevación)— se levantaba en medio del «bema» y delante del «Arca». Esta última, que ocupaba el lugar más interior de la sinagoga, se correspondía, como ya hemos indicado, con el Lugar Santísimo en el Templo, y constituía su parte más importante. Se llamaba el «aron» (arca), el «tevah», o «tevutha» (cofre, como aquel en que Noé y Moisés fueron salvados), o el «hechal» (templecillo). En realidad, se trataba de un armario o cofre en el que se depositaban los rollos de la ley. Esta «arca» era hecha movible (*Taan*. II. 1, 2), a fin de transportarla en ocasiones públicas de ayuno y oración, para llevarla a la calle o plaza del mercado donde la gente se congregaba. En ocasiones había un segundo armario para los rollos de los profetas, donde asimismo se depositaban los rollos fuera de uso o dañados de la Ley. Delante del arca colgaba el «vilon» («velum», velo), en imitación del que había delante del Lugar Santo. Por encima se colgaba el «ner olam», o lámpara siempre encendida, y cerca de ella se encontraba el candelabro de ocho brazos, que se encendía durante los ocho días de la fiesta de la dedicación del Templo (Jn. 10:22) o Fiesta de las Luces. La práctica de encender velas y lámparas, no sólo para su uso, sino en honor del día o de la fiesta, no es desconocida en las sinagogas. Naturalmente, es imposible determinar, con respecto a ésta y a otras prácticas, cuál era la costumbre exacta en los tiempos de nuestro Señor, aunque el lector puede inferir cuántas y qué prácticas especiales pueden haberse ido introduciendo gradualmente. Nos llevaría más allá de nuestro actual propósito describir las varias direcciones a ser observadas en el proceso de copia de los rollos de la sinagoga, que incorporaban los cinco libros de Moisés, o detallar lo que podía hacerlos inservibles para su empleo. Los rabinos mencionan no menos de veinte causas. Actualmente, la vitela, sobre la que se escribe el Pentateuco, es fijada a dos arrolladores, y al leerse cada porción de la ley, se desenrolla del arrollador de la derecha y se arrolla en el de la izquierda. El rollo mismo era envuelto en una envoltura de lino o de paño («mitpachoth»), y era luego colocado en un «estuche» («tik», el griego «theke»). Todos estos artículos están ya mencionados en la Misná. Las prácticas posteriores no tienen por qué ocupar nuestra atención aquí. Por último, se debiera señalar que al principio la gente probablemente estaba de pie en la sinagoga, o se sentaba en el suelo. Pero al alargarse más los servicios, se tuvieron que proveer asientos. La congregación se sentaba de cara al arca. Por otra parte, «los gobernantes de la sinagoga», los rabinos, los fariseos distinguidos, y otros que buscaban la honra de los hombres, demandaban «los primeros asientos», que eran puestos con la espalda al arca, y de cara a los adoradores. Estos asientos, que tienen el mismo nombre que en el Nuevo Testamento, eran objeto de una especial ambición (Mt. 23:6), y el rango, la dignidad o la antigüedad daban derecho a un rabí o a otros hombres influyentes a esta prioridad. Nuestro Señor se refiere expresamente a ello (Mt. 23:6) como una de las manifestaciones características de la soberbia farisaica. Se hace evidente que el mismo espíritu y práctica se había introducido en algunas de las primitivas iglesias por la advertencia de Santiago (Stg. 2:2, 3) en contra de una anticristiana «acepción de personas», que asignaría un puesto superior en las «sinagogas» de los cristianos al mero poseedor de «ropa espléndida» o al portador de «anillo de oro».

Hasta aquí hemos descrito principalmente la disposición externa de las sinagogas. Pero ahora será necesario pasar, por muy rápidamente que sea, a bosquejar sus varios usos, el culto en ella, y sus oficiales, la mayor parte de los cuales son mencionados en diversos pasajes del Nuevo Testamento.

XVII

EL CULTO DE LA SINAGOGA

Una de las más difíciles cuestiones de la historia judía es la que se relaciona con la existencia de una sinagoga dentro del Templo. No se puede poner en duda que existía tal «sinagoga», y que este lugar de reunión estaba en «el vestíbulo de piedras talladas», en la esquina suroriental del atrio de los sacerdotes, ante el claro testimonio de testigos coetáneos. Considerando que «el vestíbulo de piedras talladas» era también el lugar de reunión del gran Sanedrín, y que una parte de sus ocupaciones era no sólo la toma de decisiones legales, sino también discursos y disquisiciones teológicas, podríamos sentirnos inducidos a conjeturar que el término «sinagoga» había sido empleado en su sentido más amplio, por cuanto estos edificios eran generalmente empleados por todo el país con este doble propósito, además de para el culto. De las conferencias y discusiones teológicas en el Templo tenemos un ejemplo en la ocasión en que nuestro Señor fue hallado por sus padres «sentado en medio de los maestros, no sólo escuchándolos, sino también haciéndoles preguntas» (Lc. 2:46). Y difícilmente puede dudarse de que esto también explica cómo los escribas y los fariseos podían «ir a Él» tan frecuentemente mientras Él enseñaba en el Templo, con preguntas difíciles y pérfidas, hasta aquella observación acerca de la naturaleza del Mesías, con la que finalmente los calló: «Pues si David le llama Señor, ¿cómo es hijo suyo?» (Mt. 22:45). Pero con referencia a la llamada «sinagoga del Templo» hay esta dificultad: que ciertas oraciones y ciertos ritos parecen haber estado conectados con ella, y que no obstante no constituían parte de los servicios regulares del Templo, y que no obstante fueron de uno u otro modo injertados sobre ellos. Por ello, sólo podemos llegar a la conclusión de que el creciente cambio en las perspectivas teológicas de Israel, antes y alrededor de la época de Cristo, hizo que los servicios del Templo solos parecieran insuficientes. Los elementos simbólicos y típicos que constituían la vida y el centro del culto del Templo habían perdido su sentido espiritual y atractivo para la mayoría de aquella generación, y su puesto estaba quedando ocupado por la llamada enseñanza y por las prácticas externas. Así, la adoración de la letra tomó el lugar de la del espíritu, e Israel se vio abocado al rechazamiento de Cristo por el fariseísmo. La sinagoga tomó el puesto del Templo, y lo empequeñeció, incluso dentro de sus propios muros, con una incongruente mezcla de un culto de ordenación humana con los ritos típicos ordenados por Dios para el santuario. Así, bien lejos de ser la «sinagoga del Templo» el modelo de las que se encontraban por el país, como algunos escritores mantienen, nos parece más bien de origen posterior, y que tomó muchos ritos de las sinagogas del país, en las que la gente se había acostumbrado a ellos.[1]

Este tema tiene un interés superior al meramente histórico. Porque la presencia de una sinagoga dentro del Templo, o, más bien, como preferimos expresarlo, la adición del culto sinagogal al del Templo, es tristemente emblemática. Es, por así decirlo, una de aquellas proclamaciones terriblemente simbólicas (por vía de la acción) con que Israel, inconscientemente, pronunció su propia condenación, tal como lo fue la de «Su sangre sea sobre nosotros y sobre nuestros hijos», o el clamor por la liberación de Barrabás (el hijo del padre), que había sido condenado por «sedición» y «homicidio» —indudablemente en relación con una rebelión pseudome-

---

1. Esto es substancialmente admitido por Herzfeld, *Gesch. d. Volkes Fisr.* vol. III. págs. 131, 132.

siánica contra el poder de Roma— en lugar del verdadero Hijo del Padre, que verdaderamente habría «restaurado el reino a Israel». Y, sin embargo, no había nada en el culto mismo de la sinagoga que hubiera podido impedir al Señor, o a sus apóstoles y primeros seguidores, asistir a él hasta que llegó el tiempo de la definitiva separación. Los lectores del Nuevo Testamento saben cuántas preciosas oportunidades les proveyó para dar a conocer el Evangelio. Sus servicios eran, desde luego, singularmente elásticos. Porque el principal objetivo de la sinagoga era la instrucción del pueblo. La misma idea de su institución, antes de y en tiempos de Esdras, explica y comunica esto, y es confirmado por el testimonio de Josefo (*Contra Apión*, II. 17). Pero quizá el lector ordinario del Nuevo Testamento haya dejado de observar cuán prominentemente es expuesto este elemento de la sinagoga en la historia evangélica. No obstante, la palabra «enseñanza» se emplea tan frecuentemente en relación con la presencia de nuestro Señor en la sinagoga, que su lección es evidente (véanse Mt. 4:23; Mr. 1:21; 6:2; Lc. 4:15; 6:6; 13:10; Jn. 6:59; 18:20). La parte de «enseñanza» en el servicio consistía principalmente en la lectura de una sección de la ley, a la que acompañaba la lectura de una sección de los profetas, y un sermón o discurso. Naturalmente, el elemento litúrgico nunca hubiera podido estar ausente en estos servicios, y pronto adquirió una considerable importancia. Consistía de oración y de la recitación de la bendición aarónica (Nm. 6:24-26) por los sacerdotes, esto es, no naturalmente por los rabinos, que eran meramente maestros o doctores, sino por descendientes lineales de la casa de Aarón. No había servicio de «alabanza» en las sinagogas.

El culto público[2] comenzaba en ocasiones ordinarias con

---

2. Nuestra descripción se aplica aquí al culto de la *antigua* sinagoga, no de la moderna; y hemos pensado que lo mejor sería limitarnos al testimonio de la Misná, para evitar el peligro de introducir prácticas de un período posterior.

el llamado «Shema», que era precedido por la mañana y por la tarde por dos «bendiciones», y sucedido en la mañana por una y en la tarde por dos bendiciones; lo segundo era, estrictamente hablando, una oración vespertina. El «Shema» era una especie de «credo», compuesto de estos tres pasajes de la Escritura: Dt. 6:4-9; 11:13-21; Nm. 15:37-41. Recibía su nombre de la palabra inicial «Shema»: «*Oye*, Israel», en Dt. 6:4. Vemos por la Misná (*Ber*. I. 3) que esta parte del servicio existía ya antes de los tiempos de nuestro Señor; y se nos dice (*Ber*. III. 3) que todos los varones estaban obligados a repetir este credo dos veces al día, estando exentos de esta obligación los niños y los esclavos, así como las mujeres. No puede haber duda alguna razonable en cuanto a esta cuestión, por cuanto la Misná menciona expresamente las tres secciones escriturales del «Shema», el número de bendiciones antes y después de ella, e incluso las palabras iniciales de la bendición final (*Ber*. II. 2; I. 4; *Tamid*, V. 1). Tenemos aquí, por tanto, ciertas oraciones que nuestro Señor mismo no sólo había oído, sino en que Él debe haber tomado parte —y hasta qué punto se verá en la secuela. Estas oraciones siguen existiendo en la sinagoga, aunque con adiciones posteriores, que, felizmente, no es difícil eliminar. Antes de transcribirlas, se puede citar como marca del valor que se les daba que era lícito decir ésta y las otras oraciones diarias —a las que nos referiremos después— y «las gracias por la comida», no sólo en hebreo, sino en cualquier otro lenguaje, a fin de asegurar un entendimiento general del servicio (*Sotah*, VII. 1). Al mismo tiempo, se emplean expresiones que nos llevan a suponer que en tanto que estaban fijas las formas litúrgicas relacionadas con el «Shema», había variaciones locales, en el sentido de alargamiento o abreviación (*Ber*. I. 4). Lo que sigue son las «bendiciones» antes del «Shema», en su forma original:

I. «Bendito seas Tú, oh Señor, Rey del mundo, que formas la luz y creas las tinieblas, que haces la paz y lo creas todo; que, en misericordia das luz a la tierra y a los que en ella moran, y en tu bondad, día a día y cada día renuevas las obras de la creación. Bendito sea el Señor nuestro Dios por la gloria de la obra de sus manos y por las lumbreras iluminadoras que Él ha hecho para su alabanza. ¡Selah! Bendito sea el Señor nuestro Dios, que ha formado las lumbreras.»[3]

II. «Con gran amor nos has amado Tú, oh Señor nuestro Dios, y con una piedad rebosante has tenido Tú piedad de nosotros, nuestro Padre y nuestro Rey. Por causa de nuestros padres que confiaron en Ti, y Tú les enseñaste los estatutos de la vida, ten misericordia de nosotros y enséñanos. Ilumina nuestros ojos en tu ley; haz que nuestros corazones se adhieran a tus mandamientos; une nuestros corazones en amor y temor de tu nombre, y no seremos avergonzados por los siglos de los siglos. Porque Tú eres un Dios que preparas salvación, y a nosotros nos has escogido de entre todas las naciones y lenguas, y en verdad nos has traído cercanos a tu gran nombre —¡Selah!— para que amantemente te alabemos a Ti y a tu unicidad. Bendito sea el Señor que en amor escogió a su pueblo Israel.»[4]

Después de esto venía el «Shema». La Misná da la siguiente hermosa explicación del orden en que están dispuestas las porciones de la Escritura de que se compone (*Ber.* II. 2). La sección Dt. 6:4-9 se dice que precede a la de 11:13-21, a fin de que «tomemos sobre nosotros el yugo del reino de los cielos, y sólo después el yugo de los mandamientos». Luego, Dt. 11:13-21 precede a Nm. 15:37-41 porque lo primero se aplica, por así decirlo, tanto al día como a la noche; y el último sólo al día. El lector no podrá dejar de observar la luz que la enseñanza de la Misná aporta a la invitación llena de gracia de nuestro Señor: «Venid a mí todos

3. Esta «bendición», mientras que reconoce al Creador, tiene una referencia tan frecuente a Dios en relación con las «lumbreras», que parece como una confesión de Israel en contra de las idolatrías de Babilonia. Esta circunstancia nos puede servir de ayuda para fijar el tiempo de su origen.
4. Esto tiene la peculiar apariencia de una acción de gracias de Israel como el pueblo del pacto de Dios.

los que estáis fatigados y cargados, y yo os haré descansar. Llevad mi yugo sobre vosotros, y aprended de mí, que soy manso y humilde de corazón; y hallaréis descanso para vuestras almas; porque mi yugo es cómodo, y mi carga ligera» (Mt. 11:28-30). Estas palabras deben haber tenido en verdad una significación especial para los que recordaban la lección rabínica en cuanto a la relación entre el reino de los cielos y los mandamientos, y comprenderían ahora cómo por la venida del Señor tomarían sobre sí primero «el yugo del reino de los cielos», y luego el de «los mandamientos», encontrando este «yugo fácil» y la «carga ligera».

La oración tras el «Shema» era como sigue:[5]

«Cierto es que Tú eres Jehová nuestro Dios y el Dios de nuestros padres, nuestro Rey y el Rey de nuestros padres, nuestro Salvador y el Salvador de nuestros padres, nuestro Creador, la Roca de nuestra salvación, nuestro Auxilio y Libertador. Tu nombre es eterno, y no hay Dios junto a Ti. Un nuevo cántico cantaron a tu Nombre los que fueron libertados, junto a la orilla; juntos ellos te alabaron y reconocieron como Rey, diciendo: ¡Jehová reinará sin fin! ¡Bendito sea el Señor que salva a Israel!»

Las posturas antisaduceas expresadas en esta oración no dejarán de ser observadas por el estudioso de aquel período, mientras que también quedará impresionado por lo apropiada que es y por su belleza. La oración especial de la tarde no es tan antigua como las tres acabadas de citar. Pero como aparece en la Misná, y es tan apropiada y sencilla, la reproducimos como sigue:

«¡Oh Señor nuestro Dios! Haznos yacer en paz, y vuélvenos a levantar a la vida, ¡oh nuestro Rey! Extiende sobre nosotros el tabernáculo de tu paz; fortalécenos delante de Ti en tu buen consejo, y líbranos por causa de tu nombre. Sé

---

5. En la forma que aquí se da es más antigua que incluso la oración a que se hace referencia en la Misná (*Ber*. II. 2).

Tú nuestra protección a nuestro alrededor; guárdanos del enemigo, de la pestilencia, de la espada, del hambre y de la aflicción. Mantén a Satanás alejado de delante y de detrás nuestro, y escóndenos bajo la sombra de tus alas, porque Tú eres un Dios que nos ayudas y liberas; y Tú, oh Dios, eres un Rey lleno de gracia y misericordia. ¡Guarda Tú nuestra salida y nuestra entrada, para vida y paz, desde ahora y para siempre!»[6]

El «Shema» y las «bendiciones» que lo acompañaban parecen haber sido pronunciados en la sinagoga ante el atril, mientras que para la siguiente serie de oraciones el que dirigía las devociones se adelantaba y se ponía delante del «arca». De ahí la expresión «subir delante del arca», para dirigir en oración. Esta diferencia de posición parece implicada en muchos pasajes de la Misná (especialmente en *Megillah*, IV), que hace la distinción entre decir el «Shema» y «subir delante del arca». Las oraciones ofrecidas delante del arca consistían en las llamadas dieciocho eulogías, o bendiciones, y constituían la «tephillah», o suplicación, en el sentido riguroso del término. Estas dieciocho —o más bien en la actualidad diecinueve— eulogías son de varias fechas, siendo las más antiguas las tres primeras, y las tres últimas. No puede haber ninguna duda razonable de que éstas se decían en el culto de las sinagogas cuando nuestro Señor estaba en la tierra. A continuación, cronológicamente, vienen las eulogías IV, V, VI, VIII, IX y XVI. La eulogía VII, que en su actual posición parece algo incongruente, data de un período de gran calamidad nacional, quizá de la época de Pompeyo. Las otras eulogías, y algunas inserciones en las más antiguas bendiciones, fueron añadidas tras la caída de la nación judía, dirigiéndose la eulogía XII de manera especial en contra de los primeros conversos judíos al cristianismo. Con toda probabilidad, había sido costumbre originalmente insertar oraciones de

6. A esta oración se hizo una adición en una fecha posterior. Globalmente, comparar Zunz, *Gottesd. Vortr.* pág. 367, etc.

composición privada entre las (actuales) tres primeras y las tres últimas eulogías; y de esas oraciones fueron formulándose gradualmente las posteriores eulogías. En todo caso, sabemos que en los sábados y en otras ocasiones festivas sólo se repetían las tres primeras y las tres últimas eulogías. Así había lugar para las repeticiones inacabables y para las «prolongadas oraciones» que el Señor condenó (Mr. 12:40; Lc. 20:47). Además, se debe tener presente que tanto al entrar como al abandonar la sinagoga era usual ofrecer oración, y que era un dicho rabínico corriente que «la oración prolija prolonga la vida». Pero como tenemos la seguridad de que los sábados, cuando nuestro Señor asistía a las sinagogas en Nazaret y Capernaum, se repetían las primeras y últimas tres eulogías, las reproducimos a continuación:

I. «Bendito sea el Señor nuestro Dios y el Dios de nuestros padres, el Dios de Abraham, el Dios de Isaac y el Dios de Jacob; el Dios grande, poderoso y terrible; el Dios Altísimo, que muestra misericordia y bondad, que crea todas las cosas, que recuerda las promesas en gracia a los padres, y trae un Salvador a los hijos de sus hijos, por causa de su propio nombre, en amor. ¡Oh Rey, Ayudador, Salvador y Escudo! Bendito eres Tú, oh Jehová, el Escudo de Abraham.»

II. «Tú, oh Señor, eres poderoso para siempre; Tú, que vivificas a los muertos, eres poderoso para salvar. En tu misericordia Tú preservas a los vivientes; Tú vivificas a los muertos; en tu abundante misericordia Tú levantas a los que caen, y sanas a los que están enfermos, y desligas a los encadenados, y cumples tu palabra fiel a aquellos que duermen en el polvo. ¿Quién como Tú, Señor de fortaleza, y quién puede compararse contigo, que das muerte y das la vida, y haces que venga la salvación? Y fiel eres Tú para dar vida a los muertos. ¡Bendito seas Tú, Jehová, que vivificas a los muertos!»

III. «Tú eres santo, y tu Nombre es santo; y los santos te alaban a Ti cada día. ¡Selah! ¡Bendito seas Tú, Jehová Dios, el Santo!»

Es imposible no sentir la solemnidad de estas oraciones. Respiran ellas las más profundas esperanzas de Israel en un sencillo y escritural lenguaje. Pero ¿quién puede plenamente ver su sagrada pertinencia al ser pronunciadas no sólo en la Presencia del Señor Jesucristo, sino por los mismos labios del que era Él mismo la respuesta a ellas?

Las tres eulogías finales eran como sigue:

XVII. «Agrádate en tu gracia, oh Jehová nuestro Dios, en tu pueblo Israel y en sus oraciones. Acepta los holocaustos de Israel, y sus oraciones, con tu benevolencia; y que los servicios de tu pueblo Israel sean siempre aceptables delante de Ti. Y, ¡oh, que nuestros ojos puedan verlo cuando Tú te vuelvas en misericordia hacia Sión! ¡Bendito seas Tú, oh Jehová, que restauras su Shekiná a Sión!»

XVIII. «Te alabamos, por cuanto Tú eres Jehová nuestro Dios, y el Dios de nuestros padres, para siempre jamás. Tú eres la Roca de nuestra vida, el Escudo de nuestra salvación, de generación en generación. Te loamos y declaramos tu alabanza por nuestras vidas que están guardadas dentro de tu mano, y por nuestras almas que son encomendadas a Ti, y por tus maravillas que están con nosotros cada día, y tus maravillosos hechos y tu bondad, que son en todas las sazones: atardecer, mañana y mediodía. Tú, lleno de gracia, cuyas compasiones nunca se acaban; Tú lleno de piedad, cuya gracia nunca cesa —¡para siempre ponemos en Ti nuestra confianza! ¡Y por todo esto, oh nuestro Rey, sea tu nombre bendecido y exaltado para siempre jamás! Y todo ser viviente te bendiga —Selah— y alabe tu Nombre en verdad, oh Dios, nuestra Salvación y nuestra ayuda. Bendito seas Tú, Jehová; tu nombre es el lleno de gracia, a quien se debe toda alabanza.»

XIX.[7] «Oh, otorga gran paz sobre tu pueblo Israel, para

7. Damos esta eulogía en su forma más breve, como se emplea actualmente en la oración vespertina.

siempre; porque Tú eres Rey y Señor de toda paz, y es bueno delante de tus ojos bendecir a tu pueblo Israel con alabanza en todo tiempo y en cada hora. Bendito eres Tú, Jehová, que bendice a su pueblo Israel con paz.»

Otro hecho, que hasta ahora, por lo que sabemos, no ha recibido atención, debe ser mencionado aquí. Y da a las oraciones acabadas de mencionar un interés nuevo y casi sin paralelo. Según la Misná (*Megillah*, IV. 5), se esperaba de la persona que leía en la sinagoga la porción de los profetas que pronunciara también el «Shema», y que ofreciera las oraciones que acabamos de citar. Sigue de ello que, con toda probabilidad, nuestro Señor mismo dirigió las devociones en la sinagoga de Nazaret en aquel sábado que leyó la porción de las profecías de Isaís que en aquel día «se había cumplido en sus oídos» (cf. Lc. 4:16-21, ver margen RVR77). Y no es posible resistirse a la impresión de lo especialmente apropiadas que hubieran sido para esta ocasión las palabras de estas oraciones, en particular las de las eulogías II y XVII.

Las oraciones eran dirigidas o repetidas en voz alta por un individuo especialmente designado para la ocasión, respondiendo la congregación con un «Amén». El servicio litúrgico concluía con la bendición sacerdotal (Nm. 6:23, 24) pronunciada por los descendientes de Aarón. En caso de que no estuviera presente ninguno de ellos, «el legado de la congregación», como era llamado el que dirigía las devociones, repetía las palabras de las Escrituras en su contexto. Al dar la bendición, los sacerdotes elevaban sus manos hasta los hombros (*Sotah*, VII. 6); en el Templo, hasta la frente. Por ello, este rito era designado con la expresión «el levantamiento de las manos».[8] Según la práctica actual, los dedos de las dos manos se unen y separan de tal manera que formen

---

8. El apóstol puede haber tenido esto en mente cuando, al dirigir el orden del ministerio público, habló de «los hombres... levantando manos santas, sin ira ni contienda» (1 Ti. 2:8). En todo caso, la expresión es precisamente la misma que la empleada por los rabinos.

cinco intersticios; y a esto se atribuye un sentido místico. Posteriormente se desarrolló la superstición de prohibir mirar a las manos de los sacerdotes, como involucrando un peligro físico. Pero la Misná ya ordena que los sacerdotes que tuvieran tachas en sus manos, o los dedos teñidos, no deben pronunciar la bendición, para que no atrajeran la atención del pueblo. De la actitud que se debía observar en la oración no es éste el momento de hablar detalladamente. Será suficiente con decir que el cuerpo era totalmente doblado, pero se tenía cuidado en nunca hacer parecer que el servicio hubiera sido gravoso. Uno de los rabinos nos dice que, con este objeto a la vista, él se doblaba como una rama, mientras que, al volverse a levantar, lo hacía como una serpiente... ¡comenzando por la cabeza! Cualquiera que fuera designado por los gobernantes de la congregación podía pronunciar las oraciones, excepto un menor. Esto, sin embargo, se aplica sólo al «Shema». Las eulogías, o «tephillah» propias, así como la bendición sacerdotal, no podían ser pronunciadas por los que no estuvieran vestidos apropiadamente, ni por los que estuvieran tan ciegos que no pudieran distinguir la luz del día. Si cualquiera introducía en sus oraciones posturas heréticas, o que fueran consideradas tales, era parado de inmediato; y si se había cometido cualquier impropiedad, era excomulgado durante una semana. Una de las cuestiones más interesantes y espinosas se relaciona con ciertas maneras de vestir y de porte, y con ciertas expresiones empleadas en la oración, que la Misná (*Megillah*, IV. 8, 9) declara ser bien señal de herejía o como indicativas de que a aquel hombre no debía permitírsele dirigir las oraciones en la sinagoga. Puede que algunas de estas precisiones se refieran no sólo a ciertos «herejes» judíos, sino también a los primeros cristianos judíos. Si es así, puede que indiquen ciertas peculiaridades que les fueran popularmente atribuidas.[9]

9. La Gemara (*Ber.* 33 *b*, 34 *a*) añade poco a nuestro entendimiento de esta importante cuestión.

De los servicios hasta ahora señalados, los más importantes eran la repetición de las eulogías y la bendición sacerdotal. Lo que seguía ahora era considerado como igualmente solemne, si no aún más. Ya se ha señalado que el principal objeto de la sinagoga era la enseñanza de la ley. Actualmente el Pentateuco es dividido a este propósito en cincuenta y cuatro secciones, de las que una es leída en cada sucesivo sábado del año, comenzando inmediatamente a continuación de la Fiesta de los Tabernáculos. Pero antiguamente el leccionario, al menos en Palestina, parece haber estado dispuesto de manera diferente, y el Pentateuco dividido de tal manera que su lectura ocupara tres años, o, según algunos, tres años y medio (medio período sabático).[10] La sección para el día era subdividida de modo que cada sábado al menos siete personas eran llamadas a leer una sección cada una, que no debía consistir de menos que tres versículos. El primer lector comenzaba —y el último terminaba— con una bendición. Como el hebreo había dado paso al arameo, un «meturgeman», o intérprete, estaba al lado del lector y traducía versículo a versículo al vernáculo. Era usual tener servicios en las sinagogas no sólo los sábados y días festivos, sino también en los días segundo y quinto de la semana (lunes y jueves), cuando los campesinos acudían al mercado y cuando también el Sanedrín tenía audiencia para la resolución de causas menores. En estos servicios de entre semana sólo se llamaba a tres personas para leer la ley; el día de luna nueva y en los días intermedios de una semana festiva, cuatro; en días de fiesta, cuando se leía también una sección de los profetas, cinco; y en el Día de la Expiación, seis. Incluso a un menor se le permitía leer, y, si estaba calificado para ello, actuar como «meturgeman».

10. Por estas razones no puedo adoptar las posturas e inferencias tan capazmente expuestas por Basil Cooper en sus artículos sobre «The Synagogue» [La Sinagoga] en *Sunday at Home* para 1876, por interesantes que sean.

La sección que describía el pecado de Rubén, y la que daba un segundo relato del pecado del becerro de oro, eran leídas, pero no interpretadas; las que relataban la bendición sacerdotal, y las del pecado de David y Amón, ni se leían ni se interpretaban. La lectura de la ley iba seguida de una lección de los profetas. Actualmente existe un leccionario regular, en el que estas lecciones se seleccionan de forma que sean apropiadas para las secciones de la ley designadas para el día. Esta disposición ha sido remontada hasta la época de las persecuciones sirias, cuando todas las copias de la ley fueron buscadas·para ser destruidas, y se supone que las autoridades judías seleccionaron porciones de los profetas para reemplazar las de la ley que no podían ser presentadas en público. Pero es evidente que si las medidas persecutorias hubieran sido aplicadas rigurosamente, los sagrados rollos de los profetas no hubieran escapado a la persecución más que los de la ley. Además, es bien seguro que no existía un leccionario de los profetas como el actualmente en uso en época de nuestro Señor, y ni siquiera cuando la Misná fue recopilada. Parece haberse dejado una considerable libertad a los individuos; y la expresión empleada por san Lucas con referencia a nuestro Señor en la sinagoga en Capernaum (Lc. 4:17): «Él desenrolló el volumen y encontró el lugar donde estaba escrito», describe con gran precisión el estado de cosas. Porque en base al *Megillah* IV. 4 inferimos que en la lectura de los profetas era lícito pasar por alto uno o más versículos, siempre que no hubiera pausa entre la lectura y la traducción del «meturgeman». Porque aquí se empleaban también los servicios de un «meturgeman»; sólo que éste no traducía, como en la lectura de la ley, versículo a versículo, sino después de cada tres versículos. Es un hecho notable que los rabinos excluyan de la lectura pública la sección en las profecías de Ezequiel que describe «el carro y las ruedas». El rabí Elieser habría excluido también la de Ez. 16:2.

La lectura de los profetas iba frecuentemente seguida de un sermón o discurso, con el que concluía el servicio. El predicador era llamado «darshan», y su discurso un «derashah» (homilía, sermón de «darash», preguntar, inquirir o discurrir). Cuando el discurso era una erudita disertación teológica —especialmente en academias— no era pronunciado directamente ante el pueblo, sino susurrado al oído de un «amora», u orador, que explicaba a la multitud en un lenguaje popular los pesados dichos que el rabí le había comunicado a él sucintamente. Por otra parte, un sermón de carácter más popular era llamado un «meamar», literalmente un «discurso, o plática». Estas pláticas serían bien exposiciones rabínicas de la Escritura, bien discusiones doctrinales, en las que se haría una apelación a la tradición y a la autoridad de ciertos grandes maestros. Porque se establecía como un principio (*Eduj.* I. 3) que «cada uno está ligado a enseñar en el mismo lenguaje de su maestro». En vista de esta doble realidad, podemos en cierta medida comprender la profunda impresión que producían las palabras de nuestro Señor, incluso en aquellos que permanecieron sin quedar influenciados por ellas. La sustancia de sus discursos era muy diferente de lo que ellos jamás habían oído o concebido posible. Parecían como abrir un nuevo mundo de pensamiento, esperanza, deber y consolación. No es de asombrarse que incluso en la menospreciativa Nazaret «todos hablaban bien de Él, y maravillados de las palabras de gracia que salían de su boca», ni que la misma guardia del Templo enviada a arrestarlo quedara abrumada, y que ante el consejo sólo pudieran dar esta razón de su extraña negligencia en el cumplimiento de la misión que les habían encomendado: «¡Jamás hombre alguno ha hablado como este hombre!» (Jn. 7:46). De manera similar, también la forma de su enseñaza era totalmente diferente de la constante apelación de los rabinos a la mera tradición; parecía venir de manera tan novedosa y directa del cielo, como las aguas vivientes del Espíritu Santo, que «la gente se quedaba atónita de su doctrina; porque les enseñaba como quien tiene autoridad, y no como los escribas» (Mt. 7:28, 29).

XVIII

BREVE BOSQUEJO DE LA ANTIGUA LITERATURA TEOLÓGICA JUDÍA

Las diversas disposiciones de la sinagoga, tal como se han descrito, combinaban de una manera notable la fijeza del orden con la libertad individual. Tanto las sazones como la duración de los servicios públicos, su orden, las oraciones a ofrecer y las porciones de la ley que debían ser leídas estaba todo determinado de antemano. Por otra parte, entre las dieciocho «bendiciones» pronunciadas en los días ordinarios y las siete que se repetían en los sábados, se podían intercalar oraciones libres; la selección de los profetas, con la que concluía la lectura pública, la «Haphtarah» (de «patar», «concluir»), parece haber sido dejada originalmente a la elección individual mientras que la determinación de quién debía leer o dirigir las oraciones, o dirigirse al pueblo, estaba en manos de «los principales de la sinagoga» (Hch. 13:15). Estos últimos, que eran probablemente también los miembros del Sanedrín local, estaban naturalmente encargados de supervisar la conducta en el culto público, así como el gobierno y la disciplina de las sinagogas. Eran hombres entendidos en la ley y de buena reputación, a los que designaba la voz popular, pero que eran separados de una manera regular mediante «la imposición de manos», o la «Semichah», que era efectuada por al menos tres que hubieran sido ellos mismos constituidos, y por lo cual el candidato recibía el título de Rabí, y era declarado cualificado para administrar la ley (*Sanh.* 13 *b*). Se suponía que la Majestad Divina estaba en medio de cada Sanedrín, en base a lo cual incluso aquel que consistiera sólo de tres miembros podía ser designado como «Elohim». Quizá esto se haya dado como explicación y aplicación del Sal. 82:6: «Yo dije, vosotros sois dioses [Elohim], y todos vosotros hijos del Altísimo.»

Las cualificaciones especiales para el oficio de sanedrista, que se mencionan en los escritos rabínicos, son tales que nos recuerdan las instrucciones de san Pablo a Timoteo (1 Ti. 3:1-10). Un miembro del Sanedrín debe ser sabio, modesto, temeroso de Dios, veraz, no codicioso de ganancias deshonestas, dado a la hospitalidad, amable, no jugador, ni usurero, ni dedicado a mercadear con el producto del año sabático, ni entregado a juegos ilícitos (*Sanh*. III. 3). Eran llamados «Sekenim», «ancianos» (Lc. 7:3), «Memunim», «gobernantes» (Mr. 5:22), «Parnasin», «alimentadores, supervisores, pastores del rebaño» (Hch. 20:28; 1 P. 5:2), y «Manhigei», «conductores» (He. 13:73). Estaban bajo la presidencia y gobierno supremo de un «Archisunagogos», o «Rosh-ha-Cheneseth», «cabeza de la sinagoga» (*Yom*. VII. 1; *Sot*. VII. 7), que a veces parece haber ejercido una autoridad total. Esta designación aparece frecuentemente en el Nuevo Testamento (Mt. 9:18; Mr. 5:35, 36, 38; Lc. 8:41, 49; 13:14; Hch. 18:8, 17). Las funciones inferiores de la sinagoga estaban a cargo del «chassan», o «ministro» (Lc. 4:20). Pero con el transcurso del tiempo los «cassanim» vinieron a combinar sus deberes originales con el de maestrescuela; y actualmente conducen tanto el canto como las devociones de la sinagoga. Este deber no recaía originalmente sobre ninguna persona determinada, sino cualquiera que fuera designado para aquella ocasión para actuar como «Sheliach Zibbur», o «legado de la congregación». La mayor parte de los escritores modernos han imaginado que la expresión «ángel de la Iglesia», en las epístolas a las siete iglesias en el libro de Apocalipsis, se usó como alusión a esta antigua disposición de la sinagoga. Pero el hecho de que el «Sheliach Zibbur» no representaba un oficio, sino una función, hace que este punto de vista sea insostenible. Además, en tal caso la expresión griega correspondiente habría sido más bien «apóstol» que «ángel de la Iglesia». Sin embargo, es posible que el escritor de la Epístola a los Hebreos pueda hacer referencia a ello cuando designa al Señor Jesús como «el Apóstol y Sumo Sacerdote de nuestra profesión» (He. 3:1). Además de estos funcionarios, leemos también de «Gebaei Zedakah»,[1] o recolectores de la caridad, a los que el Talmud (*B. Bathra*, 8 *b*) les aplica la promesa, mediante un juego de palabras, de que «serán como las estrellas por los siglos de los siglos» (Dn. 12:3), por cuanto conducen a muchos a la «justicia». Las limosnas eran recogidas a intervalos regulares cada semana, bien en dinero, bien en víveres. Al menos se empleaban dos personas en la recolecta, y tres en la distribución de la caridad, a fin de evitar la sospecha de deshonestidad o de parcialidad. Muchos piensan que estos recolectores de caridad, que debían ser «hombres de buena reputación, y fieles», fueron el modelo para el diaconado en la Iglesia primitiva. Pero la analogía apenas si se mantiene; y tampoco se empleaban tales recolectores en todas las sinagogas.

Al describir la conducción del culto público, se ha hecho referencia al «meturgeman», que traducía al habla vernácula lo que se leía en las Escrituras Hebreas, y también al «darshan», que exponía las Escrituras o bien la ley tradicional en un discurso, pronunciado después de la lectura de la «Haphtarah», o sección de los profetas. Estos dos términos habrán sugerido nombres, que siguen apareciendo en escritos sobre cuestiones judías, y pueden llevarnos lógicamente a unas observaciones acerca de la teología judía en la época de nuestro Señor. La obra del «meturgeman»[2] fue perpetuada en el Targum, y la del «darshan» en el Midrash. Así, en su sentido primario el Targum quería ser una traducción de las Escritu-

---

1. «Zedekah» significa rectitud, pero también se emplea para «su caridad».
2. De ahí también el término «dragomán» o «trujamán».

ras al arameo vernáculo. Naturalmente, tales traducciones pudieran ser bien literales, o bien más o menos parafrásticas.
Cada Targum representaría también, de manera natural, las
especiales perspectivas del traductor, y sería de interés al
ofrecer una indicación de las ideas que entonces prevalecían,
y de la manera en que se entendían las Escrituras. Pero
algunos Targumim son más parafrásticos que otros, y llegan
a ser, desde luego, una especie de comentario, mostrándonos
cuál era la teología popular de aquel entonces. Hablando
estrictamente, no tenemos realmente ningún Targum que date
de los tiempos de nuestro Señor, y ni siquiera del primer siglo
de nuestra era. Pero no puede abrigarse ninguna duda de que
este Targum existió, aunque se haya perdido. Con todo, los
Targumim que han sido preservados, aunque cotejados y
habiendo recibido su forma presente en períodos posteriores,
contienen mucho que data del período del Templo e incluso
anterior. Mencionándolos en orden de antigüedad relativa,
tenemos el Targum de Onquelos, sobre los cinco libros de
Moisés; el Targum de Jonatán, sobre los profetas (incluyendo
Josué, Jueces, y los libros de Samuel y Reyes). El llamado
(o pseudo) Jonatán sobre el Pentateuco, y el Targum de Jerusalén, que es sólo un fragmento. Probablemente estos dos
últimos tuvieran el propósito de suplementar al Targum
Onquelos. Críticas posteriores han echado dudas sobre la
existencia de una persona como Onquelos. Quienquiera que
fuera el autor, este Targum data probablemente del siglo tercero, y el de Jonatán sobre los profetas, del cuarto.

En algunos respectos, más interesantes que los Targumim
son los Midrashim, de los que poseemos tres, datando probablemente, en su forma actual, del siglo primero o segundo
de nuestra era, pero incorporando mucho material de mayor
antigüedad. Éstos son, mencionándolos otra vez en el orden
de su antigüedad: «Siphra» (el libro), un comentario sobre
Levítico; «Siphri», un comentario sobre Números y Deutero-
nomio; y «Mechiltha», un comentario sobre ciertas porciones
de Éxodo. Pero tenemos incluso un monumento más intere-

sante que éstos, de los puntos de vista de los antiguos fariseos, y de sus interpretaciones escriturales. Algunos de los padres se refieren a una obra llamada «Génesis Menor», o el «Libro de los Jubileos». Este libro se había perdido para la literatura teológica, hasta que fue redescubierto en nuestro siglo, aunque no en el original hebreo, y ni siquiera en su traducción primaria, o griega, sino en una traducción etióptica de esta última. Esta obra, que indudablemente data de la era de nuestro Señor, cubre el mismo período que el primer libro de Moisés, de donde le viene el nombre de «Génesis Menor». Da la narración bíblica desde la creación del mundo hasta la institución de la Pascua, en el espíritu en el que lo contemplaría el judaísmo de aquel período. Las adiciones legendarias, las ideas rabínicas expresadas, son las que uno esperaría encontrar en una obra así. Uno de los principales intereses del escritor parece haber sido la cronología del libro de Génesis, que intenta fijar. Todos los acontecimientos son registrados siguiendo períodos de jubileos de cuarenta y nueve años, de donde le viene el nombre de el «Libro de los Jubileos» a la obra. Estos «Jubileos» vuelven a ser dispuestos en «semanas», cada una de siete años (un día por año); y los acontecimientos son calificados como habiendo tenido lugar en un cierto mes de un cierto año de una cierta «semana» de años, de un cierto período «Jubilar». Otra tendencia del libro, que, sin embargo, tiene en común con todas las producciones similares, es seguir todas las instituciones posteriores hasta el período patriarcal.[3]

Además de estas obras, nos ha sido preservada otra clase de literatura teológica, alrededor de la que se ha dado recientemente una gran cantidad de seria controversia. La mayoría de los lectores, naturalmente, saben acerca de los libros Apó-

3. Aunque el «Libro de los Jubileos» parece más probablemente de paternidad farisea, los puntos de vista que se expresan en él no son siempre de los fariseos. Así, se niega la resurrección, aunque se mantiene la inmortalidad del alma.

crifos; pero las obras a que nos referimos son las que reciben el nombre de «escritos pseudoepigráficos». Su temática puede ser descrita como tratando principalmente de las profecías aún incumplidas; y se expresa en un lenguaje e imaginería tomados, entre otros, del libro de Daniel. De hecho, parecen intentos de imitar ciertas porciones de aquella profecía, sólo que su panorámica es en ocasiones más amplia. Esta clase de literatura es más abundante que lo que pudieran haber esperado los no familiarizados con aquel período. Pero cuando recordamos la agitación de aquellos tiempos, las febriles expectativas de una liberación que se avecinaba y la peculiar mentalidad e instrucción de los que escribieron estas obras, apenas si parecen más numerosas, y quizá no más extravagantes, que un cierto tipo de literatura profética, que abundó entre nosotros no hace mucho, y que fue suscitada por el temor a Napoleón o por otros acontecimientos políticos. Y parecen tener, al menos para nosotros, una semejanza esencial a aquel tipo de producciones, sólo con la diferencia de que el expositor oriental de profecía aún no cumplida, a diferencia del oriental, asume más el lenguaje de un profeta que el de un comentarista, y reviste sus opiniones de un lenguaje emblemático místico. En general, este tipo de literatura puede clasificarse en griega y hebrea, según que los escritores fueran judíos egipcios (helenistas) o palestinos. Existen considerables dificultades respecto a la fecha precisa de estos escritos, acerca de si son anteriores o posteriores a la época de Cristo. Estas dificultades, naturalmente, se multiplican cuando se trata de fijar el período preciso en que cada una de estas obras fue redactada. Sin embargo, las recientes investigaciones históricas han llevado a un gran acuerdo acerca de las cuestiones generales. Sin referirnos al empleo que los oponentes al cristianismo han intentado hacer recientemente de estos libros, se puede decir con certidumbre que su estudio apropiado e interpretación serán aún de gran ayuda, no sólo para arrojar luz sobre el período, sino para mostrar las esenciales diferencias entre la enseñanza de los hombres de aquella época y las del Nuevo Testamento.[4] Porque cada rama y departamento del estudio sagrado, cuanto más cuidadosamente y cuanto más diligente e imparcialmente sean proseguidos, sólo ofrecen renovado testimonio de aquella verdad que entre nosotros, y sobre las bases más firmes y seguras, ha sido certísima.

Sería un error, sin embargo, suponer que las opiniones rabínicas, por extravagantes que sean con frecuencia, se propusieran con independencia de las Escrituras. Bien al contrario, cada ordenanza tradicional, cada institución rabínica, e incluso cada leyenda y cada dicho, eran de una u otra forma forzadas sobre el texto del Antiguo Testamento. Para explicar esto, incluso con la mayor brevedad, es necesario decir que en general se distingue el tradicionalismo judío entre la «Halachah» y la «Haggadah». La «Halachah» (de «halach», «andar») indica las determinaciones legales establecidas que constituían la «ley oral», o «Thorah shebeal peh». Nada podía alterarse aquí, ni se dejaba libertad alguna al maestro individual, excepto por vía de explicación e ilustración. El objeto de la «Halachah» era explicar de manera detallada, y aplicar a todos los casos posibles, los principios establecidos en la ley de Moisés; así como también rodearla, por así decirlo, de «una valla», a fin de imposibilitar transgresiones involuntarias. La «Halachah» no sólo tenía la misma autoridad que la ley de Moisés, sino que, al ser expositiva, era en ciertos respectos aún más estimada. En verdad, hablando estrictamente, era considerada como igualmente que el Pentateuco la revelación de Dios a Moisés, considerándose sólo que la forma o manera de revelar había sido diferente, habiéndose registrado la primera por escrito, y la otra habiéndose transmitido oralmente. Según la tradición, Moisés explicó la ley tradicional

4. Esta cuestión, tan interesante e importante, es de las que deben ser especialmente reservadas para su pleno desarrollo en una obra de mayor envergadura.

sucesivamente a Aarón, a los hijos de éste, a los setenta ancianos, y al pueblo, teniéndose cuidado en que cada clase la oyera cuatro veces (Maimónides, *Prefacio a Seraim, 1 a*). El Talmud mismo intenta demostrar que toda la ley tradicional, así como los escritos de los profetas y los hagiógrafos, habían sido comunicados a Moisés, citando Éx. 24:12: «Te daré tablas de piedra, y la ley, y mandamientos que he escrito para enseñarles.» «Las "tablas de piedra"», argumenta el rabí Leví (*Ber. 5 a*), «son los diez mandamientos; la "ley" es la ley escrita (en el Pentateuco); los "mandamientos" son la Misná; "que he escrito" hace referencia a los profetas y a los hagiógrafos, mientras que las palabras "para enseñarles" señalan a la Gemara. Mediante esto vemos que todo esto le fue dado a Moisés en el Sinaí.»

Si así era la «Halachah», no es tan fácil definir los límites de la «Haggadah». El término, que se deriva del verbo «higgid», «discurrir acerca de», «explicar», cubre todo lo que no poseía la autoridad de las estrictas determinaciones legales. Era leyenda, o historia, o moral, o exposición, o discusión, o aplicación; en resumen, todo lo que la fantasía o la predilección de un maestro decidiera hacerla, de manera que siempre podría de una u otra forma conectarla con la Escritura o con una «Halachah». Para este propósito eran necesarias unas normas concretas para preservar si no de la extravagancia, sí de un absoluto absurdo. Originalmente, había cuatro de estos cánones para relacionar la «Haggadah» con la Escritura. Contrayendo, siguiendo la manera favorita de los judíos, las letras iniciales, estos cuatro cánones eran designados con la palabra «*Pardes*»[5] (Paraíso). Eran: 1. Determinar el sentido llano de un pasaje (el «Peshat»); 2. Tomar las letras aisladas de una palabra como indicación o enteras; 3. El «Derush», o exposición práctica de un pasaje; y 4. Encontrar el «Sod» (misterio) o sentido místico de un versículo o palabra. Estos

5. Naturalmente, las vocales no están marcadas en hebreo.

cuatro cánones fueron gradualmente agrandados hasta treinta y dos reglas, que daban rienda suelta a todo tipo de fantasía. Así, una de estas normas, la «Gematría» (geometría, cálculo), permitía al intérprete hallar el valor numérico de las letras en una palabra, siendo que las letras hebreas, como las romanas, eran asimismo numerales, y poner en su lugar una o más palabras cuyo valor numérico fuera el mismo que el de la palabra sustituida. Así, si en Nm. 12:1 leemos que Moisés estaba casado con una «mujer etíope» (en el original, «Cushith»), Onquelos pone en lugar de esto, por «gematría», las palabras «de bello aspecto» siendo el valor numérico tanto de Cushith como «de bello aspecto» de 736. Con esta sustitución se eliminó al mismo tiempo la idea objecionable de que Moisés se hubiera casado con una etíope. De manera similar, la Misná mantiene que los que amaban a Dios heredarían cada uno 310 mundos, siendo 310 el valor numérico[6] de la palabra «heredad» («Yesh») en Pr. 8:21. Por otra parte, los cánones para la deducción de una «Halachah» en base al texto de las Escrituras eran mucho más estrictos y lógicos. Siete de estas reglas se adscriben a Hillel, que fueron posteriormente ampliadas a trece.[7] Pocas objeciones pueden hacerse a las mismas, pero, desafortunadamente, su aplicación práctica era generalmente casi tan fantasiosa, y desde luego igualmente errónea, que en el caso de la «Hagaddah».

Es probable que la mayor parte de lectores desee conocer algo más de aquellas «tradiciones» a las que el Señor tan frecuentemente se refería en sus enseñanzas. Tenemos que distinguir aquí, en primer lugar, entre la Misná y la Gemara. La primera era, por así decirlo, el texto, y la última su comentario extendido. Al mismo tiempo, la Misná contenía una buena

---

6. Compárese Gfrörer, *Jahrh. d. Heils,* I, pág. 244, etc.
7. Quedaría más allá del alcance de este libro explicar estos «middoth» o «mediciones» e ilustrarlas mediante ejemplos. Los interesados en esta cuestión son remitidos a la plena discusión acerca de la exégesis rabínica en mi obra *History of the Jewish Nation,* págs. 570-580.

parte de comentario, y mucho que no es ni determinación legal ni su discusión; mientras que la Gemara, por otra parte, contiene también lo que llamaríamos «texto». La palabra Misná (del verbo «shanah») significa «repetición», refiriéndose el término a la supuesta repetición de la ley tradicional, que ha sido descrita más arriba. La Gemara, como lo muestra la misma palabra, significa «discusión», e incorpora las discusiones, opiniones y dichos de los rabinos acerca de, —o con respecto a— la Misná. Por ello, el texto de la Misná es siempre dado en las páginas del Talmud, que reproducen aquellas discusiones del parlamento o academia teológica judía, lo que constituye la Gemara. Las autoridades que aparecen en la Misná y en la Gemara cubren el período entre los años 180 a.C. hasta el 430 d.C. (en el Talmud de Babilonia). La Misná es, naturalmente, la obra más antigua, y data, en su presente forma y como recopilación escrita, de fines del siglo segundo de nuestra era. Su contenido está constituido principalmente por «Halachah», habiendo sólo un Tratado (el Aboth) que no es «Halachah» en absoluto, y otro (acerca de las dimensiones del Templo) en el que aparece raramente. Pero estos dos Tratados son del mayor valor e interés histórico. Por otra parte, hay trece Tratados enteros en la Misná que no tienen «Haggadah» en absoluto, y otros veintidós en los que es de infrecuente aparición. Mucha parte de la Misná debe ser considerada como datando de antes de/y especialmente del tiempo de Cristo, y su importancia para la elucidación del Nuevo Testamento es grande, aunque demanda un empleo muy juicioso. La Gemara, o libro de discusiones sobre la Misná, constituye los dos Talmudes, el de Jerusalén y el de Babilonia. El primero recibe este nombre por cuanto es el producto de las academias palestinas, mientras que el segundo proviene de la escuela babilónica. La finalización del Talmud de Jerusalén, o palestino («Talmud» = doctrina, conocimiento), data de mediados del siglo cuarto de nuestra era, y el de Babilonia de mediados del siglo sexto. Apenas será necesario decir que el primero tiene un valor histórico mucho mayor que el segundo. Ninguna de ambas Gemaras, tal como las poseemos actualmente, está completa. Esto es, hay Tratados en la Misná para los que no tenemos Gemara, tanto en el Talmud de Jerusalén como en el de Babilonia. Finalmente, el Talmud de Babilonia tiene un tamaño más de cuatro veces mayor que el de Jerusalén. Es evidente que éste no es el lugar para dar incluso el más breve bosquejo del contenido de la Misná.[8] Será suficiente con decir que consiste de seis libros («sedarim», «órdenes»), que están subdivididos en Tratados («Massichtthoth»), y éstos a su vez en capítulos («Perakim»), y en determinaciones o tradiciones simples («Mishnaioth»). Al citar la Misná es costumbre mencionar no el Libro (o «Seder») sino el especial Tratado, el Perek (o capítulo), y la Misná. Los nombres de estos Tratados (no los de los libros) dan una idea suficiente de su contenido, que cubren todos los casos concebibles, y casi los inconcebibles, con abundancia de discusión sobre ello. En total, la Misná contiene sesenta y tres Tratados, consistentes en 525 capítulos y 4.187 «Mishnaioth».

Hay todavía otra rama de la teología judía que es en algunos respectos la más interesante para el estudioso cristiano. No puede dudarse que prevalecía en tiempos de nuestro Señor una serie de doctrinas y especulaciones que eran mantenidas en secreto frente a la multitud, e incluso se escondían a los estudiosos ordinarios, probablemente por temor a que fueran conducidos a la herejía. Esta clase de estudio tiene el nombre general de «Cábala», y, tal como lo implica el término (de «kabal», «recibir», o «transmitir de mano a mano»), representa las tradiciones espirituales transmitidas desde los tiempos más antiguos, aunque mezcladas con muchos elementos foráneos y espúreos. La «Cábala» giraba princi-

8. En el Apéndice I se da como especimen una traducción de uno de los Tratados de la Misná, y en el Apéndice II, traducciones de extractos del Talmud de Babilonia.

palmente alrededor de la historia de la creación y del misterio de la Presencia y del Reino de Dios en el mundo, como se simboliza en la visión del carro y de las ruedas (Ez. 1). Mucho de lo que se encuentra en los escritos cabalísticos se aproxima tanto a las más elevadas verdades del cristianismo que, a pesar de los errores, supersticiones e insensateces que van mezclados con ellas, no podemos dejar de reconocer la continuación y restos de aquellos hechos más profundos de la revelación divina, que deben haber constituido la sustancia de la enseñanza profética bajo el Antiguo Testamento, y que habían sido comprendidos, o al menos esperados, por parte de aquellos que estaban bajo la conducción del Espíritu Santo.

Si ahora, al finalizar estos bosquejos de la vida judía, nos preguntamos qué pudiera haberse esperado en cuanto a la relación entre Cristo y los hombres y la religión de su tiempo, la respuesta no será difícil. Desde luego, en un respecto, Cristo no podría haber sido extraño a su tiempo, o su enseñanza no habría encontrado respuesta, y desde luego habría sido enteramente ininteligible para sus contemporáneos. Tampoco se dirigió a ellos como a extraños al pacto, como sí lo eran los gentiles. Su misión fue en todos los respectos la continuación, desarrollo y el cumplimiento del Antiguo Testamento. Pero Él eliminó la carga sobreimpuesta del tradicionalismo; descartó el externalismo, el formalismo y la justicia por las obras, que casi había llegado a borrar las verdades espirituales del Antiguo Testamento, y puesto en su lugar el culto de la letra. Los grandes hechos espirituales que involucraba el Antiguo Testamento los expuso Él en todo su resplandor y sentido; la enseñanza típica de aquella dispensación la vino Él a exponer y a cumplir; y sus profecías las cumplió Él tanto con referencia a Israel como al mundo. Y así fue que en Él todo lo que estaba en el Antiguo Testamento, de verdad, camino y vida, vino a ser el «Sí y el Amén». Así, podemos comprender cómo, por una parte, el Señor pudo valerse de todos los elementos espirituales en su entorno, adoptando los dichos, parábolas, ideas y costumbres de aquel período —de cierto que tuvo que hacerlo para ser un verdadero hombre de aquel período—, y a la vez ser un hombre tan totalmente no de aquel tiempo como para ser menospreciado, rechazado y entregado a la muerte por los ciegos guías de sus ciegos compatriotas. Si Él hubiera descartado del todo aquel período en que Él vivió; si no se hubiera valido de todo lo que en aquel tiempo era verdadero o pudiera ser útil, no habría sido de él —no el verdadero hombre Cristo Jesús—. Si no hubiera seguido identificándose con sus perspectivas y esperanzas, o encabezado sus movimientos, no habría sido el Cristo, el Hijo del Dios viviente, el prometido Libertador del pecado y de la culpa.[9]

Y así podemos también percibir la razón de la esencial enemistad contra Cristo por parte de los fariseos y de los escribas. No se trataba de que fuera un Maestro nuevo y extraño, sino que vino como el Cristo. La oposición que le presentaron no fue a sus enseñanzas; se trataba de una contrariedad de principios vitales. «La luz vino al mundo, y los hombres amaron más las tinieblas que la luz.» Por estrechamente relacionados que estuvieran, el judaísmo farisaico de aquel período y del actual se encuentran en el polo opuesto de la religión de Cristo, tanto por lo que respecta a la necesidad del hombre como a los propósitos del amor de Dios y los privilegios de sus hijos. Había una verdad que —nos vemos obligados a admitir de mala gana— apenas si encontró ningún paralelismo concebible en la enseñanza del rabinismo: la del Mesías sufriente. Desde luego, había indicaciones, porque ciertos pasajes de las profecías de Isaías no podían ser totalmente ignorados ni distorsionados, ni siquiera mediante el ingenio rabínico, así como tampoco podía eliminarse la doctrina del sufrimiento vicario y de la sustitución de la enseñanza práctica de confesión de los pecados sobre los sacrificios, cuando el oferente ponía las manos sobre el sacrificio y le

9. La plena discusión de un tema de tan gran importancia en todos sus aspectos exigiría una obra separada.

transfería su culpa. Pero el judaísmo, excepto en el caso de los pocos, no vio en todo esto aquello único a lo que podía señalar como su verdadero significado: «El Cordero de Dios, que quita el pecado del mundo.»

Y ahora, después de todos los siglos transcurridos, y de haber sido llevado de nación en nación el feliz mensaje del Evangelio, mientras que Israel sigue en las tinieblas de su incredulidad y en la miseria de su errónea esperanza, parecemos darnos cuenta con mayor fuerza que «el pueblo que andaba en tinieblas ha visto una gran luz; a los que moraban en tierra de sombra de muerte les ha comenzado a brillar la luz». Sí: «Un niño nos es nacido, un hijo nos es dado, y el principado sobre su hombro; y se llamará su nombre: Admirable, Consejero, Dios fuerte, Padre eterno, Príncipe de paz» (Is. 9:2, 6). Porque ciertamente «Dios no ha desechado a su pueblo, al cual conoció de antemano», sino que «todo Israel será salvo, como está escrito: Vendrá de Sión el Libertador, que apartará de Jacob la impiedad» (Ro. 11:2, 26). «Guarda, ¿qué hay de la noche? Guarda, ¿qué hay de la noche? El guarda respondió: La mañana viene, y después la noche» (Is. 21:11, 12).

APÉNDICE I

TRADUCCIÓN DEL TRATADO «MIDDOTH» DE LA MISNÁ

El *Middoth* es el décimo tratado del *Seder V. (Kodashim)* de la Misná. No tiene *Gemara* ni en el Talmud de Jerusalén ni en el de Babilonia. En el primero está ausente la totalidad del Seder V; en el segundo, sólo aparecen dos y medio de los Tratados (medio *Tamid, Middoth* y *Kinnim*). *Middoth* contiene *Halachah* sólo en los siguientes pasajes: I. 2, 3, 9; II. 2, 3, 4, 5; III. 3, 5, 8; IV. 2, 5; V. 3, 4. Por toda la Misná se mencionan los nombres de 128 sabios. De los mencionados en este Tratado, casi todos ellos fueron testigos de la destrucción del Templo.

PEREK I

1. Los sacerdotes montan guardia en el Templo en tres lugares: en la casa Avtinas, en la casa Nitsuts y en la casa de Moked; y los levitas en veintiún lugares: 5 en las cinco puertas que conducen al Templo (el monte de la Casa), 4 en las cuatro esquinas interiores, 5 en las cinco puertas del atrio, 4 en las cuatro esquinas exteriores, y 1 en la cámara de las ofrendas, y 1 en la cámara del velo, y 1 detrás del Lugar Santísimo (la Casa de la Expiación).

2. El capitán del Templo (el hombre del monte del Templo) visitaba a cada guarda, y antorchas ardiendo *eran llevadas* delante de él. Y a cada guarda que no estaba de pie,

el capitán del Templo le decía: «La paz sea contigo.» Si observaba que estaba dormido, lo golpeaba con su vara, y tenía autoridad para quemar su vestido. Y ellos decían: «¿Cuál es el ruido (voz) en el atrio?» «Es el ruido de un levita que está siendo azotado, y sus vestidos encendidos, porque se durmió durante su guardia.» El rabí Eliezer, el hijo de Jacob, dijo: «En una ocasión encontraron al hermano de mi madre durmiendo, y quemaron su vestido.»

3. Había cinco portones que daban paso al recinto del Templo (monte del Templo): las dos puertas de Hulda desde el sur, que servían de entrada y de salida; Kipponos, desde el oeste; Tadi, desde el norte, que no se empleaba para nada; la puerta oriental, sobre la que *había* una representación de la ciudad de Susa, y por ella salía el sumo sacerdote, y todos los que lo asistían, para quemar la vaca alazana en el monte de los Olivos.

4. Había siete portones en el atrio; tres al norte, tres al sur, y uno al este. El del sur era el portón de quemar; después de él, el portón de los primogénitos; en tercer lugar, el portón del agua. Al este estaba el portón de Nicanor, y a él pertenecían dos cámaras, una a la derecha y una a la izquierda, la primera la cámara de Fineés, el guardarropas, y la otra la cámara de los que hacían la ofrenda de tortas.[1]

5. Y el del norte era el portón Nitsuts, que tenía la forma de una Exhedra, y se había construido una *Aliyah* encima; y los sacerdotes montaban guardia encima, y los levitas debajo, y tenía una puerta al *Chel*. Después venía el portón de la ofrenda; en tercer lugar el *Beth Moked*.

6. Y había cuatro estancias en el Beth Moked, como pequeñas cámaras con lechos[2] que se abrían a una estancia para la comida; dos en *el lugar* santo y dos en *lo* no santo,

---

1. Para la ofrenda diaria del sumo sacerdote.
2. En el original: Kaitunoth (evidentemente el griego *koitön*) abriéndose sobre un *Teraklin*, evidentemente el *Triclinium*.

y las cabezas de las vigas[3] separaban entre *lo* santo y *lo* no santo. ¿Y para qué se emplcaban? La del suroeste era la cámara de la ofrenda; la dcl sureste, la cámara del pan dc la proposición; al noroeste, allí los Hasmoneos depositaron las picdras del altar que había contaminado el rey de Javán; al noroeste, desde allí se iba a la casa dc baño.

7. Había dos portones al Bcth Mokcd: uno se abría al Chel, el otro al atrio. Dice el rabí Jehudah: «El que se abría al atrio tenía una puertecilla por la que entraban para explorar el patio.»

8. El Beth Mokcd tcnía arcos, y era una gran casa rodeada por extensiones [quizá terrazas] de picdra, y los ancianos de la casa de sus padres dormían aquí, y las llaves del atrio en sus manos; y los sacerdotes jóvenes, cada uno con su cojín sobre el suclo (quizá su vestido).

9. Y había un lugar allí, de un codo por un codo, y una losa de mármol, y una anilla que estaba unida a ella, y la cadcna con las llavcs colgadas dc clla. Cuando llegaba el momento de cerrar, él lcvantaba la losa por la anilla, y sacaba las llaves de la cadcna, y el sacerdote cerraba las puertas desde dcntro, y el lcvita tcnía que dormir afuera. Cuando había terminado de cerrar, dcvolvía las llaves a la cadena, y la losa a su sitio; y ponía su cojín sobre ella, y allí dormía. Si le sobrevenía un accidente a alguno dc ellos, salía fuera, y tenía que ir por la escalera de caracol[4] quc iba debajo de la casa, y había luccs enccndidas a cada lado, hasta que llegaba a la casa de baño. El rabí Eliezcr, el hijo de Jacob, dijo: «Por la escalera de caracol pasaba debajo del Chel, y salía fuera y tcnía que atravcsar el Tadi.»

---

3. *Roshe Paspassin.*
4. *Mesibbah*, literalmente, aquello que va alrededor.

PEREK II

1. El recinto del Templo (el monte del Templo) *tenía* 500 codos por 500 codos; *era* más grande al sur; después *más grande* al este; luego al norte, y lo más pequeño al oeste. El lugar donde había más medida había también más servicio.

2. Todos los que entraban en el recinto del Templo entraban por la derecha, y giraban y salían por la izquierda, excepto aquellos a los que algo[5] les había sucedido, que giraban a la izquierda. «¿Qué te *duele* que te vuelves a la izquierda?» «Porque estoy enlutado». «¡Que el que mora en esta casa te dé consolación!» «Porque estoy excomulgado.» «¡Que el que mora en esta casa mueva sus corazones para que te restauren!» Así el rabí Meir. El rabí José le dice a él: «Esto haría como si ellos hubieran transgredido contra él en juicio; *más bien:* "Que el que mora en esta casa ponga en tu corazón que tú des oído a las palabras de tus hermanos, y que ellos te restauren".»

3. Más lejos *se encontraba* el Sorag, de diez palmos de altura. Y allí había trece brechas que había hecho el rey de Javán. Lo restauraron y fortalecieron, y decretaron hacia ellas trece cortesías [*en memoria*]. Más adentro del Chel, diez codos; y había allí doce peldaños; *cada* peldaño *tenía* medio codo de altura, y la extensión medio codo, excepto los que estaban ante el porche. Todos los pórticos que estaban allí tenían puertas, excepto la del porche. Todos los portones que estaban allí tenían dinteles, excepto el del portón Tadi, que tenía dos piedras reposando, ésta en el lomo de la otra. Todos los portones que estaban allí eran renovados para que fueran con oro, excepto el portón de Nicanor, porque sobre ellas se obró un milagro, y algunos dicen, porque el bronce resplandecía.

4. Todas las paredes que estaban aquí eran altas, excepto

5. Así literalmente (*Davar*). Naturalmente, no la misma expresión que en I. 9.

la pared al oriente, de manera que el sacerdote que quemaba la vaca alazana, de pie sobre la cumbre del monte de los Olivos, y dirigiéndose para mirar, veía a través de la entrada del satuario, en el momento en que rociaba la sangre.

5. El patio de las mujeres tenía 135 codos de longitud y 135 de anchura, y había cuatro cámaras en las cuatro esquinas, cada una de ellas de 40 codos cuadrados, y no estaban tejadas. Y así es como se había dispuesto que fueran, como se dice: «Y luego me sacó al atrio exterior, y me hizo pasar por los cuatro rincones del atrio; y en cada rincón del atrio había un patio. En los cuatro rincones del atrio patios humeando»...[6] *Se dice*, estaban «humeando», y ello debido a que no tenían tejado. ¿Y para qué servían? La del sureste era la cámara de los nazareos, donde los nazareos lavaban sus ofrendas de paces, y cortaban su cabello, y lo echaban debajo del pote. La del noreste era la cámara de la leña, donde los sacerdotes que estaban descalificados escogían la madera, y cada palo en el que encontraran un gusano no era apropiado para el altar. La del noroeste era la cámara de los leprosos. La del suroeste, dijo el rabí Eliezer, el hijo de Jacob: «He olvidado para qué servía.» Abba Shaul dijo: «Allí ponían el vino y el aceite; era llamada la cámara de la casa de Schamanyah.» Y el muro estaba al principio nivelado, y lo rodearon de una galería, de manera que las mujeres miraban desde arriba y los hombres desde abajo, con el propósito de que no se entremezclaran. Y quince peldaños subían desde allí al Atrio de Israel, como los quince grados en los salmos [los Cánticos Graduales en los Salmos]. Sobre éstos estaban los levitas cantando los cánticos. No eran rectangulares, sino redondeados, como el arco de una sustancia redondeada.

6. Y había cámaras debajo del Atrio de Israel, y se abrían sobre el Atrio de las Mujeres. Allí los levitas guardaban sus arpas y salterios, y sus címbalos, y todos sus instrumentos musicales. El Atrio de Israel tenía 135 codos de longitud por

6. Ez. 46:21, 22.

11 de anchura, y, de manera similar, el Atrio de los Sacerdotes tenía 135 de longitud por 11 de anchura, y las cabezas de las vigas dividían entre el Atrio de Israel y el Atrio de los Sacerdotes. El rabí Eliezer, el hijo de Jacob, dijo: «Había una grada, de un codo de altura, y sobre ella estaba colocado el *Duchan*, y sobre él había tres peldaños, cada uno de medio codo. Por ello, el Atrio de los Sacerdotes era 2 1/2 codos más alto que el de Israel. Todo el atrio tenía 187 codos de longitud y 135 de anchura. Allí se hacían trece reverencias. Abbá José, el Hijo de Chanan, dijo: «Hacia los trece portones.» Los meridionales *eran*: más cerca del oeste, el portón superior, *luego* el portón de quemar, el portón de los primogénitos, y el portón del agua. ¿Y por qué tenía el nombre de portón del agua? Porque por él entraban la jarra de agua para derramar para la «Fiesta de los Tabernáculos». El rabí Eliezer, el hijo de Jacob, dijo: «Y por ahí las aguas fluían, con la dirección de salir debajo del umbral del Templo.» Y enfrente de ellos al norte estaban: (más cerca al oeste) el portón de Jeconías, el portón de la ofrenda, el portón de las mujeres, y el portón del cántico. ¿Y por qué se le llamaba el portón de Jeconías? Porque fue por él que salió Jeconías hacia el cautiverio. El del este *era* el portón de Nicanor, y tenía dos portillos, uno a su derecha y otro a su izquierda. Y *había* dos [portones] al oeste; no tenían nombre.

PEREK III

1. El altar tenía 32 por 32 [codos]. Hacia arriba 1 codo, y estrechamiento 1 codo: esto era la base. Quedan 30 por 30. Hacia arriba 5, y estrechamiento de un codo: esto era el circuito. Quedan 28 por 28. El lugar de los cuernos, un codo a este lado y un codo a aquel lado. Quedan 26 por 26. El lugar para que andaran los sacerdotes, un codo a este lado y un codo a aquel lado. Quedan 24 por 24: el lugar donde se ponía el sacrificio. El rabí José dijo: «Al principio era sólo de 28 por 28; *aunque* se contraía y subía, conforme a esta medida, hasta que quedaba el lugar para poner los sacrificios: 20 por 20.

Pero cuando los hijos del Cautiverio subieron, le añadieron 4 codos al sur y 4 al oeste como una *gamma*, porque se dice: «Y Ariel será de 12 codos de longitud por 12 de anchura, cuadrado.»[7] Esto no significa que tuviera sólo 12 por 12, por cuanto se añade: «En las cuatro esquinas del mismo, para enseñar que medía desde el medio 12 codos en cada dirección.» Y una línea escarlata lo ceñía en medio para separar entre los rociamientos de sangre superior e inferior. Y la base iba alrededor de todo el lado del norte y del oeste, pero era estrechado un codo al sur y al este.

2. En la esquina suroccidental había dos aperturas, como pequeños orificios nasales, y la sangre, derramada sobre la base al oeste, y sobre la base hacia el sur, descendía a través de ellas, y se mezclaba en el canal, fluyendo hacia el torrente de Cedrón.

3. Abajo en el pavimento, en aquel rincón, había un lugar, de un codo por un codo, *con* una loseta de mármol, y unida a ella había una anilla, y aquí bajaban hacia la alcantarilla para limpiarla. Y había una subida en pendiente hacia el sur del altar, de 32 codos de longitud por 16 de anchura, y tenía un hoyo en su lado occidental, en el que ponían ofrendas por el pecado de aves que estaban contaminadas.

4. Tanto las piedras de la subida en pendiente como las del altar provenían del valle de Beth Cherem. Y ellos cavaron por debajo del suelo virgen, y sacaron de allí piedras no dañadas (enteras), sobre las que no se había levantado hierro, porque el hierro lo contamina todo con su contacto, y por arañarlo. Una de las piedras fue arañada: quedó contaminada; pero el resto era lícito emplearlas. Y las blanqueaban dos veces por año, una vez por la Pascua y una vez por la Fiesta de los Tabernáculos; y el Santuario una vez por la Pascua. El rabí[8] dice: «En la víspera de cada sábado lo blanqueaban con un paño, debido a los rociamientos con sangre.» No lo enyesaban con una paleta de hierro, para que no fuera conta-

---

7. Ez. 43:16, «Ariel» = el león de Dios = el altar.
8. *El* rabí, esto es, el rabí Jehudah el Santo.

minado con su contacto. Porque el hierro es creado para acortar los días del hombre, y el altar es creado para prolongar los días del hombre, por ello no es recto que aquello que corta sea levantado sobre aquello que la alarga.

5. Y había anillas al norte del altar: seis hileras, cada una de cuatro; pero algunos dicen, cuatro hileras, cada una de seis; y en éstas inmolaban los santos sacrificios. La casa (sitio) de la inmolación estaba al norte del altar. Y había ocho cortos pilares[9] y cuadrados de cedro sobre la parte superior de ellos, y garfios de hierro unidos a ellos, y había tres hileras sobre cada uno de ellos, sobre los que colgaban, y desollaban sobre mesas de mármol que estaban entre los pilares.

6. Y la pila estaba entre el porche y el altar, e inclinado más cerca hacia el sur. Entre el porche y el altar había 22 codos, y 12 peldaños allí, cada peldaño de medio codo de altura, y su extensión de un codo —un codo, un codo, y luego una extensión de tres (codos); y un codo, un codo, y luego una extensión de tres; y el superior, un codo, un codo, y una extensión de cuatro (codos). El rabí Jehudah dijo: «El superior un codo, un codo, y una extensión de cinco (codos).»

7. El portal que llevaba al porche tenía 40 codos de altura y 20 de anchura, y había cinco vigas de fresno sobre la parte superior de ella; la más baja sobresalía sobre el portal, un codo a éste y un codo a aquel lado; la que estaba encima de ella sobresalía sobre un codo a aquel lado; la que estaba encima de ella sobrealía sobre un codo sobre éste y un codo sobre aquel lado; resulta que la más superior [tenía] 30 codos, y entre cada una de ellas había un arbotante de piedras.

8. Y se fijaron soportes de cedro desde el muro del Santuario hasta el muro del porche, para que no se abombaran; y se fijaron cadenas de oro en el tejado del porche, y por ellas subían los sacerdotes jóvenes, para mirar las coronas, como está escrito:[10] «Las coronas servirán a Helem, a Tobías, a

9. *Nannasin,* evidentemente el griego *nanos.*
10. *Malteraoth shel Milah* —Malterah o Ammaltera, del griego *melathron;* *Milah,* del griego *melia.*

Jedaías y a Hen hijo de Sofonías, como memorial en el templo de Jehová.»[11] Había una vid de oro de pie frente a la entrada al Santuario, suspendida sobre las vigas arriba. Cada uno que hacía un voto de una hoja, de una baya o de un racimo, lo llevaba y allí lo colgaba. El rabí Eliezer, el hijo del rabí Sadoc, dijo: «Sucedió (que tuvieron que quitarla) y para ello se designaron 300 sacerdotes.»[12]

PEREK IV

1. La entrada al Santuario era de 20 codos de altura, y de 10 codos de anchura, y tenía cuatro puertas [dos puertas plegadizas]: dos adentro y dos afuera, como se dice: «Y el santuario y el Lugar Santísimo tenían dos puertas.»[13] Las puertas exteriores se abrían *hacia el* interior del portal, para cubrir el grosor de la muralla, y las puertas interiores se abrían hacia dentro hacia la casa, para cubrir detrás las puertas. Porque toda la casa estaba cubierta de oro, excepto detrás de las puertas. Dijo el rabí Jehudah: «Ellas [ambos pares de puertas] estaban dentro de la entrada, y eran como *Azteramita*,[14] y se plegaban hacia atrás —éstas 2 1/2 codos, y aquéllas 2 1/2 codos—. Medio codo el poste de la puerta desde esta [esquina], y medio codo el poste de la puerta de aquélla, y así se dice: "Y las puertas tenían dos hojas por un igual, dos hojas giratorias; dos para la una puerta, y dos hojas para la otra".»[15]

2. Y el gran portón tenía dos portillos, uno al norte y uno al sur. Por el del sur nadie pasó jamás; y a ello se refiere claramente Ezequiel, como está escrito: «Esta puerta estará cerrada; no se abrirá, ni entrará por ella ningún hombre,

---

11. Zac. 6:14.
12. Para quitarla o para limpiarla.
13. Ez. 41:23.
14. El término, que parece no haber sido entendido del todo ni en tiempos talmúdicos, es traducido así por Jost: hoja retorcida, y derivado de *strephö*.
15. Ez. 41:24.

porque Jehová Dios de Israel entró por ella; estará, por tanto, cerrada.»[16] Él tomaba la llave, y abría el portillo, y entraba en la pequeña cámara (atrio), y desde la pequeña cámara al Santuario. El rabí Jehudah dijo: «Él caminaba a lo largo del grosor de la muralla,[17] hasta que se encontraba de pie entre los dos portones, y abría el exterior desde dentro, y el interior desde fuera.»

3. Y había allí treinta y ocho pequeñas cámaras —quince al norte, quince al sur, y ocho al oeste—. Al norte y al sur, cinco sobre la parte superior de cinco, y cinco sobre su parte superior; y al oeste tres en la parte superior de tres, y dos en la parte superior de ellas. Y cada una de ellas tenía tres entradas, una a la pequeña cámara a la derecha, y una a la pequeña cámara a la izquierda, y una a la pequeña cámara de arriba. Y en la esquina noroccidental había cinco entradas, una a la pequeña cámara a la derecha, y otra a la pequeña cámara arriba, y otra a la escalera de caracol, y otra al portillo, y otra al Santuario.

4. Y la (cámara) más inferior *tenía* 5 codos, y el tejado (extensión), 6; la intermedia (cámara) 6, y el tejado 7; y el superior 7, como se dice: «La cámara de abajo tenía 5 codos de anchura, la intermedia de 6 codos de anchura, y la tercera de 7 codos de anchura, porque hizo disminuciones en la "casa" alrededor por fuera, para no empotrar [las vigas] dentro de las paredes de la casa.»[18]

5. Y la escalera de caracol subía desde la esquina nororiental hasta la esquina noroccidental, por la cual subían a los tejados de las cámaras. Se subía por la escalera de caracol con el rostro hacia el oeste, y se subía todo a lo largo del lado del norte, hasta que se llegaba al oeste. Se llegaba al oeste,

16. Ez. 44:2.
17. Sin embargo, algunos suponen que se refiere a una especie de paso a través del muro.
18. 1 R. 6:6.

y se volvía el rostro hacia el sur, y se iba a todo lo largo del lado occidental hasta que llegaba al sur. Se llegaba al sur, y se volvía el rostro hacia el oeste, y se iba a lo largo del lado del sur, hasta que se llegaba a la entrada de la Aliyah; porque la entrada a la Aliyah se abría hacia el sur, y en la entrada a la Aliyah había dos vigas de cedro, por las cuales subían al tejado de la Aliyah, y las cabezas de las vigas[19] dividían en la Aliyah entre el Lugar Santo y el Santísimo. Y había escotillas que se abrían en la Aliyah hacia el Lugar Santísimo, por las que bajaban a los obreros en espuertas, para que no disfrutaran sus ojos con la visión del Lugar Santísimo.

6. Y el Santuario era de 100 por 100, por 100 de altura; el fundamento sólido de 6 codos, y la altura sobre ella de 40 codos; 1 codo, rollo decorado; 2 codos, el lugar para el derramamiento de agua; 1 codo de cubierta y 1 codo de pavimento, y la altura de la Aliyah de 40 codos, y 1 codo de obra de rollo, y 2 codos el lugar para el derramamiento, y 1 codo de cubierta, y 1 codo de pavimento, y 3 codos de balaustrada, y 1 codo de espantapájaros. El rabí Jehudah dijo: «El espantapájaros no se contaba en la medida, pero la balaustrada era de 4 codos.»

7. Desde el este al oeste 100 codos —la pared del porche 5, y el porche 11; la pared del Santuario 6, y su espacio interior 40 codos, 1 codo la pared intermedia, y 20 codos el Lugar Santísimo; la pared del Santuario 6, y la pequeña cámara 6, y la pared de la pequeña cámara 5—. Desde el norte hasta el sur 70 codos —la pared de la escalera de caracol 5, y la escalera de caracol 3, la pared de la pequeña cámara 5, y la pequeña cámara 6, la pared del Santuario 6, y su espacio interior de 20 codos, la pared del Santuario 6, y la pequeña cámara 6, y la pared de la pequeña cámara 5, y el lugar para el descenso del agua 3 codos, y la pared 5 codos—. El porche sobresalía más allá de ello, 15 codos desde el norte y 15 codos desde el sur, y se llamaba la casa de los cuchillos sacrificiales,

19. *Roshe Paspassin.*

porque allí guardaban los cuchillos. Y el Santuario era estrecho por detrás y ancho por delante, y como un león, como se dice: «Oh Ariel, el león de Dios, la ciudad en que moró David.»[20] De la manera en que el león es estrecho por detrás y ancho por delante, así también es el Santuario estrecho por detrás y ancho por delante.

PEREK V

1. Todo el atrio tenía 187 codos de longitud por 135 codos de anchura. Desde el este al oeste, 187: el lugar para que pisara Israel 11 codos; el lugar para que pisaran los sacerdotes 11 codos; el altar 32; entre el porche y el altar 22 codos; el Santuario 100 codos; y 11 codos detrás de la casa de Expiación.

2. Desde el norte hasta el sur 135 codos; el altar y el circuito 62; desde el altar hasta las anillas 8 codos; el lugar de las anillas 24 codos; desde las anillas hasta las mesas 4; desde las mesas a los pilares 4; desde los pilares al muro del atrio 8 codos; y el resto entre el circuito y el muro, y el lugar de los pilares.

3. Había seis estancias en el atrio: tres al norte y tres al sur. Las del norte: la cámara de la sal, la cámara *Parvah*, la cámara de los que lavaban. La cámara de la sal: allí ponían sal a la ofrenda. La cámara de *Parvah*: allí salaban las pieles de los santos sacrificios, y sobre el tejado estaba la casa de baño del sumo sacerdote en el Día de la Expiación. La cámara de los que lavaban, donde lavaban las entrañas de las cosas santas, y de allí una escalera de caracol subía al tejado de la casa de Parvah.

4. Las del sur: la cámara de madera, la cámara de la cautividad, la cámara de las «piedras labradas». La cámara de madera —dijo rabí Eliezer, el hijo de Jacob—: «He

20. Is. 29:1.

olvidado para qué servía.» Abba Shaul dijo: «Era la cámara del sumo sacerdote, y quedaba detrás de las otras dos, y un tejado se extendía sobre las tres (tenían un tejado común). La cámara de la cautividad: en ella se encontraba un pozo que habían cavado los de la cautividad, y se puso una rueda sobre ella, y de allí proveían agua para todo el atrio. La cámara de las «piedras labradas»: allí se sentaba el gran Sanedrín de Israel, y juzgaba al sacerdocio. Y el sacerdote en quien se hallara razón de descalificación era vestido de negro, y velado de negro, y salía, y tenía que irse. Y si no se encontraba en él descalificación, era vestido de blanco, y velado en blanco, y entraba y servía con sus hermanos los sacerdotes. Y hacían día de fiesta, porque no se había encontrado descalificación en la simiente de Aarón el sacerdote, y decían así: «Bendito sea Dios,[21] bendito sea Él, que no se ha encontrado descalificación en la simiente de Aarón, y bendito sea Él que ha escogido a Aarón y a sus hijos, para que estén de pie para servir delante de la faz del Señor en la Santísima Casa.»

21. La expresión aquí es *Makom*, literalmente «el lugar», en el mismo sentido en que Filón emplea *topos*.

APÉNDICE II

TRADUCCIÓN DE SELECCIONES DEL TALMUD BABILÓNICO, TRATADO «BERACHOTH»

Berachoth es el primer Tratado del primer *Seder* (*Seraim*, que consiste de once Tratados). Contiene nueve *Perakim*, que explican sucesivamente los deberes, las excepciones, la postura y las controversias con respecto a la oración. El Tratado existe tanto en el Talmud de Jerusalén como en el de Babilonia. El gran Maimónides redactó a modo de prefacio del *Seder Seraim* una Introducción General, que presenta una visión global del talmudismo, y explica lo que es de la mayor importancia para el estudioso. Sin embargo, a pesar de su vasta erudición y autoridad, se han documentado vacíos e inexactitudes en su Introducción.

Misná.—¿A partir de qué hora se recita el «Shema»[1] al atardecer? Desde la hora en que los sacerdotes entraban a comer de su therumah[2] hasta el final de la primera vigilia de la noche.[3] Éstas son las palabras del rabí Eliezer. Pero los sabios dicen: Hasta la medianoche. El rabí Gamaliel dice: Hasta que se levante la columna de la mañana (el alba). Sucedió que sus hijos volvieron de un banquete. Le dijeron: «No

---

1. La bien conocida oración que comienza con «Oye, Israel.»
2. La ofrenda elevada dada a los sacerdotes, que la comían en el Templo.
3. Los judíos dividían la noche en tres vigilias.

hemos recitado el "Shema".» Él les dijo: «Si la columna de la mañana no ha subido, estáis obligados a recitarlo.» Y no sólo han dicho esto, sino que, siempre que los sabios han dicho «hasta la medianoche», su mandamiento se aplica hasta que se levanta la columna de la mañana. La combustión de la grasa y de los miembros (de los sacrificios) es lícita hasta que se levante la columna de la mañana;[4] y así todo lo que debe ser comido en el mismo día (en el que ha sido ofrecido) se puede comer hasta que se levante la columna de la mañana. Si es así, ¿por qué dicen los sabios «hasta medianoche»? A fin de impedir que se cometa transgresión.

Gemara. —Fol. 3 *a. Hasta el fin de la vigilia de la noche.*— ¿Qué quiere decir con esto el rabí Eliezer? Si significa que la noche tiene tres vigilias, diría que hasta cuatro horas; y si significa que la noche tiene cuatro vigilias, diría que hasta cuatro horas. En verdad, significa que la noche tiene tres vigilias, pero indica por la expresión que hay vigilias de noche en el ciclo, como hay vigilias de noche en la tierra. Porque tenemos esta doctrina: El rabí Eliezer dice: Hay tres vigilias nocturnas en la noche, y en cada una de estas vigilias nocturnas el Santo, bendito sea su Nombre, se sienta y ruge como un león. Porque está escrito (Jeremías 25:30): «Jehová rugirá desde lo alto, desde la morada de su santidad hará salir su voz; rugiendo rugirá por causa de su morada.»[5] Las señales de esto son como siguen: En la primera vigilia nocturna el asno rebuzna, en la segunda los perros ladran, en la tercera el bebé toma el pecho de su madre, y la mujer habla a su marido. ¿Cómo las indica el rabí Eliezer? ¿Indica así él el comienzo de la vigilia nocturna? Para el comienzo de la primera vigilia nocturna ¿qué necesidad hay de una señal para ello, viendo que es noche? ¿O se refiere al final de la vigilia nocturna? Para el final de la última vigilia nocturna, ¿para

4. Esto es, pueden ser dejadas para consumirse en el altar desde el tiempo del sacrificio del atardecer hasta entonces.
5. Así literalmente en hebreo.

qué me dé una señal, viendo que es día? Pero indica el final de la primera vigilia nocturna y el comienzo de la última vigilia nocturna, y el medio de la vigilia nocturna intermedia. Y si tú quieres, te diré que se refiere en todo al final de las vigilias nocturnas. Y si tú dices, la última no lo necesita, ¿qué se consigue con ello? La lectura del «Shema» para el que duerme en una casa oscura, y que no conoce el tiempo para decir el «Shema» cuando se debe, a fin de que, cuando la mujer habla con su marido y el bebé toma el pecho de la madre, él pueda levantarse y recitar la oración.

El rabí Isaac, el hijo de Samuel, dice, en el nombre de Rab: «La noche tiene tres vigilias, y en cada una de estas vigilias el Santo, bendito sea su Nombre, se sienta y ruge como un león, y dice: "Ay de los hijos, porque debido a sus pecados he dejado asolada mi casa, y quemado mi templo, y los he esparcido entre las naciones del mundo".»

Tenemos esta doctrina: Dijo el rabí José: «En una ocasión estaba yo viajando, y entré en una de las ruinas de Jerusalén para orar. Entonces llegó Elías —sea su memoria para bien— y me esperó a la puerta hasta que hube concluido mi oración. Después de acabar yo mi oración, me dijo: "Paz sea a ti, rabí"; y yo le dije a él: "Paz a ti, rabí, y mi maestro". Y él me dijo: "Hijo mío, ¿por qué entraste en esta ruina?" Le dije: "Para orar". Y él me dijo: "Podías haber orado en el camino". Y yo le dije: "Tenía miedo que los que pasaran por el camino pudieran interrumpirme". Él me dijo: "Debieras haber hecho una oración corta". Aquel día aprendí de él tres cosas. Aprendí que no se debe entrar en una ruina, y aprendí que se puede orar en un camino, y aprendí que el que ora en un camino puede orar una corta oración. También me dijo: "Hijo mío, ¿qué voz has oído tú en la ruina?" Y le dije: "He oído el 'Bath Kol',[6] que sonaba como el arrullo de una paloma, y que decía:

6. Literalmente «Voz Hija» —la voz del cielo.

'Ay de los hijos, porque debido a sus pecados he dejado asolada mi casa, y quemado mi templo, y los he esparcido entre las naciones del mundo.'" Y él me dijo: "Por tu vida, y por la vida de tu cabeza, no fue entonces sólo que la voz lo dijo, sino que tres veces cada día lo dice; y no sólo esto, sino también en el momento en que Israel entra en la casa de oración y en la casa de estudio, y cuando dicen: 'Bendito sea su gran Nombre'; entonces el Santo, bendito sea su Nombre, mueve su cabeza, y dice: 'Feliz es el rey a quien así alaban en su casa.' ¿Qué le queda al padre que ha echado a sus hijos al cautiverio?; y ay de los hijos que han sido echados de la mesa de su padre."»

Los rabinos enseñan: Por tres razones no se debe entrar en una ruina. Debido a la sospecha,[7] y debido a la caída (de la pared), y debido a los malos espíritus. Debido a la sospecha —¿no es suficiente en razón de la caída? (¿No habría sido esto aun razón suficiente?) Fol. 3 *b*. No si es reciente.[8] Pero ¿no sería suficiente por razón de los malos espíritus? No cuando hay dos.[9] Si hay dos, ¿no cesa la razón de sospecha? No si los dos son insolentes...

Los rabinos enseñaban: La noche tiene cuatro vigilias. Éstas son las palabras del rabí (Jehudah el Santo). El rabí Nathan dice: Tres. ¿Cuál es la razón del rabí Nathan? Porque está escrito (Jue. 7:19): «Llegaron, pues, Gedeón y los cien hombres que le acompañaban, al extremo del campamento, al principio de la vigilia media.» Enseñaba: «No hay media, a no ser que haya una antes y una después de ella. Y el rabí:[10] ¿Cuál es el significado de "media"?» (Él contestó) «Uno de los medios entre los medios.» A lo que el rabí Nathan: ¿Está escrito: «La media de las medias»? Está sólo escrito la media.

---

7. De pecado secreto.
8. Si ha venido a ser hecha una ruina sólo recientemente, por cuanto no habría peligros inmediatos.
9. Debido a que hay dos, no tienen que temer a los malos espíritus.
10. Éste es el reto del rabí Nathan al rabí Jehudah.

Pero ¿qué base tiene el rabí? El rabí Serika dijo que el rabí Ami dijo, que había dicho el rabí Josué, el hijo de Leví: En un lugar se dice (Sal. 119:62): «A la medianoche me levantaré para darte gracias a Ti, por tus justos juicios.» Y en otro lugar se dice (versículo 148): «Mis ojos se anticipan a las vigilias de la noche.» ¿Cómo es esto? Debido a que la noche tiene cuatro vigilias. ¿Y el rabí Nathan? Él lo interpreta igual que el rabí Josué. Porque tenemos esta enseñanza: El rabí Josué dice: «Hasta tres horas (adentro del día se puede decir el "Shema"); porque ésta es la manera de los reyes, de levantarse tres horas (después del amanecer). Seis horas de la noche (desde medianoche hasta el amanecer hay seis horas) y dos de día hacen juntas dos vigilias de la noche» (cada una de ellas de cuatro horas). El rabí Ashi dice: «Una vigilia nocturna y media pudieran también ser llamadas vigilias nocturnas.»[11]

El rabí Serika también dijo que el rabí Ami dijo, que el rabí Josué, el hijo de Leví, dijo: «No debes hablar ante los muertos nada sino las palabras de los muertos.» El rabí Aba, el hijo de Cahana, dijo: «Ellos no dicen esto excepto con referencia a las palabras de la ley (porque todos están obligados a tomar parte en tal conversación); pero en cuanto a conversación ordinaria no importa.» Y algunos dicen: Rabí Aba, el hijo de Cahana, dijo: «No dicen esto meramente con respecto a las palabras de la Escritura, sino mucho más también con respecto a la conversación ordinaria.»

Y David se levantó a medianoche (como antes se ha citado). ¿No se levantó en la sobretarde?; porque está escrito (versículo 147): «Me anticipo a la aurora, y clamo.» ¿Y cómo sabemos que esta hora anterior a la aurora era la de la sobretarde? Porque está escrito (Pr. 7:9): «A la tarde del día, cuando ya oscurecía, en la oscuridad y tinieblas de la noche.» El rabí Oshja dijo que el rabí Acha había dicho: Así habló

11. Todo esto se da para establecer la postura del rabí Nathan, de que hay sólo tres vigilias en la noche.

David: «Nunca ha pasado la mitad de la noche sobre mí en sueño.» El rabí Seira dijo: «Hasta la mitad de la noche él dormía como un caballo; desde aquel tiempo y en adelante se fortalecía como un león.» El rabí Ashi dijo: «Hasta la mitad de la noche se ocupaba con las palabras de la ley; desde entonces y en adelante con salmos e himnos.» Y la oscuridad es la del atardecer. ¿No hay también oscuridad de la mañana? Como está escrito (1 S. 30:17): «Y los hirió David desde aquella mañana hasta la tarde del día siguiente.» ¿No es así, desde el de la mañana hasta el de la sobretarde? No, desde la sobretarde otra vez a la sobretarde. Si así fuera, habría escrito: «Desde el ocaso hasta el ocaso», o bien, «desde la sobretarde hasta la sobretarde». También dijo Raba: «Hay dos ocasos, el ocaso de la noche, y luego viene la mañana, y el ocaso del día, y luego viene la noche.» Y David, ¿cómo sabía cuándo era la medianoche, por cuanto Moisés nuestro maestro no lo sabía? Porque está escrito (Éx. 11:4): «Alrededor de la medianoche yo saldré por en medio de Egipto.» ¿Por qué es «alrededor de la medianoche»? Si se debiera decir que el Santo, bendito sea su Nombre, le dijo «alrededor de la mitad», ¿puede haber dudas algunas en el cielo? Pero Él le dijo a él «a medianoche». Entonces él vino y dijo «alrededor de medianoche» (esto es, Moisés lo dijo porque no sabía exactamente cuándo era la medianoche). Por ello, estaba inseguro; y David, ¿lo habría sabido? David tenía una señal, porque el rabí Acha, el hijo de Bisna, dijo que el rabí Simeón, el piadoso, había dicho: «Un arpa colgaba sobre la cama de David, y cuando llegaba la medianoche, se levantaba el aquilón, y soplaba sobre ella, y sonaba sola. De inmediato se levantaba y estudiaba la Torá hasta que se levantaba la columna de la mañana. Tan pronto como se levantaba la columna de la mañana, los sabios de Israel comparecían ante él. Ellos le decían: "¡Nuestro Señor, oh rey! Tu pueblo Israel precisa ser apoyado". Él les decía: "Apoyaos vosotros unos a otros". Ellos le decían: "Un manojo no da satisfacción a un león, y un hoyo no se llena con su propia tierra". Él les decía: "Id y extended vuestras manos en el ejército (haced guerras de conquista)". De inmediato tomaban consejo con Ahitófel, y meditaban acerca de ello en el Sanedrín, e inquirían del Urim y del Tumim.» El rabí José dijo: «¿Qué otra cosa podría significar esta Escritura (1 Cr. 27:34): "Después de Ahitófel estaba Benajahú el hijo de Joyadá (la lectura es aquí diferente de la de nuestro texto), y Abiatar; y el general del ejército del rey era Joab". Ahitófel era el consejero, y así se dice (2 S. 16:23): "Y el consejo que daba Ahitófel en aquellos días, era como si se consultara la palabra de Dios". Benajahú, el hijo de Joyadá, esto es el Sanedrín,[12] y Abiatar, éstos son el Urim y el Tumim. Y así se dice (2 S. 20:23): "Y Benaías, el hijo de Joyadá, estaba sobre los cereteos y sobre los peleteos". ¿Y por qué se llamaba el nombre de ellos cereteos y peleteos? Cereteos, porque eran breves de palabras, y peleteos, porque eran maravillosos en sus palabras.[13] Y después de éstos estaba Joab, el general del rey.» El rabí Isaac, el hijo de Idi, dijo: «Algunos dicen, ¿qué otra cosa[14] significa la Escritura (Sal. 57:8): "Levántate, mi gloria; despertad, salterio y arpa; yo mismo despertaré la mañana"?» El rabí Seria dijo: «Moisés conocía (la hora de la medianoche), y así también David la conoció. Pero si David la conocía, ¿para qué estaba el arpa? Para despertarlo de su sueño. Y si Moisés la sabía, ¿por qué tuvo que decir, "alrededor de medianoche"? Moisés pensó, quizás, que los astrónomos de Faraón pudieran equivocarse, y luego decir: "Moisés es un embustero". Porque el Maestro dice: "Enseña a tu lengua a decir: No lo sé; quizá crean que estás inventando y seas apresado.» El rabí Ashi dijo: «Fue en la medianoche del decimotercero, después de la cual amanece el decimocuarto»; y así Moisés dijo a Israel: «El Santo,

---

12. Del que se supone que era el jefe.
13. Aquí hay nuevamente un juego de palabras.
14. Refiriéndose de nuevo al dicho del rabí Simeón, el piadoso, mencionado en la página anterior.

bendito sea su Nombre, dice: "Mañana, alrededor de la medianoche, como ahora, saldré yo en medio de Egipto".»

Fol. 16 *b*. El rabí Eleazar dijo: «¿Qué es lo que está escrito (Sal. 63:4): "Así te bendeciré mientras yo viva; levantaré mis manos en tu Nombre"? "Te bendeciré mientras yo viva": esto es la recitación del "Shema". "Levantaré mis manos en tu Nombre": esto es la oración —y así lo hace, de él dice la Escritura: "Mi alma quedará satisfecha como con tuétano y grosura". Y no sólo esto, sino que hereda dos mundos —éste, y el venidero, como está escrito: "Y mi boca te alabará con labios de gozos".»[15]

El rabí Eleazar, después de haber acabado su oración, habló así: «Que te plazca, oh Señor nuestro Dios, querer hacer morar en nuestra suerte amor y hermandad, paz y amistad, y aumenta nuestra posesión con discípulos, y alegra nuestro fin con una feliz postrimería, y con esperanza, y pon nuestra parte en el Paraíso. Ordénanos en feliz comunión, y con la inclinación para bien en este mundo, para que podamos levantarnos y encontrar nuestros corazones en el temor de tu Nombre, y que el deseo de nuestras almas pueda venir ante Ti para bien.»[16]

El rabí Jochanan, después de haber acabado su oración, habló así: «Que te plazca, oh Señor nuestro Dios, mirar a nuestra vergüenza y ver nuestros dolores, y que tú te revistas de misericordia, y que Tú te cubras con tu poder, y que Tú te revistas con tu gracia, y que Tú te ciñas de favor, que venza delante de Ti la medida de tu bondad y de tu condescendencia.»

El rabí Seira, después de haber acabado sus oraciones, habló así: «Que te plazca a Ti, oh Señor nuestro Dios, que no pequemos, y que no seamos avergonzados, y no seamos confundidos delante de nuestros padres.»

---

15. Indicándose los dos mundos con el plural.
16. Ésta y las siguientes son oraciones nocturnas.

El rabí Chija, después de haber terminado sus oraciones, dijo así: «Que te plazca a Ti, oh Señor nuestro Dios, que tu Torá sea nuestra labor, y que nuestros corazones no desfallezcan, y que nuestros ojos no se oscurezcan.»

Rab, después de haber acabado sus oraciones, habló así: «Que te plazca, oh Señor nuestro Dios, darnos una vida prolongada, una vida de paz, una vida de bien, una vida de bendición, una vida de nutrición, una vida de vigorosa fuerza, una vida en la que haya temor al pecado, una vida en la que no haya ni vergüenza ni confusión, una vida de riquezas y de honra, una vida en la que haya entre nosotros el amor de la Torá y el temor del cielo, una vida en la que Tú cumplas en nosotros todos los deseos de nuestros corazones para bien.»

El rabí, después de haber acabado sus oraciones, habló así: «Que te plazca a Ti, oh Señor nuestro Dios, y Dios de nuestros padres, preservarnos del pecador insolente y del pecado insolente, del hombre malo y del mal accidente, de los malos impulsos, del mal compañero, de un mal vecino, de Satanás el destructor, de un juicio severo, y de un oponente severo, tanto si es hijo del pacto como si no lo es.» Y esto, aunque los oficiales estaban alrededor del rabí.[17]

El rabí Saphra, después de haber acabado sus oraciones, habló así: «Que te plazca a Ti, oh Señor nuestro Dios, poner paz entre la familia arriba (los ángeles) y en la familia abajo, y entre los estudiosos que se ocupan de tu Torá, tanto si se dedican a ella por ella misma como si no; y con referencia a los que se dedican a ella pero no por ella misma, que te plazca a Ti que se dediquen a ella por ella misma.»

El rabí Alejandro, después de haber acabado su oración, habló así: «Que te plazca, oh Señor nuestro Dios, ponernos en una esquina de luz y no en una esquina de tiniebla, y no dejes que nuestro corazón desfallezca ni que nuestros ojos se

17. No se detuvo de orar en este sentido por la presencia de ellos.

oscurezcan.» Pero algunos dicen que fue Rab quien hizo esta oración, y que el rabí Alejandro, después de haber orado, habló así: «Señor de los mundos, es manifiesto y conocido delante de Ti que nuestro placer es hacer lo que a Ti te agrada, y ¿quién lo estorba? La levadura en la masa del horno, y el servicio del dominio extranjero. Que te plazca liberarnos de sus manos, para que podamos volver a hacer las leyes de tu beneplácito con un corazón perfecto.»

Raba, cuando hubo acabado su oración, habló así: «Señor, hasta que fui creado nada era, y ahora que soy creado, soy como si no hubiera sido creado. Polvo soy en la vida, ¿y cuánto más cuando haya muerto? He aquí, estoy delante de Ti como vaso lleno de vergüenza y de confusión. Que te plazca, oh Señor nuestro Dios, que pueda no más pecar, y lo que he pecado delante de Ti, bórralo en tu gran misericordia, pero no por medio de castigos y de malignas enfermedades.» E igual fue la confesión de Rab Hamnuna el Menor en el Día de la Expiación.

Mar, el hijo de Rabina, cuando hubo acabado su oración, habló así: «Señor, guarda nuestras lenguas del mal, y nuestros labios de hablar falsamente. Y para los que maldicen mi alma, que esté yo quedo, y que mi alma sea como el polvo hacia todos. Abre mi corazón a tu ley, y que mi alma siga en pos de tus mandamientos, y líbrame de mal accidente, de la mala disposición, y de una mala mujer, y de todo mal que se levante para entrar en el mundo. Y todos los que piensan mal contra mí, destruye velozmente su consejo, y haz vanos sus pensamientos. Que te plazca que las palabras de mi boca y que la meditación de mi corazón sean aceptas delante de Ti, oh Señor, mi fortaleza y mi Redentor.»

El rabí Sheisheth, cuando hubo ayunado, dijo, después de haber acabado su oración: «Señor del mundo, es evidente delante de Ti, que en el tiempo en que el Santuario estaba en pie, un hombre pecaba, y traía una ofrenda, y nada ofrecían de ella más que su grosura y su sangre, y él era perdonado. Y ahora que yo he permanecido en ayuno, y que mi grosura y mi sangre han disminuido, sea como si yo las hubiera ofrecido sobre el altar, y sé misericordioso hacia mí.»

El rabí Jochanan, cuando hubo acabado el libro de Job, habló así: «El fin de un hombre es morir, y el fin de un animal es ser inmolado, y todos están destinados a la muerte. Bendito el que ha crecido en la Torá, y trabaja para tener un espíritu quedo para con su Creador, y que ha crecido a la edad adulta con un buen nombre y que ha partido de este mundo con un buen nombre. Y de él dice Salomón (Ec. 7:1): "Mejor es el buen nombre que el buen perfume; y mejor el día de la muerte que el día del nacimiento".»

Era usual en la boca del rabí Meir: «Aprende con todo tu corazón y con toda tu alma, a fin de conocer mis caminos, y para crecer al lado de los portones de mi Torá. Guarda mi Torá en tu corazón, y que mi temor esté delante de tus ojos. Guarda tu boca de todo pecado, y límpiate y santifícate de toda transgresión y pecado, y yo estaré contigo en cada lugar.»

Fol. 55 a. El rabí Chisda dijo: «Cada sueño carece de significado, pero no si se ha ayunado (acerca de él).» También el rabí Chisda dijo: «Un sueño que no es interpretado es como una carta que no es leída.» También el rabí Chisda dijo: «Ni hay un buen sueño en el que todo venga a cumplirse, ni un mal sueño en que todo venga a suceder.» También dijo el rabí Chisda: «Un mal sueño es mejor que un buen sueño.» También el rabí Chisda dijo: «Un mal sueño, su mal es suficiente; un buen sueño, su placer es suficiente.» El rabí José dijo: «Un buen sueño, incluso el gozo en mí lo anula.»[18] El rabí Chisda dijo también: «Un mal sueño es más pesado que un castigo, porque está escrito (Ec. 3:14): "Y lo hace Dios, para que delante de él teman los hombres".» Y Rabbah, el nieto de Chanah, dijo que dijo el rabí Jochanan: «Esto se refiere a un mal sueño. (Jer. 23:28): "El profeta que tenga un sueño, cuente

18. Este rabí era ciego.

el sueño; y el que tenga mi palabra, cuente mi palabra verdadera. ¿Qué tiene que ver la paja con el trigo?, dice Jehová". Pero, ¿qué tienen que ver el trigo y la paja con un sueño?» Pero, dice el rabí Jochanan, en nombre de rabí Simeón, hijo de Joche: «Así como el trigo sólo no es posible sin la paja, así un sueño no es posible sin cosas falsas.» El rabí Berachiah dijo: «Un sueño, incluso si se cumple una parte del mismo, no se cumple toda su totalidad. ¿De dónde tenemos esto? De José, porque está escrito (Gn. 37:9): "Y he aquí el sol y la luna", etc. Y en aquel tiempo su madre ya no estaba.» El rabí Leví dijo: «Que espere el hombre siempre un buen sueño, aunque sea por veintidós años. ¿Y eso por qué? Por José, porque está escrito (Gn. 37:2): "Estas son las generaciones de Jacob. José tenía diecisiete años", y así. Y está escrito (Gn. 41:46): "Y José tenía treinta años de edad cuando fue presentado delante de Faraón", y así. ¿Cuántos van de diecisiete a treinta? Trece. Y siete años de abundancia y dos de hambre nos lleva a veintidós.»

El rabí Huna dijo: «A un buen hombre no se le muestra un buen sueño, y a un mal hombre no se le muestra un mal sueño. Tenemos esta doctrina: En todos sus años David no vio un buen sueño, y en todos sus años Ahitófel no vio un mal sueño. Pero, con todo, está escrito (Sal. 91:10): "No te sobrevendrá ningún mal..."»

El rabí Huna, el hijo de Ami, dijo que había dicho el rabí Jochanan: «El que haya visto un sueño y su alma esté angustiada, que acuda y lo interprete delante de ti.» ¿Que lo interprete? Pero el rabí Chisda dijo: «Un sueño que no es interpretado es como una carta no leída.» Pero ciertamente (quiero decir), que le dé una buena interpretación delante de ti. Él convoca a tres, y les dice: «Tengo un buen sueño.» Y le dicen ellos a él: «He aquí, es bueno, y será bueno. Que el Misericordioso lo vuelva en bien. Siete veces sea decretado sobre ti desde el cielo que sea bueno, y será bueno.» Entonces ellos dicen tres cambios, y tres liberaciones, y tres veces «Paz». Tres cambios (Sal. 30:11): «Has cambiado mi lamento en una danza; desataste mi sayal, y me ceñiste de alegría.» *Luego* (Jer. 31:13): «Entonces la virgen se alegrará en la danza, los jóvenes y los viejos juntamente; pues cambiaré su llanto en gozo, y así. *Luego* (Dt. 23:5): «Mas no quiso Jehová tu Dios oír a Balaam; y Jehová tu Dios te cambió la maldición en bendición», y así. «Tres liberaciones», como está escrito (Sal. 55:18): «Él redimirá en paz mi alma de la guerra contra mí», y así; (Is. 35:10): «Y los redimidos de Jehová volverán», y así; (1 S. 14:45): «Entonces el pueblo dijo a Saúl: ¿Ha de morir Jonatán, el que ha hecho esta gran salvación en Israel?» «Tres veces paz», como está escrito (Is. 57:19): «Produciré fruto de labios: Paz, paz al que está lejos y al cercano, dijo Jehová, etc.; (1 Cr. 12:18): «El Espíritu vino sobre Amasay», y así; (1 S. 25:6): «Y decidle así al que vive: Sea paz a ti, y paz a tu familia», y así.

Ameimer, y Mar Sutra, y el rabí Ashi, estaban sentados juntos. Dijeron: «Ojalá que alguien diera algo que no hubiera sido oído por su compañero.» Entonces comenzó uno entre ellos, diciendo: «Si alguno ha visto un sueño, y no sabe lo que ha visto, póngase ante los sacerdotes de su tiempo, mientras ellos extienden sus manos (en bendición), y que diga así: "Señor del mundo, tuyo soy, y tuyos son mis sueños. He soñado un sueño, y no conozco lo que es, si lo he soñado por mí mismo, o si mis compañeros lo han soñado de mí, o si yo he soñado de otros. Si son buenos (sueños), confírmalos, y fortalécelos, como los sueños de José; y si necesitan sanidad, sánalos, como las aguas de Mará por mano de Moisés, nuestro maestro, y como a Miriam de su lepra, y como a Ezequías de su enfermedad, y como las aguas de Jericó a manos de Eliseo. Y como Tú has cambiado a bendición la maldición de Balaam, el malvado, así convierte mis sueños por mí para bien". Y que termine con los sacerdotes, para que la congregación diga: "Amén". Y si no, que diga así: "Poderoso en las alturas, Tú que moras en poder, Tú eres paz, y tu nombre es paz. Que te plazca dispensarnos paz".» El siguiente comenzó, y dijo: «Si cualquiera entra en una ciudad, y teme el mal de ojo, que ponga el pulgar de la mano derecha en la izquierda, y el pulgar de la mano izquierda en la derecha, y que diga así: «Yo, fulano de tal, el hijo de mengano de cual, desciendo de la simiente de José, sobre quien el mal de ojo no tenía poder, como está escrito (Gn. 49:22): "Rama fructífera es José, rama fructífera junto a una fuente"», y así. No se debe leer «junto a una fuente» sino «trascendiendo al ojo».[19] El rabí José, el hijo del rabí Chaninah, dijo: «De esto (Gn. 48:16): "y multiplíquense en gran manera" (como peces).[20] Como peces, que moran en las aguas, son cubiertas por ellas, y ningún mal tiene poder sobre ellos, de la misma manera la simiente de José, ningún mal de ojo tiene poder sobre ella. Pero si tiene miedo de su propio mal ojo, que mire sobre la parte izquierda de su nariz.» Y el tercero comenzó y dijo: «Si cualquiera está enfermo, que no lo dé a conocer el primer día, para que no empeore su suerte. Pero después de esto y en adelante, que lo dé a conocer. Así fue con Raba cuando estuvo enfermo. No lo hizo saber el primer día. Desde entonces y en adelante, le dijo a su siervo: "Sal fuera y grita: Raba está enfermo; el que tenga piedad de mí, que pida por piedad por mí, y el que me aborrezca, que se regocije sobre mí".» Y está escrito (Pr. 24:17, 18): «Cuando caiga tu enemigo, no te regocijes, y cuando tropiece, no se alegre tu corazón; no sea que Jehová lo mire, y le desagrade, y aparte de sobre él su enojo.»

Samuel, cuando hubo visto un mal sueño, dijo (Zac. 10:2): «Porque las imágenes han hablado vanidad, y los adivinos han visto mentira, han hablado sueños vanos.» Y cuando vio un buen sueño, dijo: «¿Y debieran verdaderamente los sueños hablar falsedad siendo que está escrito (Nm. 12:6): "en sueños hablaré con él"?» Raba preguntó: «Está escrito: "En un sueño hablaré con él"; y está escrito: "Y los sueños hablan

---

19. Hay aquí un juego de palabras.
20. Otro juego de palabras.

falsedades".» No hay dudas aquí —porque lo primero es mediante un ángel, y lo segundo por un mal espíritu.

El rabí Bisna, hijo de Sabda, dijo que dijo el rabí Akiva que el rabí Panda había dicho que dijo el rabí Nahum que había dicho el rabí Birim en nombre de un anciano —¿y quién es éste?–. El rabí Banah: «Había veinticuatro intérpretes de sueños en Jerusalén. Una vez soñé un sueño, y fui delante de todos ellos, y lo que el uno me interpretaba el otro no me lo interpretaba, y sin embargo todo me fue cumplido, a fin de cumplir lo que está escrito: "Todos los sueños van según la boca". Pero ¿es esto Escritura, "todos los sueños van según la boca?"» Sí, y ello según el rabí Elasar. Porque el rabí Elasar dijo: «¿De dónde viene esto, que todos los sueños van según la boca?» Porque se dice (Gn. 41:13): «Y aconteció que como él nos lo interpretó, así fue.» Rabá dijo: «Pero esto sólo, si lo interpreta conforme al contenido del sueño, como está escrito (Gn. 41:12: "Y declaró a cada uno conforme a su sueño"; (Gn. 40:16): "Viendo el jefe de los panaderos que había interpretado para bien".» «¿Cómo lo supo? El rabí Elasar dijo: «Esto enseña que cada uno de ellos vio el sueño y la interpretación del sueño de su compañero.»

El rabí Jochanan dijo: «Si uno se levanta, y viene un verso a su boca, he aquí que esto es como una pequeña profecía». Y el rabí Jochanan dijo: «Tres sueños son cumplidos: un sueño matutino, un sueño que un compañero ha soñado, y un sueño que es interpretado en medio del sueño» (o por un sueño). Y algunos dicen asimismo, un sueño que es repetido, como se dice (Gn. 41:32): «Y al suceder el sueño dos veces», así. El rabí Samuel, el hijo de Nachmeni, dijo: Dijo el rabí Jonatán: «Nada más es mostrado a un hombre que lo que está en los pensamientos de su corazón.» Porque se dice (Dn. 2:29): «Estando tú, oh rey, en tu cama, te vinieron pensamientos.» Y si quieres, te diré: de esto (Dn. 2:30): «Para que entiendas los pensamientos de tu corazón.» Raba dijo: «Tú puedes conocerlo, porque no se le muestra a un hombre ni una palmera de oro ni un elefante pasando por el ojo de una aguja.»...

Folio 56 *a*. El hijo de Hedja era un intérprete de sueños. Si alguien le daba una recompensa, interpretaba sus sueños para bien; si no le daba recompensa, los interpretaba para mal. Abaje y Raba vieron un sueño. Abaje le dio una *susa*, y Raba no le dio nada. Le dijeron: «Leímos en los sueños (Dt. 28:31): "Tu buey será degollado delante de ti", etc.» A Raba le dijo: «Tu negocio se irá a la ruina, y no tendrás deseos de comer debido a la aflicción de tu corazón.» A Abaje le dijo: «Tu negocio se extenderá, y no tendrás deseos de comer debido al gozo que embargará a tu corazón.» Le dijeron ellos a él: «Leímos (v. 41): "Engendrarás hijos e hijas", y así. A Raba le dijo: «Serán llevados al cautiverio.» A Abaje le dijo: «Tus hijos e hijas serán muchos, y por ello tus hijas se casarán fuera de la tierra, por lo que te parecerá a ti como si hubieran sido llevadas cautivas.» «Leímos (v. 32): "Tus hijos e hijas serán dados a otro pueblo".» A Abaje le dijo: «Tus hijos e hijas serán muchos. Tu dirás, a tus parientes (tú te casarás con ellos), pero ella (tu mujer) dirá: a sus parientes, y ella te inducirá, para que los dé a los parientes de ella; que son como otra nación.» A Raba le dijo: «Tu mujer morirá, y los hijos e hijas de ella quedarán bajo la mano de otra esposa.» Porque dijo Raba que había dicho el rabí Jeremías, el hijo de Aba, que había dicho Rav: «¿Qué es lo que está escrito: "Tus hijos e hijas daré a otra nación"? Esto es, la mujer del padre (la madrastra)». «Leímos en sueños (Ec. 9:7): "Ve, come tu pan con gozo".» A Abaje le dijo: «Tu negocio se extenderá, y tú comerás y beberás, y leerás el verso en el gozo de tu corazón.» A Raba le dijo: «Tu negocio será arruinado, tú matarás, pero no comerás ni beberás, y leerás para consolarte.»...

Al final Raba fue a solas a él. Le dijo: «He visto que la puerta interior de la casa ha caído.» Él le dijo: «Tu mujer morirá.» Él le dijo: «Vi que mis muelas y mis dientes caían.» Él le dijo: «Tus hijos e hijas morirán.» Él le dijo: «Vi a dos palomas que huían volando.» Él le dijo: «A dos mujeres repudiarás.» Él le dijo: «Vi dos cabezas de col.» Él le dijo: «Dos cajas en los oídos tragarás.» Raba prosiguió aquel día, y estuvo sentado en la academia todo el día. Luego vio a dos ciegos que se peleaban. Entonces Raba fue a separarlos, y golpearon a Raba dos veces; se levantaron para golpearlo otra vez, y les dijo: «Alto, sólo he visto dos.»

Al final Raba fue y le dio una recompensa. Le dijo: «Vi caer la pared.» Él le dijo: «Obtendrás propiedades sin límites.» Le dijo: «Vi el palacio de Abaje, que caía y su polvo me cubría.» Le dijo: «Abaje morirá, y su silla vendrá a ti.» Le dijo: «Vi que mi propio palacio caía, y que entonces venía todo el mundo y se llevaban todo ladrillo a ladrillo.» Le dijo: «Tu enseñanza se esparcirá por todo el mundo.» Le dijo: «Vi que mi cabeza era partida y que mi cerebro salía.» Le dijo: «La lana de tu cojín saldrá.» Le dijo: «Leí el Hallel egipcio en el sueño.» Le dijo: «Se harán milagros para ti.» Fue con él a bordo de una nave. Le dijo: «A un hombre para quien se harán milagros, ¿de qué le sirve esto?» Al ascender, le cayó un libro encima. Raba lo encontró, y vio que estaba escrito en él: «Todos los sueños van según la boca.» Él le dijo: «Malvado, de ti dependía, y me has afligido mucho. Todo te lo perdono, excepto acerca de la hija del rabí Chisda (que era su mujer). Que sea la voluntad (de Dios), que este hombre sea entregado en manos del gobierno, que no tendrá piedad de él.» Él dijo: «¿Qué haré? Porque está ordenado que la maldición de un sabio, incluso si viene sin causa, se cumplirá. ¡Cuánto más con Raba, que me ha juzgado justamente.» Dijo: «Me iré y emigraré, porque el maestro dijo: "el exilio expía el pecado".» Se levantó para emigrar a los romanos. Fue y se sentó a la puerta del principal tesorero del rey. El principal tesorero vio un sueño. Le dijo: «Vi un sueño, que una aguja entraba en mi dedo.» Él le dijo: «Dame una *susa*»; pero él no le dio nada, y por ello no le dijo nada a Él. Él le dijo: «Vi que caía un gusano sobre toda mi mano.» él le dijo: «Un gusano ha venido a todos los vestidos» (del rey). Oyeron esto en casa del rey, y trajeron al principal tesorero, para darle muerte. Él le dijo a él: «¿Por qué yo? Que sea traído quien lo sabía y nada dijo.» Trajeron al hijo de Hedja. Él le dijo: «A causa de tu *susa* se han estropeado los vestidos del rey.» Ellos ataron dos cedros con cuerdas, y ataron un pie a un cedro, y el otro pie al otro cedro, y dejaron ir las cuerdas, con lo que su cabeza se partió; porque cada cedro retrocedió y se puso en su lugar, y él quedó partido, y cayó en dos trozos.

[Y así prosigue la interpretación de sueños otras dos y media páginas tamaño folio. Estos tres extractos de muestra serán suficientes para dar ejemplos de lo indiferente, de lo bueno y de lo absurdo que constituye el Talmud. Constituyen prueba de la necesidad de discriminación, y de cuán rápidamente el Talmud, como un todo, puede ser bien asaltado por sus enemigos, o indebidamente exaltado por medio de una juiciosa elección de pasajes.]